美国对外贸易背后的
霸权逻辑

The Hegemonic Logic
Behind American Foreign Trade

张 馨◎著

天津出版传媒集团

天津人民出版社

图书在版编目（CIP）数据

美国对外贸易背后的霸权逻辑 / 张馨著. -- 天津：
天津人民出版社，2023.7
ISBN 978-7-201-19630-5

Ⅰ. ①美… Ⅱ. ①张… Ⅲ. ①对外贸易政策－研究－
美国 Ⅳ. ①F757.120

中国国家版本馆 CIP 数据核字(2023)第 137305 号

美国对外贸易背后的霸权逻辑
MEIGUO DUIWAI MAOYI BEIHOU DE BAQUAN LUOJI

出　　版	天津人民出版社
出 版 人	刘　庆
地　　址	天津市和平区西康路 35 号康岳大厦
邮政编码	300051
邮购电话	（022）23332469
电子信箱	reader@tjrmcbs.com
策划编辑	王　康
责任编辑	佐　拉
装帧设计	汤　磊
印　　刷	天津新华印务有限公司
经　　销	新华书店
开　　本	710 毫米×1000 毫米　1/16
印　　张	20.5
插　　页	2
字　　数	256 千字
版次印次	2023 年 7 月第 1 版　2023 年 7 月第 1 次印刷
定　　价	89.00 元

序　言

　　在整个美国对外权力体系的分析中，美国在贸易领域的权力现象由于其影响力几乎遍及参与国际贸易的各行各业而颇受瞩目。为了能对其进行扼要的描述，以便开展深入的规律性研究，本书尝试将美国贸易表现拆分为经济维度的"贸易条件"、外交维度的"贸易地位"和安全维度的"贸易权力"三个指标进行观察。观察后发现，美国贸易的霸权化集中体现为三个反常规现象："高市场开放度"与"低贸易依存度"的共存、"高出口购买力"与"低贸易收支"的共存和"高贸易权力"与"贸易地位波动"的共存。

　　为了让对这个问题的探索更具可操作性，本书将研究问题进行了降维，将认识和理解美国贸易霸权现象的这个任务分解为概念分析和机制构建两部分，从而可以让分析与既有理论接轨，便于进行推演。通过理论推演希望达到以下两个目的：一是抓住美国对外贸易中"强权力"的标志性特征，并由此出发探索其力量边界，回答美国贸易霸权"是什么"的问题；二是将其继续分解至元变量，并探索这些元变量之间的联动机理，回答美国贸易霸权"为什么"是这样的问题。

　　本书分三步完成了对美国贸易霸权的概念分析。一是从客观现象描述和主观理论推演的交集入手,从中析出对美国贸易霸权的双视角(权力与体系)特征描述;二是从整个美国霸权体系入手,遵循由整体到局部、再从局部到个体的顺序,将研究范围逐层收窄,最终聚焦到美国贸易霸权在整个霸权体系中所处的位置和作用,厘清它与美国在其他领域内霸权的关系;三是从美国贸易霸权的形式和功能入手,描述它在这两方面所表现出来的能力范围和局限,再分析导致这样的局限存在的主要原因和制约因素,以此说明美国在不同时期进行贸易政策调整的原因正是为了克服这些制约因素对其行为和能力的限制作用。从这个角度来说,贸易政策转向可视为美国认为现有贸易利益分配格局不符合自己战略目标的标志。

类似地,本书也分三步完成了对美国贸易霸权的机制构建。一是定位核心关键变量。本书通过对研究对象(美国贸易霸权)进行因式分解,逐层析出对该权力现象的生成与运行有决定性作用的变量;二是厘清这些核心关键变量之间的静态联系,并据此搭建理论分析框架;三是呈现出这些核心关键变量之间动态的因果传导机制,并由此观察美国基于该理论框架而进行的主观操纵手段及其产生的结果,为美国贸易霸权的生成与维系提供可能的补充性解释。此外,继明确了美国贸易霸权可供识别的特征、找到了核心关键变量并搭建起了理论分析框架之后,本书回归到导论部分将研究问题进行降维之前的三个反常规现象,分别为其提供了可能性解释。

最后,本书用三章的篇幅依次回顾了近百年来美国贸易霸权从酝酿到崛起、到在资本主义世界运行、再到在世界范围内运行的三个历史阶段。美国贸易霸权的逻辑性存在于历史中美国与外界的互动模式:形势变化—美国贸易政策调整—政策效果导致形势再变化—美国贸易政策再调整。这样循环往复的互动皆以美国贸易政策为载体。在这样的互动模式中,美国贸易政策是美国对环境的主动适应或被迫应对,集中反映了美国改造外在环境的预期与结果。所以从这个意义上来说,美国贸易政策的演变是观察美国贸易霸权的一个窗口。

综上,本书将理论分析推演和历史验证结合起来,尝试搭建起一个针对美国贸易霸权的解释框架。该框架主要由市场逻辑和国家逻辑两条主线组成。市场逻辑表现为由贸易行为带来的利益增量。非霸权国对利益增量越重视,那么在贸易决策中愿意为其做出妥协让步的程度也就越大,也就是相互依赖关系中的敏感性越高,意味着霸权国能够对其施加的影响力越大。由于霸权国对市场逻辑的操纵直接与可预见的收益关联,所以从这个角度来说,市场逻辑是贸易霸权国权力的直接来源。

而国家逻辑表征贸易关系破损时的机会成本。非霸权国对机会成本的顾虑越多,那么为减少机会成本而愿意付出的代价也越多,也就是相互依赖关系中的脆弱性越高。高脆弱性赋予了霸权国施加隐性威慑的能力:非霸权国一旦做出超越霸权国划定的选项集合的举动,将难以承担随之带来的成本。这样一来,就将固化非霸权国的行为路径,从而为霸权国的贸易决策提供稳定的战略预期,以更好地在贸易关系中贯彻自身意愿。由于霸权国对国家逻辑的操纵是通过提高机会成本形成威慑的形式,机会成本是否兑现取决于非霸权国自己的决定,所以从这个角度来说,国家逻辑是贸易霸权国权力的间接来源。

目录
CONTENTS

导　论

　　本书在尝试理解美国贸易表现的过程中,尝试将其拆分为经济维度的"贸易条件"、外交维度的"贸易地位"和安全维度的"贸易权力"三个指标进行观察。观察后发现,美国贸易的霸权化集中体现为三个反常规现象:"高市场开放度"与"低贸易依存度"的共存、"高出口购买力"与"低贸易收支"的共存和"高贸易权力"与"贸易地位波动"的共存。遂提出本书研究问题:应该怎么认识美国贸易的"反常规"现象?

　　本部分旨在为下文正式展开的研究做准备。一是让研究具有可操作性:描述针对研究对象的现实观察结果并从中抽象出概念,使现实与理论接轨。二是让研究具有可行性:将与美国贸易霸权有关的研究从理论工具到内容结论等方面做大致梳理与区分,从中选取最适用于本书研究目的的理论工具,找到本书在相关研究谱系中的位置。三是让研究具有更强的目标导向:明确提出本书要解决的问题,让下文的分析更具向心力。

第一节 问题的提出

美国在贸易领域的整体表现本就复杂,更何况还要放置到较长时期内进行观察。为了能更清楚地把握美国在不同时期之内和不同时期之间的贸易表现变化,本书将美国贸易的整体表现拆解为经济维度的"贸易条件"、外交维度的"贸易地位"和安全维度的"贸易权力"。这三个变量相互交织,在不同情况下轮流充当彼此的手段和目的,构成一个总体。由于本书的研究对象美国贸易霸权归属于安全维度的"贸易权力",遂研究的目的之一即是弄清楚贸易条件与贸易地位对贸易权力的作用机制。

一、时间跨度的选取及对"贸易"的必要说明

由于本书试图把握美国对外贸易权力现象经久不衰的宏观规律,所以开展研究的第一步便是划定历史区间。只有先明确本书选取的时间跨度,才能在文献梳理中更好地找到本书在同类型文献中的位置。与明确时间跨度同等重要的,还有界定本书使用的基础概念——"贸易"。

(一)时间跨度的选取

本书选取的观察时段为第一次世界大战爆发前的 1913 年至 2020 年。鉴于大部分相关研究甚少涉及如此长的时间跨度,所以在提出问题之前,有必要先了解这些研究者没有选择长时段的可能性原因,阐述清楚本书关于时间跨度选取的考虑。

美国在贸易领域的整体表现是其对外贸易政策与世界互动的结果。它部分地反映了美国主观希望达成的目标、贸易领域的特点,以及客观世界对

美国形势判断及强权运作的回应。这互动的过程是真实的历史，并非在类似于"真空环境"或"摩擦系数为零"的理想条件下开展的理论实验，且夹杂着众多复杂的环境因素。所以在绝大多数情况下，哪怕这些贸易政策与世界互动的结果于美国有利，也不必然意味着美国既定目标完全且精准的实现。或许正是因为这样，所以绝大多数对美国在贸易领域的研究都更偏好选取微观层次，审慎地聚焦于某个特定贸易政策，或者某个总统任期内的贸易政策，或者某个经济危机/国家间冲突时期内的贸易政策，等等。这样的一事一议固然有助于深入了解某特定时期或特定形势下美国对外贸易政策的制定过程及实施效果，却也暗含着研究者的其他可能性考虑。那就是研究者要么认为美国在更长的时间跨度下不存在贸易政策的整体性和连贯性；要么认为这样的连贯性就算存在，也难以把握其规律；要么认为就算能够把握其中的规律，但是在将该规律回归到历史中检验的时候必然缺乏足够强的普遍适用性。所以综合考虑下，只能按照不同时期、环境、对象等具体条件，将整块的美国贸易霸权史割裂开来、将特定的贸易政策抽离出来做单独分析。

当然，也有研究明显不这么认为。比如美国经济学家道格拉斯·欧文（Douglas A. Irwin）就认为，美国对外贸易政策在较长的时间跨度中体现出了稳定性和规律性。他根据美国贸易政策三大主要目标（税收 revenue、限制 restriction、互惠 reciprocity）在历史上的重要性程度排序，将美国建国以来的贸易政策大致划分为三个时代：从联邦政府成立到南北战争、从南北战争到大萧条，以及从大萧条至今。他认为，美国经济地理结构与政治体制的稳定性倾向于维持现行政策的稳定与可持续。该特点使得上述三个时代中的美国贸易政策"表现出了惊人的连续性和稳定性，哪怕任何时间点都不乏政治和经济上的各种斗争"①。

还比如,美国学者赫尔曼·M.施瓦茨(Herman M. Schwartz)不仅认为世界经济霸权存在兴起、运行与衰落的周期性规律,还提出了驱动该周期的三大动力:熊彼特式的产业利润与技术创新之间的互动、曼德尔式的阶级压迫与产业组织形式创新之间的互动,以及不同地区经济体之间的竞争。② 施瓦茨认为新主导产业集群由于同时具备了技术与组织创新的优势,因而得以塑造世界经济霸权的军事与经济基础。由此,施瓦茨开创性地将经济周期与霸权周期联系到了一起:"在所有情况下,新主导产业集群或是在一个现有霸权力量中出现,或是在不久之后登上霸主之位的国家中产生。"③

实际上,贸易作为一个古老又崭新的议题,从李嘉图式的国家间比较优势互换行为,发展到如今普遍公认的"国际一体化最成功的领域"④,从来都不只是个纯粹的经济问题。不论是资本的积累、扩张、渗透,还是科学技术的发展、交流与传播,又或是资本对社会的分化、重组和建构,乃至不同贸易国家间力量此消彼长的格局变化等……都分别从不同层次或不同角度反映了贸易演变的过程。它们的共同点在于,不论从哪个层次或角度,每一种呈现都必然需要时间的积累。所以只有将这些拼图按照时间的逻辑组合起来,才能看到整个贸易演化过程的宏观脉络。此外,也只有放到足够长的时间维度中去观察,才能意识到,很多看似重要的现象其实只是整个演化过程中的一个片段,或者阶段性表现而已,既不是全貌,也与宏观规律无太大干

---

① [美]道格拉斯·欧文:《贸易的冲突:美国贸易政策200年》,余江、刁琳琳、陆殷莉译,中信出版社,2019年,第2页。

② 参见[美]赫尔曼·M.施瓦茨:《国家与市场:全球经济的兴起》,徐佳译,江苏人民出版社,2008年,第95页。

③ [美]赫尔曼·M.施瓦茨:《国家与市场:全球经济的兴起》,徐佳译,江苏人民出版社,2008年,第96页。

④ [美]理查德·哈斯:《外交政策始于国内:办好美国国内的事》,胡利平、王淮海译,上海人民出版社,2015年,第39页。

系。正如学者哈罗德·D. 拉斯韦尔(Harold D. Lasswell)所说:"任何涉及资本主义或反资本主义增长过程的调查所产生的结论之一就是:很多强调资本主义的平衡效果和标准化效果(leveling and standardizing effects)的人都极大地低估了时间因素的影响。"①

结合美国的具体情况而言,自二战后《关税及贸易总协定》(GATT)制度体系建立以来,美国在世界贸易领域的强势存在,就一直作为美国经济霸权的重要维系力量在发挥作用。随着时间与国际形势的变化,美国对外贸易的行为主体(个人、跨国公司、国家等)、内容(农产品、工业制成品、服务等)、形式(双边、区域或多边等)等要素呈现出了杂糅与波动的情况。不过,美国在国际贸易领域主导地位的稳定存在,及其对维系美国全球霸权所起的持续性作用,其实就是美国对外贸易政策的连贯性和规律性在较长时期内的效果呈现。

为更好地了解这支力量何以在不同时期、不同国际形势下持续发挥作用,相应地,本书认为有必要将观察的时间跨度拉至足够长。当然,选取的时间跨度大,意味着不可避免地会在细节上有所疏漏,也会存在对某个贸易政策的具体分析难以面面俱到的困难。考虑到本书的研究目标是把握美国在贸易领域霸主地位上所呈现的特征与规律,若力图对每个贸易政策做面面俱到的分析,反而可能会偏离宏观主线,只能如此取舍。此外,有研究认为,美国自第一次世界大战开始的 1914 年起就已经从英国手里接过了经济霸主的接力棒,②但本书一方面认为恰恰是在两次世界大战和大萧条期间,美国才真正完成了从贸易权力到贸易霸权的转变,另一方面也认可现有研

①　[美]哈罗德·D. 拉斯韦尔:《世界政治与个体不安全感》,王菲易译,中央编译出版社,2017年,第 11 页。
②　参见[美]赫尔曼·M. 施瓦茨:《国家与市场:全球经济的兴起》,徐佳译,江苏人民出版社,2008 年,第 85 页。

究普遍将《关税与贸易总协定》的正式签署视作美国贸易霸权起点的观点,[①]认为这是美国在程序上完成贸易霸权转变的标志,遂将观察的时间跨度确定为第一次世界大战开始前一年的1913年至2020年特朗普政权结束。

(二)对"贸易"相关问题的必要说明

贸易是个古老的概念,还随时代的发展,被多个领域在实际使用中赋予了不同层面的内涵和意义。所以在进一步讨论之前,有必要对文中的关键概念——"贸易"从类型、内容和载体三方面做出清晰的界定。

首先,贸易的类型是开放经济状态下的国际贸易。这主要是相对于经济学上的封闭经济状态而言。正如经济学家曼昆所说:"经济受两种规则体系支配:供求规律和政府制定的法规。"[②]除了市场层面供求规律的作用外,国家层面的政策选择也非常重要。开放经济与封闭经济反映的便是国家层面两种不同的政策选择。同样为了实现本国经济的增长,有的国家选择实施内向型贸易政策,通过避开外国同行的竞争来保护本国产业的生存和发展;而有的国家则选择外向型贸易政策,从基于比较优势的自由贸易中获益。与这两种类型的贸易政策相对应,经济学家经常假设两种国家状态,一种是不与其他经济体有交换行为、完全依靠自给自足的封闭经济(closed economy)状态,另一种是与其他经济体有交易行为的开放经济(open economy)状态。

这样的假设是为了排除相关性不密切因素的干扰。比如对于那些聚焦一国内部宏观经济的研究而言,封闭经济状态的假设略去了国际因素的影响,简化了研究的前提条件。还比如对于那些试图回答贸易方面的元问

---

① 参见张振江:《从英镑到美元:国际经济霸权的转移(1933—1945)》,人民出版社,2006年,第336页。

② [美]曼昆:《经济学原理:微观经济学分册》(第7版),梁小民、梁砾译,北京大学出版社,2015年,第136页。

题——"国家间贸易为什么会发生?"的研究而言,封闭经济与开放经济的假设让研究者得以对贸易进行从无到有的推演,从而提出不同的猜想并加以验证。① 本书虽然不涉及上述两类问题的讨论,却需要明确讨论的前提是处于开放经济状态下的国家间贸易。之所以强调这个前提,是为了说明本书虽然聚焦于美国、且侧重于宏观规律,却不是研究美国国内的宏观贸易规律。

此外,明确开放经济状态下的贸易假设还有两方面原因。其一,经济开放是互为贸易伙伴的国家间受彼此贸易政策影响的前提。也就是说,只有讨论中的各经济体都处于开放经济状态,彼此之间的贸易政策才能直接或间接地对他者产生外部性。而这种相互间的贸易政策外部性效应,是本书的研究得以展开的重要基础。其二,以封闭经济状态作为比较基准,观察贸易带来的收益和可能产生的风险。一国国内市场的消费规模是较稳定的常量。一个封闭经济体由于没有对外贸易行为,所以近乎免于任何由对外贸易行为产生的得失。一个国家由封闭到开放的转变,正是通过在此基准上开展国际贸易才得以实现。这也是为什么许多国际贸易领域的研究在判断和估量一个国家从单次博弈或重复博弈中的利益、成本与潜在风险时,倾向于选择封闭状态下的理想假设作为比较基准的重要原因。

其次,贸易的内容是货物与服务。货物指的是农产品和工业制成品;服务指的是包括金融、软件、零售、法律等领域在内的生产内容。目前,在国内国际关系学科领域内,以美国贸易为研究对象的文献中主要存在以下三种不同的内容划分方式。

一是按照第一、二、三产业的区别,将贸易内容划分为货物和服务。这

---

①　参见[美]曼昆:《经济学原理:宏观经济学分册》(第7版),梁小民、梁砾译,北京大学出版社,2015年,第193页。

种分类的优点在于简明且概括性强,在产品品类日新月异的时代有较强的适应性。因此,货物与服务这种分类也能被不同领域的研究者接受和使用,逐渐成为贸易研究的默认前提,不论在各国或是各国际组织针对贸易领域的观察中都是最普遍被采用的分类方法。

二是在货物与服务的基础上增加"资本"与"知识技术"两项内容。[①] 严格意义上来说,这两项新增内容是从第三产业的"服务"中进一步细分出来的内涵。之所以将其提炼出来,一方面是为了强调它们在当今贸易领域的重要地位和作用已远超其他服务内容,另一方面是为了在单独分析中探索其自身特有的规律。"资本"主要包括跨国公司等形式的对外直接投资,以及在购买持有债券、股票等对外间接投资中涉及的金融工具等内容。将其视作贸易内容都源于对资本流动的重视,毕竟"战后外国资产持有的扩张许多来自证券投资"[②]是战后国际贸易发展的重要特点。"知识技术"不仅包括技术转让、知识产权授权等直接将知识技术当作商品进行贸易的情况,还包括由跨国公司等非国家经济体在全球产业链内部贸易的过程中转移的知识技术、管理经验等无形资产。[③]

三是将前两种划分方法中涉及的货物、服务、资本与知识技术都视作载体,认为国家间贸易实质上是生产要素的交换。这种分类主要基于国际贸易理论中的资源要素禀赋论,亦称为赫克歇尔－俄林理论(the Heckscher － Ohlin Theory)。该理论认为,不同国家拥有的资源禀赋不同,各自具有相对优势的生产要素也不一样。由于产品是富集了生产要素的载体,所以各国生产相同产品的成本也不一样。贸易最原始的驱动力便是以尽可能低的成

---

① See Stephen D. Krasner, US Commercial and Monetary Policy: Unravelling the Paradox of External Strength and Internal Weakness, *International Organization*, Vol. 31, No. 4, 1977.

② [以色列]E. 赫尔普曼:《理解全球贸易》,田丰译,中国人民大学出版社,2012 年,第 8 页。

③ 参见[美]保罗·萨缪尔森、[美]威廉·诺德豪斯:《萨缪尔森谈金融、贸易与开放经济》,萧琛主译,商务印书馆,2012 年,第 57 页。

本从他国获取那些本国没有，或者需要支付巨大代价才能生成的要素，从节省下来的成本中获得收益。这便是市场对资源的配置作用。那些交换的载体（产品）之间因为所蕴含的生产要素在种类、数量及排列组合方式等方面不同而相互区别。

本书研究的是宏观层面的国家间贸易关系，遂选择按照第一种划分方法，将贸易的内容界定为货物与服务。主要有两方面考虑。一是与美国历史上两次主要的经济结构调整相呼应：工业革命背景下，美国进出口产品的主要内容从农产品转变为工农业产品，尤其是工业制造业产品；信息技术革命背景下，美国进出口内容虽然在数量上依然以工农业产品为主，却已经在价值上开始转向软件、管理、咨询等与知识技术相关联的更高附加值产品。当前的世界仍处于信息技术革命时期，所以将贸易的内容界定为货物与服务是现行最常见也最广义的分类方式，有利于不纠缠于商品细节，着重把握宏观脉络。二是现有来自权威机构的相关统计数据和报告大多采用如此分类方法，只有与之保持一致，才能更好地将本书的论述集中到这些经济数据所反映的规律上，而非不同种类数据指标之间的辨析上。

需要说明的是，没有选用第二种划分方法并不意味着本书忽略与金融和投资相关的"资本"的重要性。恰恰相反，正是因为资本的跨境流动十分重要与复杂，所以本书将货币金融与对外投资视作在美国经济霸权中与贸易并驾齐驱的另外两大支柱力量，也肯定这三股力量虽各有侧重、却在内容和作用上存在无法避免的交叉这个事实。明确贸易内容的目的，一方面在于清晰界定本书讨论的对象边界，另一方面为后文厘清贸易相对于金融、投资等其他经济力量而言所特有的规律及属性做准备。

最后，美国贸易霸权的逻辑性存在于美国与外界的贸易互动模式：形势变化—美国贸易政策调整—政策效果导致形势再变化—美国贸易政策再调整。这样循环往复的互动皆以美国贸易政策为载体。一系列美国贸易政策是美国对环境的主动适应或被迫应对,集中反映了美国改造外在环境的预期与结果。所以本书选定美国贸易政策作为分析载体。需要说明的是,有的研究更强调美国贸易政策的国内属性,认为这些政策的制定是国内政治制度、官僚体制、党派政治、地方或产业利益集团等多方面博弈的结果。这些研究通常考察的是,当美国贸易政策制定者遭遇国内反对力量的阻挠时,能在多大程度上实现既定政策目标,从而评估贸易政策的有效性。① 本书的研究却更强调美国贸易政策的国际属性,将美国贸易政策视作美国对外政策在贸易领域的表现,认为它集中且权威地反映了美国在贸易领域的自身定位和发展目标。相应地,美国克服来自国际社会的反对力量、贯彻自身贸易政策意志的能力,即是衡量美国贸易政策有效性强弱的标尺。

特地说明美国贸易政策是本书的研究载体,主要有两方面考虑。一方面,选择美国贸易政策是由本书的学科站位决定的。概括地说,本书属于国际关系学科领域的研究,关注点在于美国对外界形势的判断、所采取的措施及其与世界互动的效果。只有美国对外政策的内容、形式和实施效果才能准确实现这个目标。此外,本书是关于美国与世界在贸易领域如何互动的国别研究,美国贸易政策作为美国实现国家利益、维护美国霸权的工具,②至少能够清晰反映两点内容:一是当美国在国际贸易中使用单边主义政策工具时,美国预期"从中得到多少收益";二是"如果其他国家单边运用这些政策,本国必须要付出多少代价"。③ 这其中就包括了因为美国实施单边主义贸易政策而招致别国对其展开高成本反制的可能,也就是贸易冲突的激烈表现形式——贸易战。

---

① See Stephen D. Krasner, US Commercial and Monetary Policy: Unravelling the Paradox of External Strength and Internal Weakness, *International Organization*, Vol. 31, No. 4, 1977.

② 参见何永江:《美国贸易政策》,南开大学出版社,2008年,第17页。

③ [美]海伦·米尔纳:《利益、制度与信息》,曲博译,上海人民出版社,2015年,第46页。

在本书开篇即明确学科立场和定位极为重要。因为美国贸易霸权本就是个兼具经济属性和政治属性的概念,不同的学科定位意味着不同的研究导向。经济学倾向于研究市场的力量,遵循的是市场规律运作下的权力推演;政治经济学倾向于研究关税等国家行为对市场作用的收益与成本变化;而国际关系学则倾向于研究国家在周围市场条件、国家贸易环境发生变化时所做出的政策调整和反应,以及外界对该政策的反馈,即研究国家与国际社会之间由贸易搭建起来的联系怎样随市场与国家两条逻辑的变化而变化。只有明确了研究定位,才不至于在浩如烟海的研究中迷失方向。

另一方面,除了美国贸易政策之外还存在其他研究载体,比如关税问题,所以稍做强调以做区分很有必要。关税是国际贸易的重要环节和基本特征,它的产生源于不同国家间货币币种及购买力差异,实际上作为连接国内价格与国外价格的阀门而存在。关税这个阀门,既使跨境贸易成为可能,又让贸易从一种在国内市场针对剩余劳动价值的买卖行为,到一场在国际市场进行货币游戏的转变成为可能。更何况,从严格意义上来说,随供需关系调整关税也是国家间贸易的正常行为。鉴于此,虽然关税在研究美国贸易表现的过程中十分重要,但若以关税为研究载体,则难以将贸易从货币金融的影子中剥离出来、进行单独的规律性研究,也很难辨识每次关税的变化到底是属于常规调整还是刻意为之,所以关税并非本书理想的研究载体。

当然,关税问题中的"关税政策""关税壁垒与非关税壁垒"等内容亦与本书研究存在较高相关性。具体说来,"关税政策"具有天然的"国内政策"属性。在美国尚未深度卷入国际贸易关系之前(指进出口贸易在美国国内生产总值(GDP)中占比处于低位,尚不足以引起政策制定者足够重视的阶段),关税政策就是国家间交换各自占有比较优势商品的工具,着眼于经济层面的成本利润计算。当国家间贸易带来的成本收益开始对国民财富总量及其增长形成不可忽视的影响,关税政策则由于国内不同地区间在自然资源禀赋、产业集群等方面的具体差异,常被用作调节国内地区间财富分配的工具,着眼于国内政治层面选举福利的计算。至于"关税壁垒与非关税壁垒",虽然关税壁垒及其升降情况均直观体现在相关政策中,便于观察和比较,是理想的分析载体,然而非关税壁垒则因形式复杂且手段隐蔽,难以准确界定、提取和比较,所以二者也不是理想的分析载体。值得一提的是,有研究针对非关税壁垒不易度量和比较隐蔽的特点,提出用价税(ad valorem tariffs)指代贸易中因关税壁垒与非关税壁垒所产生的费用。[1] 由于难以覆盖非关税壁垒的所有形式,这种换算方法尚存在适用性范围的争议,却也引出了1934年税法改革对贸易影响的讨论(本书第三章将详述)。由此,贸易在美国政策制定大局中的身份和地位彻底不同以往了。这也是本书选择1934年作为重要时间节点的主要考虑。

既然选定了美国贸易政策作为研究载体,就有必要简要回顾与美国贸易政策相关的现有研究成果,这样才能在后续分析中避免成为一篇美国贸易政策的专门性研究文章。现有专门性研究主要围绕贸易收支与国内政治两个维度展开。首先,贸易收支维度关注的是经济上的得与失:一是按贸易内容分为货物进出口与服务进出口;二是按收入与支出的方向分为进口总量(包含货物与服务)与出口总量(包含货物与服务);三是前两种分类方法的综合体,细分为货物进口、货物出口、服务进口与服务出口。[2] 其次,国内政治维度关注的是由经济层面的得失导致社会层面的不均等分配,继而造成政治层面得失的传导结果:一是个人层面的利益得失,比如失业率、经济

---

[1] See Peter Egger, Joseph Francois, Miriam Manchin, Douglas Nelson and Wolf Wagner, Non - tariff Barriers, Integration and the Transatlantic Economy, *Economic Policy*, Vol. 30, No. 83, 2015.

[2] 参见何永江:《美国贸易政策》,南开大学出版社,2008年,第38~52页。

不安全感等;[①]二是公司层面的利益得失,比如跨国公司在全球采购、[②]产品差异化生产等环节的全球布局变化;[③]三是产业层面的利益得失,比如由地理空间上的国内产业集群形成的利益集团博弈,以及不同产业由于在全球价值链嵌入程度的不同而对贸易保护主义或自由贸易持不同偏好等问题。[④]

二、战后美国对外贸易的主要表现

本书选取了贸易条件、贸易地位和贸易权力三个指标对战后美国对外贸易进行观察和描述,它们分别代表了经济、外交、安全三个领域的核心关切在贸易领域的体现。之所以选择经济、外交和安全,是因为这三个维度与本书的研究载体美国贸易政策从制定初衷到运行制约、再到落实变现的三个阶段相呼应。美国贸易政策由这三个阶段组成了一个完整的闭环。具体说来,经济维度反映了美国出台贸易政策的动机和预期,外交维度反映了美国贸易政策运行的外部环境和利弊条件,安全维度则反映了美国贸易政策的实际实施效果。总体说来,它们三位一体,相辅相成,相互杂糅,在不同条件下互为目的和手段。本书关注的是贸易条件和贸易地位作为贸易权力的

---

① See Kenneth Scheve, and Matthew J. Slaughter, Economic Insecurity and the Globalization of Production, *American Journal of Political Science*, Vol. 48, No. 4, 2004; Stefanie Walter, Globalization and the Welfare State: Testing the Microfoundations of the Compensation Hypothesis, *International Studies Quarterly*, Vol. 54, No. 2, 2010; Yotam Margalit, Trade – related Layoffs, Government Compensation, and Voting in U. S. Elections, *The American Political Science Review*, Vol. 105, No. 1, 2011.

② See Kerry A. Chase, Economic Interests and Regional Trading Arrangements: The Case of NAFTA, *International Organization*, Vol. 57, No. 1, 2003; Mark S. Manger, *Investing in Protection: The Politics of Preferential Trade Agreements Between North and South*, Cambridge University Press, 2009.

③ See In Song Kim, Political Cleavages within Industry: Firm – level Lobbying for Trade Liberalization, *American Political Science Review*, Vol. 111, No. 1, 2017; Iain Osgood, The Breakdown of Industrial Opposition to Trade: Firms, Product variety and Reciprocal Liberalization, *World Politics*, Vol. 69, No. 1, 2017.

④ See Emily Blanchard, and Xenia Matschke, US Multinationals and Preferential Market Access, *Review of Economics and Statistics*, Vol. 97, No. 4, 2015.

手段而存在的情况。更确切地说,是以贸易权力为研究对象,通过探究贸易条件和贸易地位发挥的作用,去剖析贸易权力的概念、产生和运行的根源及联动机制等内容。所以接下来对美国贸易表现的观察将按照先分别描述贸易条件和贸易地位、再与贸易权力的观察结果做对比的方式进行。

需要说明的是,贸易地位的变化直观反映了美国在贸易领域的外交活跃程度与参与方式,是外交维度的理想观察指标;贸易权力作为本书的研究对象,反映了权力行使者美国的贸易安全观,表征着美国与国际社会之间在贸易领域的安全关系,所以也是安全维度的适宜观察指标;但经济维度的指标选取就略显复杂了。由于贸易自带经济属性,而经济领域内的诸多指标不仅侧重点各异、且计算与既有规律也自成体系,为什么本书在众多常用指标中选取了贸易条件这个指标? 这就需要做一番比较说明了。

(一)经济维度的指标选取

为达到准确描述变量和清晰陈述规律的目的,本书借用经济学家在贸易研究中创造出的指标、术语、规律性理论等经济学工具,尝试对美国贸易表现做概括性描述。结合贸易领域的经济属性特点,现有研究对美国贸易表现的观察中,最高频选用的指标主要有以下三个:用进出口总额占本国国内生产总值(GDP)的比重来表征该国市场对外开放程度的贸易开放(trade openness),关注本国进出口差额顺逆情况的贸易平衡(trade balance)和关注国家间贸易利益分配格局的贸易条件(terms of trade)。

为便于观察,本书根据联合国贸易和发展会议(UNCTAD)、世界贸易组织(WTO)、经济合作与发展组织(OECD)及美国商务部网站(美国商务部经济分析局 Bureau of Economic Analysis, BEA)提供的数据,按照美国历史序列,分别制作了这三个最常用的经济指标演变折线图。

美国对外开放度变化趋势图

（%）

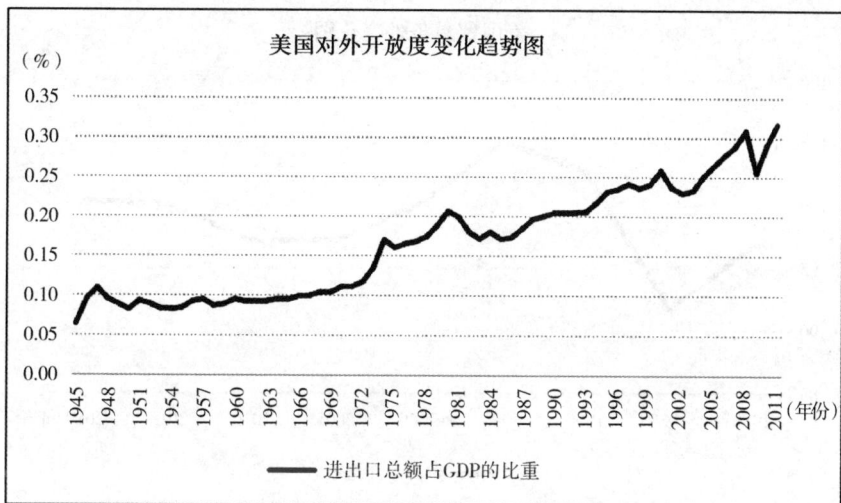

图导－1　美国贸易开放（trade openness）演变的历史序列图

数据来源：UNCTAD，BEA，WTO，OECD 网站　图表来源：作者自制

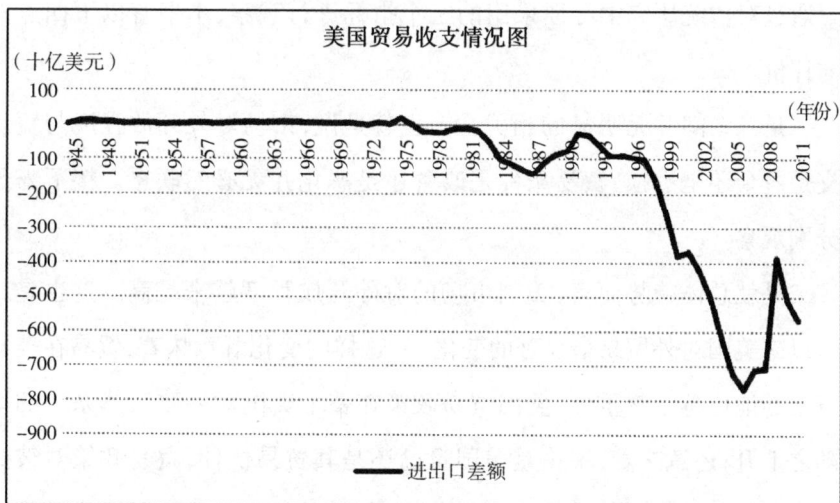

美国贸易收支情况图

（十亿美元）

图导－2　美国贸易收支（trade balance）演变的历史序列图

数据来源：UNCTAD，BEA，WTO，OECD 网站　图表来源：作者自制

美国贸易条件变化图

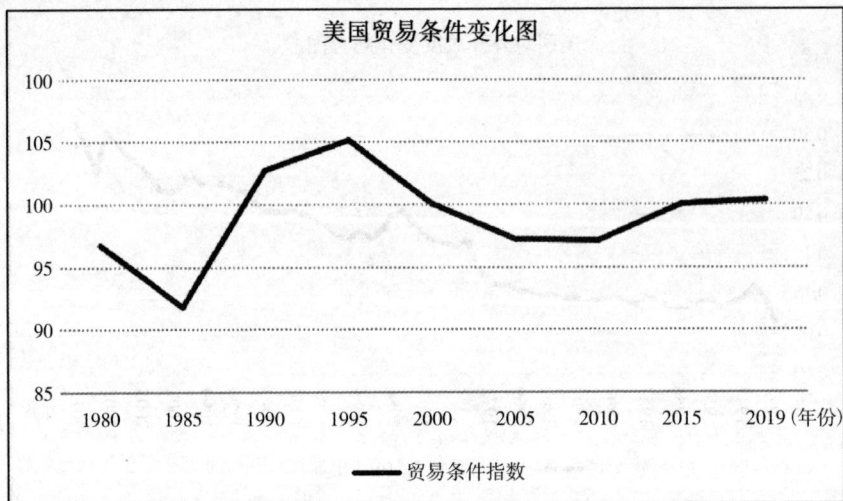

图导-3　美国贸易条件(terms of trade)演变的历史序列图①

数据来源:UNCTAD 网站　图表来源:作者自制

通过对传统研究中习惯采用的三个指标进行观察,本书有以下四点发现与评价。

一是三者间并无明显的相关性。也就是说,市场对外开放程度与贸易收支是盈余还是亏损、贸易条件是改善还是恶化并无必然联系。接下来还需分别观察。

二是就总体趋势而言,美国市场的对外开放程度越来越高。这也是二战后以来美国对外贸易最显著的变化。② 这样的变化既意味着,贸易在美国经济中的地位越来越重要,美国贸易政策在整个美国对外政策体系中的地位随之上升;还意味着,不论是美国自己还是其贸易伙伴,贸易政策对彼此产生的外部性效应都日益成为无法忽视、甚至是越来越重要的内容。也正

---

① 贸易条件未能找到 1980 年之前的数据。制图数据来源:UNCTAD 数据库 US_TermsOfTrade. csv;https://unctadstat. unctad. org/EN/BulkDownload. html

② 参见[美]曼昆《经济学原理:宏观经济学分册》(第 7 版),梁小民、梁砾译,北京大学出版社,2015 年,第 195 页。

因如此,一个国家进出口总量占国内生产总值的比重才被联合国贸易和发展会议(United Nation Committee of Trade and Development,UNCTAD)用来形容国家的贸易开放程度,并被列入每年的国别贸易情况数据表中。

此外,贸易开放(trade openness)这个指标的价值除了体现在单个国家纵向历史维度之外,还体现在国家间的横向比较维度。比如将美国、墨西哥和德国三个国家在 2011 年间的贸易开放数据做横向比较后发现:美国25%,墨西哥62%,德国88%。[①] 也就是说,虽然贸易在美国经济总量中的比重越来越高,这比例却在参与国际贸易的各主要经济体(墨西哥代表发展中经济体,德国代表发达经济体)中处于低位水平。更进一步剖析,如若美国与墨西哥,或者与德国之间爆发了激烈的贸易冲突,显而易见,美国的对手国家将比美国更在意(attention)贸易冲突的结果。毕竟贸易方面的损失对美国的影响可能是"断其一指"之痛,但对这些贸易开放程度超过50%的国家来说,可能就是致命的生死存亡了。换句话说,在同一段贸易关系中,美国对对方的贸易依赖远不如对方对美国的贸易依赖程度高。这就是阿尔伯特·赫希曼所描述的非对称贸易依赖关系。[②] 另外一组数据也印证了美国对外贸易依赖度低的观点:美国的经济产出占世界总额的23%,但是在世界出口中占的份额远远不及其产出所占比例的一半,[③]且出口仅为美国提供

①　See OECD,*National Accounts at a Glance* 2011,December 2011. 转引自[美]理查德·哈斯:《外交政策始于国内:办好美国国内的事》,胡利平、王淮海译,上海人民出版社,2015 年,第 134 页。

②　See Albert O. Hirschman,Beyond Asymmetry:Critical Notes on Myself as a Young Man and on Some Other Old Friends,*International Organization*,Vol. 32,No. 1,1978.

③　See US Department of Agriculture,Economic Research Service,Real Historical GDP Shares and Growth Rates of GDP Shares for Baseline Countries/Regions(in percent)1969 – 2011,January 26,2012;WTO,*International Trade Statistics* 2011,24,Table 1.8. 转引自[美]理查德·哈斯:《外交政策始于国内:办好美国国内的事》,胡利平、王淮海译,上海人民出版社,2015 年,第 134 页。

了 1000 万份工作。①

值得一提的是,许多研究综合了贸易开放这个指标在横、纵两个维度的作用,索性用进出口贸易总额与国内生产总值或者与国民生产总值(GNP)的比率来描述一个国家的对外贸易依存度。② 但这只能说明贸易在国内政治决策中的重要性以及该国市场对外开放的程度,对国际贸易行为在国家间利益分配的描述力有限。主要因为仅凭贸易开放来断言一国的对外贸易依存度,将无法体现战略性关键物资数量少但价值高的特点和作用,而这些物资在国家间贸易关系中往往具有不可忽视的杠杆效应。

三是综观美国贸易收支走势,自布雷顿森林体系崩溃的 20 世纪 70 年代初开始出现逆差以来,纵然中途有所起伏,但在近半个世纪之长的时间内一直处于逆差状态。其中的原因很复杂,可能还很出乎意料。以自 20 世纪 70 年代以来蓬勃兴起的美国跨国公司在其中的作用为例。传统观念认为,海外投资既然利用了市场对资源的优化配置作用,以更低的成本获取了更高的利润,必然会改善美国的贸易收支状况。然而既有研究发现,海外投资不仅没有改善美国收支状况,反而使其更加恶化了。其中的原因主要在于,美国的跨国公司将产品的生产、组装、销售等环节完全放在海外完成,以此替代了原本应该发生在美国本土的生产和出口。③

除了宏观上明显的长期赤字之外,从微观角度来看,贸易收支从盈余到赤字再到持续赤字的变化,还反映着美国出口结构属性的转变。二战后美国贸易逆差最早出现在 20 世纪 70 年代,以此为美国贸易收支从盈余到赤字

---

① See US Department of Commerce, International Trade Administration, Exports Support American Jobs, *International Trade Research Report* No. 1, April 2010. 转引自[美]理查德·哈斯:《外交政策始于国内:办好美国国内的事》,胡利平、王淮海译,上海人民出版社,2015 年,第 134 页。

② 参见何永江:《美国贸易政策》,南开大学出版社,2008 年,第 26 页。

③ 参见[美]赫尔曼·M. 施瓦茨:《国家与市场:全球经济的兴起》,徐佳译,江苏人民出版社,2008 年,第 292 页。

的大致分水岭;到80年代开始扩大,短暂缓冲后又持续扩大;直至2008年金融危机后才有所缩小。与此同时,贸易收支(逆差)占GDP的比重也在大幅度提升。此外,就贸易逆差的组成部分而言,货物贸易逆差的扩大是造成贸易逆差的主要原因,而服务贸易自20世纪90年代起则明显处于盈余状态,且该状态呈上升趋势。由此可见,自贸易收支出现赤字以来,美国的贸易盈余主要来自服务业等高附加值的新兴出口内容,而非传统制造业产品。于是,2013年美国经济分析局(Bureau of Economic Analysis,BEA)宣布将扩大GDP的定义范围,把各种形式知识产权的生产也计入其中。GDP是评估国家整体经济表现的指标,这样的改变反映出"整体经济已经从以工业为要务平稳地转型为以知识和信息产业为基础"[①]。这也是美国在对外贸易政策中如此强调知识产权保护的重要原因。

　　值得一提的是,特朗普政府时期,总统办公室每年出台的年度贸易报告频繁将贸易收支作为衡量"公平贸易"的标准:认为美国贸易收支出现逆差标志着美国在贸易中遭受了"不公平"待遇,并由此号召对相关贸易协定做进一步的谈判和修订。然而贸易收支的顺逆差表面上仅取决于出口额和进口额之差,实际上则更深层次地与一个国家的宏观经济政策相关联,比如投资-储蓄比率等其他因素。不论在经济学意义上还是政治学意义上,都难以用贸易收支这一个指标评价一国在贸易行为或贸易关系中的得失。而且事实证明,美国常年的贸易逆差并未削弱其贸易强国的地位和影响,所以这个指标依然具有局限性,固然能部分地说明问题,却不适用于本书的研究。

　　四是美国的贸易条件在各时期的上升(下降)趋势显著、整体波动大。

---

　　① ［美］曼昆:《经济学原理:宏观经济学分册》(第7版),梁小民、梁砾译,北京大学出版社,2015年,第12页。

贸易条件指的是出口价格与进口价格的比率。[①] 它可以描述一个国家对外交换的商品购买力,可以衡量一定时期内一个国家的出口相对于进口的盈利能力,可以反映一个国家在国际贸易利益分配格局中的处境。具体说来,贸易条件改善(上升),意味着出口同样多的商品可以交换到更多的进口货物,贸易对本国有利;贸易条件恶化(下降),意味着出口同样多的商品只能交换到更少的进口货物,本国贸易处于不利地位。此外,贸易条件自身便有天然的动态波动属性。研究表明,对发达国家和发展中国家来说,每年贸易条件的正常波动范围分别是9%和19%。[②] 也就是说,在观察贸易条件波动幅度时,往往难以辨析其中有多少成分属于正常波动范围,又有多少成分与美国贸易政策直接相关。鉴于此,本书认为对贸易条件的观察重点并非在其波动幅度上,而应在其上升或下降的走向趋势上。只要能据此判断美国在对外贸易中的盈利能力变化方向即可。此外,美国的贸易条件不仅对商业利益的分配有指向性作用,还可以在一定程度上反映其关税的变化情况。比如,有研究证明,整个20世纪中,有近三分之二的美国关税变化都可以通过一个内生性的关税函数模型得到解释,这个模型中的关键函数为失业、通货膨胀和美国贸易条件。[③] 这更进一步印证了贸易条件作为观察指标的优越性。

综上,考虑到本书的研究侧重于美国在国际社会中的贸易表现,所以选择贸易条件作为经济维度的观察指标。

---

① 参见[美]保罗·萨缪尔森、[美]威廉·诺德豪斯:《萨缪尔森谈金融、贸易与开放经济》,萧琛主译,商务印书馆,2012年,第77页。

② See Marianne Baxter, Michael A. Kouparitsas, What can Account for Fluctuations in the Terms of Trade? *International Finance*, Vol. 9, No. 1 2006.

③ See Stephen P. Magee and Leslie Young, Endogenous Protection in the United States, 1900 – 1984, in Robert M. Stern eds, *U. S. Trade Policies in a Changing World Economy*, MIT Press, 1987, p. 145.

（二）美国贸易表现的主要变化

虽然经济、外交和安全三个维度在表征美国对外贸易时呈现出三点一面、缺一不可的特点，可是本书在从这三个维度入手，试图理解美国对外贸易主要变化时经历了一个由浅入深的渐进过程。贸易最直观的收益反映在经济层面，所以经济维度的变化是首先需要呈现的内容。其次需要看到，美国向来不是单打独斗，它在利益上的优先是由地位上的优先予以保证的，获得其他国家的认同和跟随是美国确保自己利益优先的重要支撑。但这些国家的认同和跟随不意味着美国能在全球范围内实现完全的"治下和平"，美国与这些对其表示出认同和跟随态度的国家之间，依然会出现贸易矛盾安全化现象。正是因为这些非常规现象的存在，本书的出发点和落脚点"美国对外贸易权力"才成为更有意义的研究对象。此外，如前文所述，本书选取的研究载体——美国贸易政策与经济、外交、安全三个维度的观察指标紧密相连。现将它们之间的关系详述如下。

第一，经济维度的贸易条件为贸易政策的制定提供了内在动机。贸易条件作为衡量一国对外贸易利益的关键指标，反映了贸易利益在各国之间的分配份额，影响着世界收入的分配格局。可以从图导－3中看出，冷战后的美国贸易条件先升后降，并逐渐稳定在优于20世纪80年代的中位水平。这说明，美国的贸易条件随全球自由贸易发展和兴盛的步伐，不断推动美国经济向好。这个结论主要源于贸易条件的两大属性。一是贸易条件的经济效应。既有研究表明，贸易条件的改善不仅会直接提高贸易对GDP增长的贡献率，还有利于塑造良好的经济发展环境，有利于提高本国的资信级别，进而吸引更多外来投资，体现出确定且不可忽视的经济效应。[①] 二是谁掌握

---

① 参见张建刚、魏蔚：《贸易条件对经济增长的影响分析——以亚洲发展中国家为例》，《经济问题》，2018年第5期。

了撬动贸易条件的主动权,便掌握了国际贸易分工格局的主动权。从贸易条件的经济效应出发,这个指标一般来说更受发展中国家的关注。不过,大部分发展中国家改善自身贸易条件的手段主要还停留在依靠本国自然资源禀赋和人口红利等静态资源优势的阶段,在国际贸易格局中长期处于"被分工"的被动状态。以美国为代表的发达国家则早将汇率等容易撬动贸易条件的工具牢牢攥在自己手里,占据了"分工"的主动权。

在这样的情况下,相较于贸易条件助推经济发展的属性而言,在本书的研究中,掌握国际贸易格局分工的主动权更具备评判美国贸易表现的参考价值。由此出发,便不难理解为什么在全球化时代,美国特朗普政府出台颇具保守主义色彩的贸易政策,明显逆流而行,却依然有诸多国家在抗议声中选择了服从。这是因为,美国长期掌控了汇率等撬动贸易条件的工具,由此掌握了塑造国际贸易分工格局的主动权,并积累了不少相对于其他贸易伙伴的权力优势。美国出台保守主义性质的贸易政策虽然与绝大多数国家的自身利益相冲突,但必然有国家会因承受不了来自美国既有相对贸易权力优势的威慑而不得不服从美国贸易安排。

第二,外交维度的贸易地位为贸易政策的运行提供了外在环境保障。[1]每个参与国际贸易活动的国家都有自己的贸易地位。贸易地位指的是该国家在国际制度体系中的角色(国际制度的领导者、建设者、倡导者、破坏者或搭便车者)。对贸易政策而言,贸易地位之所以这么重要,主要是因为一个国家的政治权力需要在制度体系——成套的规则、规范和惯例——环境中方能运行。[2] 美国对外贸易的国际地位主要受以下两种制度的共同支撑:一

---

① See Mark S. Copelovitch and Jon C. W. Pevehouse, Ties that Bind? Preferential Trade Agreements and Exchange Rate Policy Choice, *International Studies Quarterly*, Vol. 57, No. 2, 2013.

② See Stephen D. Krasner, US Commercial and Monetary Policy: Unravelling the Paradox of External Strength and Internal Weakness, *International Organization*, Vol. 31, No. 4, 1977.

是国际组织和国际贸易制度,二是区域或双多边贸易互惠协定。以美国双多边互惠贸易协定中广泛存在的特惠贸易协定(Preferential Trade Agreement,PTA,亦称为国际贸易协定)为例,简要说明美国如何以制度手段支撑起自己的贸易地位。首先,特惠贸易协定除了是一项惠及参与贸易活动各方的制度规定而外,实则还具有限制签署国运用贸易政策调整贸易条件的功能。其次,特惠贸易协定往往会设置各种各样的体制机制(比如贸易争端解决机制、仲裁机制),主要目的也是为了让签署国在试图解决问题的时候,将国际贸易协定置于本国贸易政策之前作为优先选项。

美国在国际贸易制度中扮演的各种角色其实是在上述两种制度间游走的动态平衡状态,没有哪一种角色完全偏向某一种制度而完全摒弃另一种制度。从国际组织和国际贸易制度的角度来看,二战结束以来,美国依次充当了倡导者、建设者、领导者和破坏者的角色。具体关系如下图所示:

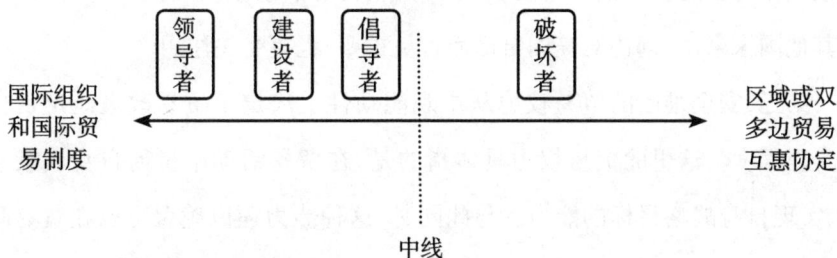

图导-4 美国贸易地位变化图:不同角色在两种制度间游走

图表来源:作者自制

值得注意的是,在美国的角色转换中,2008 年金融危机成了一个重要转折点。从二战后至 2008 年金融危机之前,美国在数十年间的角色越来越偏向于国际组织和国际贸易制度的一端,推行的"自由贸易"致力于在全球范围内尽可能弱化国家层面形成的贸易门槛,致力于为资源和资金的跨国界流动创造有利的市场环境。2008 年金融危机之后,美国提高了对经济过度金融化的警惕,加大了政府金融监管力度,对外贸易政策中鼓励市场化的成分相应收缩,政府通过贸易调整解决经济社会问题的诉求增强,呈现出逐渐向区域或双多边贸易互惠协定倾斜的趋势。在这阶段,美国推行的"自由贸易"以众多个性化、国别化和区域化色彩浓厚的贸易谈判与贸易协定为路径,致力于市场力量在世界范围内收缩的大背景下,营造出一个"让美国更自由"的贸易环境。这种政策转向在特朗普政府时期体现得尤为密集与明显。

此外,值得注意的是,虽然贸易这个领域的国际一体化程度较高,而且美国一直居于主导地位,但与其主要贸易伙伴相较而言,美国一直保持着更低的贸易依赖程度,政策更灵活。这样一来,各国拥有的实际贸易权力与贸易依赖程度之间就形成了客观上的不对等结构关系。于是,贸易除了国际一体化程度较高外,又多了一个国别特征尤为鲜明的特点。那就是美国能否继续作为多边合作的参与方出现在国际贸易活动中这一点,对美国以外的其他国家来说,都比对美国自己而言更重要,也更受关注。[1]

第三,安全维度的贸易权力从主观能动性上决定了贸易政策既定目标的实现程度。这里的贸易权力具体指的是,在贸易活动中贯彻自身政策意志、实现自身战略目标的能力。与此同时,这种能力还以确保自己在贸易政策的制定环节不受外界胁迫的安全状态为特征。相应的,这是一种需要贸易伙伴国配合(为了共同的利益开展合作)或屈从(被迫牺牲自己利益的合作)的权力。

与前两个指标不同,美国在安全维度的贸易权力没有剧烈的起伏波动,而是在历史潮流变迁中经历了一个从无到有、由弱到强的演化过程。第一阶段,二战后至20世纪70年代初。当美国充当国际制度倡导者和建设者角

---

① See C. Fred Bergsten, A Renaissance for U. S. Trade Policy? *Foreign Affairs*, Vol. 81, No. 6, 2002.

色的时候,逐步放开的自由贸易提升了其贸易条件,凭此积累起了巨大的贸易实力。这些贸易实力后来在越来越多国家的认可和跟随中转化为了贸易权力。美国贸易权力由此生成,实现了从无到有的突破。第二阶段,20世纪70年代初至2008年金融危机爆发。当美国充当国际制度领导者角色的时候,借助金融化经济的驱动力量,在全球推行尽可能低门槛的自由贸易。虽然在此阶段,与发展中国家相比而言,美国贸易条件获得的收益较小,可是美国也在推广金融化经济的过程中掌握了撬动其他国家贸易条件的工具,从而夯实了贸易权力。从此,美国的贸易权力超越了纯粹的贸易供需关系,有了金融化、政治化等杂糅性特征,实现了由弱变强的转变。正如吉尔平所说:"资金流动方向、比较优势的转移以及生产活动的国际分布等,已成为当代国家事务管理能力的先决条件。"①第三阶段,2008年金融危机至2020年,当美国开始充当国际制度破坏者角色的时候,哪怕频频"退群""反悔",提出单边主义色彩浓厚的贸易要求,却依然能在谈判中争取到多个国家的妥协让步。美国在过去自由贸易繁荣的时代积累了不少贸易权力,这些贸易权力赋予了它许多潜在优势。这些"单边主义在国际谈判中的频频胜利"现象之所以出现,并非因为美国的行为具有公信力或者法理性,而是因为美国在行使那些由贸易权力赋予的潜在优势。

接下来围绕贸易权力,笔者简要概述它与另外两个维度指标之间的关系。

首先,一个国家安全维度的贸易权力是经济维度贸易条件得以改善、外交维度贸易地位得以提升的重要前提。贸易条件的改善意味着进出口购买力的提高,贸易地位的提升意味着贸易伙伴的认可,这两方面的实现都离不

① 〔美〕罗伯特·吉尔平:《国际关系政治经济学》,杨宇光等译,上海人民出版社,2011年,第3页。

开贸易伙伴的支持与配合。虽然贸易权力的巩固与强化亦有赖于贸易条件对贸易实力的积累、有赖于贸易地位对贸易秩序的管控,但贸易权力对另外两个维度指标的依赖程度随贸易权力的发展变化而有不同。在贸易权力从无到有,以及由弱变强的早期阶段,这种依赖表现得较为明显。可是当一个国家像二战刚结束时的美国那样,拥有了"一枝独秀"般的相对贸易权力优势时,贸易权力对二者的依赖就没那么显著了,更为明显的是贸易权力对美国贸易条件和贸易地位的保障作用。

其次,经济维度的贸易条件与安全维度的贸易权力呈正相关关系。不论是从贸易条件为贸易权力积累物质财富的角度,还是从贸易权力保障贸易条件不断改善的角度,二者都显然呈现出正相关的变化关系。对外贸易格局的不断扩大是一个国家贸易条件改善的明显特征。从美国市场日益扩大的对外开放程度可逆向推知,其安全维度的贸易权力亦在成正比例增长。比如,冷战是美国"以经济贸易换政治安全"被举证最多的时期,可是这里的"换"并不是说贸易发展的整体停滞或后退,而是指贸易带来的利润有所下降。实际上,美国整体的市场开放程度在整个冷战期间不仅持续攀升,反倒还在 20 世纪七八十年代迎来了发展速度的小高峰。一方面,对外贸易对美国总体政策决策者的意义越来越重大。至冷战结束的 1991 年,美国的出口总额占到了国民生产总值(GNP)30% 的比例,这其中就包括"全国工业制造业产品总量中的 20% 和农产品总量中的 30%"[①]。这些出口产品维系着数以百万计的国内就业人口,石油等能源产品的进口也是维持美国社会生产生活正常运转的重要支撑。另一方面,这样日渐庞大与开放的贸易格局,以及越来越复杂与根深蒂固的海外利益,都需要政治安全给予其充分的保障。比如,海外的政治稳定、安全可通行的海上通道、通关便利、稳定的供应渠

---

①   Robert D. Hormats, The Roots of American Power, *Foreign Affairs*, Vol. 70, No. 3, 1991.

道,以及确保主要贸易伙伴市场开放程度的扩大等,这些因素都对美国经济和战略利益至关重要。

最后,外交维度的贸易地位与安全维度的贸易权力之间,同样是互为支撑的双向关系。美国前副国务卿及学者罗伯特·霍尔迈茨(Robert D. Hormats)曾就美国在国际社会中的责任、权力与外界的支持三者之间的关系做过精彩的论述。霍尔迈茨认为,权责相当是持续获得外界政治支持的必要条件,如果美国做出的国际承诺超过了自己的权力限度,那就意味着由外交导致的权力破产(insolvency),必然招致国际上与之政治意见与目标不一致的声音。[①]

三、问题的提出及关键概念的析出

国家间贸易虽然根植于经济领域,但它从来就不是一个纯经济学议题。尤其对于美国这样一个拥有世界上最大市场和最强综合国力的贸易国而言,贸易的对象、内容、数量和方式等要素都可以并且已经实现了相当程度的政治化。而且其政治化的动力不仅来自国家间关系,还来自国内政治。这使得美国在贸易领域的阶段性特征相较于军事、文化等其他领域而言愈加难以识别,更何况还要将其置于本书选定的长时间跨度中去观察。但是特征的不明显并不意味着它一定不存在,或者无法把握,重要的是找到合适的切入点,将纷繁复杂的现实现象切割为能充分体现其主要特征、同时还更容易观察和描述的小部分,方能化繁为简,抽象出主要核心变量及其联动机理。

(一)问题的提出

二战后美国对外贸易变化的突出特点就是贸易的权力化。贸易战是贸

---

① Robert D. Hormats, The Roots of American Power, *Foreign Affairs*, Vol. 70, No. 3, 1991.

易权力化的激烈体现,因为贸易战绝对不是国家间友好的交往方式,发起贸易战的一方在采取行动之前必然预见到对方的抵制甚至对等反制等报复措施。可就算明知损人不利己,却还坚持为之,说明在发起者的成本收益权衡中,贸易战是更优选择。具体说来,美国贸易的权力化主要体现在以下三个反常规现象:

一是"市场开放度高"与"对外贸易依存度低"的共存。此处"高"指的是逐年升高的趋势。就具体比例来看,美国的市场开放程度与其他世界主要经济体相比依然处于低位。一般来说,越来越开放的市场往往意味着一个国家对世界市场的融入程度更高,意味着该国家的对外贸易依存度也更高。可是美国在对外开放程度渐高的同时,对外贸易依存度却始终在低位徘徊。这是明显的反常规现象。

二是"出口购买力高"与"贸易收支赤字"的共存。贸易条件是表征一个国家出口购买力的指标,出口购买力高意味着出口产品的价值高于进口产品的价值。也就是说,两个贸易条件不同的国家出口同样多数量的商品,贸易条件更高的一国可以换得比另一国更多的进口产品。所以传统观念认为,贸易条件高意味着在贸易活动中的盈利能力强,正常情况下不容易出现贸易收支赤字的状态。可是美国在贸易条件不断改善、出口购买力很理想的情况下,却依然出现了贸易收支赤字的情况,而且并非偶尔或短期的贸易收支赤字,而是持续了一段时间、较为明显的赤字。这也是明显的反常规现象。

三是贸易权力虽然依靠贸易地位予以支撑,却也能在贸易地位弱化的情况下继续维系下去,不随贸易地位的变化而波动。这种制度与权力的剥离现象,在贸易地位上反映的是美国从国际贸易制度领导者到破坏者的角色转变。过去的研究往往认为,美国贸易权力之所以强,主要因为美国在国际贸易制度中占据了领导者地位。可是自从 2008 年金融危机以来,尤其是特朗普政府时期以来,美国对外贸易政策中的自由贸易成分大幅缩水,反而转向区域和双多边贸易制度一端。这种趋势在拜登政府上台后依然没有根本性扭转。显然,不论是从美国自身贸易政策取向而言,还是从美国近年来在国际贸易中"四面出击"式的"反自由贸易"行径来看,都很难继续认为美国是国际自由贸易制度的领导者了。更有甚者,哪怕在区域和双多边层面,美国仍在贸易制度的谈判和贸易协定的签署中频频引入国内法律作为行为依据,罔顾在贸易领域依然需要尊重并遵守国际关系基本准则的道义。无奈的是,虽然美国将国内法适用于国际场合的行为招致了许多批评与抵制,却还是屡屡得逞。这种不再在国际制度层面拥有强大的贸易地位,在实际贸易行为中却依然行使强权力的现象也是美国所特有的。究其原因,或许正如国内学者李明哲指出的那样,"长期以来,美国对全球规则的主要塑造方式是将本国法律外化并推动其他国家认可和接受,因而现有的国际经贸规则多与美国国内实践有着某种程度的相似"①。

通过对战后美国对外贸易主要变化的描述及其特点的总结,本书发现,美国贸易权力"强权力"的现象,一方面与"低对外贸易依存""低贸易收支""强出口购买力"等其他经济现象并存,另一方面与"强贸易地位"剥离。这两大特点与"强权力"必以"强贸易地位"为支撑,也必能获得"高贸易收支"等传统观点不符。遂由此提出本书研究问题:这到底是一种什么样的力量?应该怎么认识美国贸易权力这种"反常规"力量?

(二)问题的分解

为了让本书对这个问题的探索更具可操作性,接下来将研究问题进行降维。具体说来,本书将认识和理解美国贸易权力这个任务分解为了概念(concept)和机制(mechanism)两个层次。通过理论推演,一方面抓住美国对

①　李明哲:《美国的赤字型国际领导与世贸组织改革》,《国际贸易》,2020 年第 4 期。

外贸中"强权力"的标志性特征,并由此出发探索其力量边界,回答美国贸易权力"是什么"的问题;另一方面将其继续分解至元变量,并探索这些元变量之间的联动机理,回答美国贸易权力"为什么"是这样的问题。

除了明确本书的研究问题外,还需要明确两个与本书研究对象关联度很高、但不属于本书研究范围的问题。一是许多研究将贸易权力作为一种经济权力工具,视之为媒介,而本书则以贸易权力为研究主体,不论对其进行内部剖析还是探究其外在联系,都是围绕以贸易权力为核心而展开的研究。二是许多美国对外贸易的研究倾向于关注贸易政策的国内制定过程,侧重于美国国内政治的利益博弈过程。而本书则不去考量美国做决定的过程,只关注美国做出决定、出台贸易政策的行为希望达到的目的是什么,以及这些贸易政策在国际关系中产生的实际效果怎么样,从而通过检验政策的有效性反推美国贸易权力的存在条件。

（三）关键概念的析出

要实现将研究问题降维的目标,有必要从现实现象中抽象出国际关系领域的一般性概念。不论是贸易条件、贸易地位还是贸易权力,这些可观察到的现象都不是问题本身,而仅仅是问题的"表征"。重要的是,在这三个维度的历史演进中析出的关键概念,以及这些关键概念相互间的关系。这才能较真实和全面地反映问题背后的规律。此外,析出关键概念的意义还在于,使本书的研究与其他相关文献的研究在同一个话语体系中接轨,从而让下文的理论分析得以借助现有的研究成果和理论工具。所以提炼一般性概念是下文做文献回顾和理论推演的基础。

从现象中析出概念的过程,是个先从现实抽象到理论、再从理论回归现实的闭环。结合美国对外贸易的实际,本书在回归现实的环节将一般性概念复合上了贸易领域的特征,相应的概念析出情况如下：

表导 -1　关键概念析出表

现实现象	一般性概念	复合领域特征后的概念
经济维度的贸易条件	利益	贸易收益（自变量）
外交维度的贸易地位	制度	贸易依赖（中介变量）
安全维度的贸易权力	权力	贸易霸权（因变量）

图表来源:作者自制

　　一般性概念是较稳定的常量,适用于理论推演。基于理性行为体"趋利避害"的天性假设,本书对贸易行为体有如下推论:在利益层面追求收益成本比的最大化,这为贸易行为提供了动机;在制度层面追求自己国家对国际制度、国际机构的控制力,这为贸易行为提供了环境;在权力层面追求政策效用目标的实现,这使贸易行为对国家间关系产生实际影响。

　　复合过贸易领域特征后的概念则不如一般性概念那么稳定,会随着政策目标、实施条件、实施对象等应用环境的具体变化而有所改变,需结合实际情况分析。以贸易收益为例。虽然行为体有最大化贸易收益的动机,但是在实际贸易活动中依然会出现将贸易收益置后、甚至自损的情况。比如,哪怕明知有的行为一旦付诸实践,不仅于自身贸易收益并无益处,而且还会导致双输结局,但只要对方的损失比自己大,就依然有实施相应行为的动机。美国作为本书研究的主体国家,贸易条件、贸易地位和贸易权力分别表征美国在具体贸易行为中的动机、手段和目的。

　　至此,本书对现实现象中贸易条件、贸易地位和贸易权力这三个变量的讨论告一段落。接下来,将在文献回顾部分具体阐释其他研究如何理解美国贸易中的利益、制度和权力及其相互关系。

第二节 文献回顾

继明确了研究对象(美国贸易霸权)和研究问题(what),并从现实现象中提炼出了可供理论分析使用的概念(利益、制度、权力)之后,本书将借助这些概念,梳理既有研究脉络及主要成果,从而找到本书在整个相关研究谱系中的具体位置,以谨慎和敬畏的态度为本书后续研究的可行性背书。

一、霸权研究的相关理论及工具梳理

与美国贸易权力相关的研究众多。宏观来看,主要集中在经济学、政治经济学和国际关系学等学科,以及这些学科与科技、交通、地理等其他学科的交叉。仅国际关系学科内的相关研究,对贸易权力的认知也随研究目标的差异而多样。鉴此,本部分回顾、梳理、区分相关理论的落脚点在于精准定位变量,为后文的理论推演做准备。定位精准,一方面需要尽可能做到既不遗漏关键变量,也不误选相关性不强的变量。另一方面则需要搞清楚本书的理论推演与其他研究选用的理论之间存在何种区别和联系。

由于本书的主体部分涉及理论概念推演和因果机制建构的内容,其中的关键概念在国际关系与外交类学科中随立足点的不同而存在诸多争论,莫衷一是。为避免出现混乱和歧义,有必要在开篇首先明确本书的研究对象和研究层次,再基于这两个基本要素提出相关前提假定、明晰关键概念的内容边界、为本书选取贸易作为特定问题领域的原因做出合理解释,从而为后续研究的展开创造条件、赋予其合理性。

(一)梳理与分类的依据

现有研究中与美国贸易权力相关的理论繁多,为清晰简明地呈现主要理论间的异同,本书在系统评估时首先对它们在研究层次上进行区分,将其置于国际体系与国家的互动、国内－国际的互动两种研究层次中,再分别在各研究层次内部,从观点和方法论的角度加以评析。之所以强调研究层次的重要性,是因为研究层次既决定了理论分析的宏观/微观路径,还反映了相应的研究假设,具有"以小见大"的效果。之所以评析不同理论的观点与方法论,是为了通过分析比较,找出不同理论中可供本书采用/不可采用的地方,为提升第一章和第二章理论推演的针对性做准备。

本书对"观点"的分类依据是"实然"(物质)与"应然"(非物质)的分野。举例来说,权力可分为实际情况中的权力(物质资源与使用资源的能力)和认知观念中的权力("威望")。实际情况中的权力是否施展主要取决于权力拥有者的主观意愿,而认知观念中的权力是否兑现则主要取决于各方行为体间供需关系的互动结果。之所以在对不同理论分类时选取物质与非物质为标准,主要考虑是既有研究往往以此作为判断一个行为体是否"理性"的假设依据。理性行为体假设认为,行为体对贸易政策的偏好主要基于物质层面的经济利益。[①] 而当前却有不少研究(比如,聚焦于个人层面做政治心理学分析)发现并不一定总是这样,很多时候也是基于社会或观念层面的考

---

① See Eugene Beaulieu, Factor or Industry Cleavages in Trade Policy? An Empirical Analysis of the Stolper – Samuelson Theorem, *Economics and Politics*, Vol. 14, No. 2, 2002; Mayda, Anna – Maria, and Dani Rodrik, Why are Some People(and Countries) More Protectionist than Others? *European Economic Review*, Vol. 49, No. 6, 2005; Kenneth F. Scheve and Matthew J. Slaughter, What Determines Individual Trade – Policy Preferences? *Journal of International Economics*, Vol. 54, No. 2, 2001b.

虑(荣誉与道义等)。[①] 本书视国家为一个整体,并假设国家是受利益驱动的理性行为体。不过这里的利益,并不仅仅指物质层面的得失,而是包括政治、社会、经济在内的国家利益的总体,这个利益会在不同时期、不同具体情境里有不同的侧重。

物质与非物质的因素虽然同时存在,但是在具体研究中的分量会因研究者选取的研究层次不同而各有侧重。比如,当研究聚焦于投票者(voter)或者决策者(decision-maker)等个人层次时,非物质的观念因素在研究中所占比重更多。这是因为个人选择主观性强,不确定性突出,需要借助政治心理学的知识辅助分析。当研究聚焦于企业(firm)、产业(industry)等单元层次时,结合行为体趋利的本性,物质层面的经济利益在研究中占比更多。当研究聚焦于国家(state)层次的时候,哪怕将其假设为物质优先于非物质的理性行为体,依然需要清醒地认识到国家利益是经济、政治、社会等综合了来自物质领域和非物质领域因素的复合体。

理性行为体假设是开放经济学理论(Open-Economyc Politics,OEP)的重要前提。[②] 开放经济学理论不仅是国际政治经济学的主流研究范式,在美国国别研究中也是一种常见的研究方法。该方法针对的研究对象是利益及其产生的相应后果。具体操作分为两步。第一步是在国内制度框架内,国内政治利益如何形成对外经济政策。在这一步需要厘清国内经济行为体各自的政策偏好,观察这些政策偏好在国内制度框架内如何做先后排列与横

---

① See Sungmin Rho and Michael Tomz, Why Don't Trade Preferences Reflect Economic Self-interest? *International Organization*, Vol. 71, No. S1, 2017; Jens Hainmueller and Michael J. Hiscox, Learning to Love Globalization: Education and Individual Attitudes Toward International Trade, *International Organization*, Vol. 60, No. 2, 2006.

② See Sungmin Rho and Michael Tomz, Why Don't Trade Preferences Reflect Economic Self-interest? *International Organization*, Vol. 71, No. S1, 2017.

向组合。第二步是分析这些对外经济政策如何形成合力、产生对外政策效果。[①]

本书对"方法论"的分类依据是体系和权力两种视角呈现的不同分析层次。体系视角关注的是总体层次上的国家间互动（interaction of states）及其规律；而权力视角则力图在单元层次上解释单个国家的行为（state action）及其原因。鉴此，本书在"方法论"上将不同理论分为两类：一是从总体指向单元（以整体解释个体），二是从单元指向总体（以个体解释整体）。

值得注意的是，在数十年间各有侧重的国际关系与外交学科权威文献中，"总体层次"与"单元层次"这一对二分法常以不同的名称反复出现，而且出现的位置主要集中在对观点的分类或对理论概念的辨析中。比如，布赖恩·巴里（Brian Barry）在《社会学家、经济学家与民主》中说道："曾划分并分析了当代社会科学中理论建构方面的两种最重要方法——理论建设的社会学模式和经济学模式。"[②]在对个体行为的解释上，社会学模式认为整体大环境是个体行为的限度，所以只有通过整体才能理解置身于其中的个体；而经济学模式则认为个体行为主要受制于自身对成本利益的考量，而非整体大环境。又比如，罗伯特·吉尔平在《世界政治中的战争与变革》中将巴里的观点进一步发展，从社会学和经济学观点剖析制度和利益的作用；[③]用制度强调了整体大环境对个体的决定性影响，用利益强调了个体决策对整体环境的塑造。还比如，亚历山大·温特在《国际政治的社会理论》中对分属

---

① See Daniel W. Drezner and Kathleen R. McNamara, International Political Economy, Global Financial Orders and the 2008 Financial Crisis, *Perspectives on Politics*, Vol. 11, No. 1, 2013.

② Brian Barry, *Sociologists, Economists and Democracy*, Macmillan, 1970, p. 159. 转引自［美］罗伯特·吉尔平：《世界政治中的战争与变革》，宋新宁等译，上海人民出版社，2019年，序言第1页。

③ 参见［美］罗伯特·吉尔平：《世界政治中的战争与变革》，宋新宁等译，上海人民出版社，2019年，第2页。

于总体或单元层次上的体系理论做了辨析。① 在温特的辨析中,与本书所述"体系与权力"二分法相对应的名称有两个,第一个为"国际政治理论"与"对外政策理论",第二个为"体系理论"与"还原理论"。两种称呼的区别在于前者将国际体系视作因变量,而后者则将其视作自变量。

在观点归类与概念辨析的权威研究中,如此高频率被提及和概括的现象足以证明该二分法的重要性。不论是巴里的"社会学模式与经济学模式",吉尔平的"制度与利益",还是温特的"国际政治理论与对外政策理论""体系理论与还原理论",抑或是张清敏的"国际关系研究与对外政策研究",都是体系与权力两种视角在不同议题中的变形。

(二)理论的梳理

第一个研究层次是国际体系与国家的互动。在这个层次的互动中,不同理论分别从体系和权力两个角度赋予了利益与制度不同的内涵。以体系视角下新现实主义与新自由主义的分野为例:新现实主义强调静态的"结构"(structure),体现的是不同角色之间的权力分配情况,权力的分配体现为利益的瓜分;新自由主义强调动态的"过程"(process),体现的是不同角色之间相互作用的权力模式,相互作用的方式是基于制度约束力和履约方契约精神的国际合作。

具体说来,国际体系与国家的互动这一层次的理论梳理大致如下表所示:

---

① 参见[美]亚历山大·温特:《国际政治的社会理论》,秦亚青译,上海人民出版社,2014年,第10页。

表导－2　　国际体系与国家互动层次相关理论梳理表

方法论 ＼ 观点	物质	非物质
以整体解释个体	权力结构论 （华尔兹、斯特兰奇）	观念建构论 （温特）
以个体解释整体	霸权稳定论 （吉尔平）	相互依赖论 （基欧汉、约瑟夫奈）

图表来源：作者自制

在"以整体解释个体"的方法论中，主要有以下几位具有代表意义的学者。首先，肯尼思·华尔兹在《国际政治理论》中将"系统"定义为结构和互动的单元。他认为"单元的安排属于系统的特性"，所以只有先了解了外在的结构，才能明白各单元排列的方式及其原因。[①]　其次，苏珊·斯特兰奇在《国家与市场》中提出了结构性权力的概念。她认为可以通过了解全球政治经济结构的运行规律，来确定该结构中具体行为体之间相对权力的大小变化。[②]　最后，亚历山大·温特在《国际政治社会理论》中提出了一种"体系理论"，通过描述体系以不同方式建构行为体的过程，观察不同建构方式与其产生的相应结果之间的关系。[③]

在"以个体解释整体"的方法论中，主要有以下几位具有代表意义的学者。首先，罗伯特·吉尔平的名著《世界政治中的战争与变革》认为，行为体自利的动机是其改造国际环境的原因，于是从认识行为体的利益出发，去理解国际环境因为行为体的行为所发生的改变。[④]　与此同时，该书还强调物质实力具有转化为军事力量的潜力。其次，约瑟夫·奈在《理解全球冲突与合

---

① 参见［美］肯尼思·华尔兹：《国际政治理论》，信强译，上海人民出版社，2017年，第85页。

② 参见［美］苏珊·斯特兰奇：《国家与市场（第二版）》，杨宇光等译，上海人民出版社，2019年，第27页。

③ 参见［美］亚历山大·温特：《国际政治的社会理论》，秦亚青译，上海人民出版社，2014年，第11页。

④ 参见［美］罗伯特·吉尔平：《世界政治中的战争与变革》，宋新宁等译，上海人民出版社，2019年，第8页。

作:理论与历史》中提出,可以通过国家间相互依存的关系去理解全球化和反全球化这两种国际社会的普遍现象。① 最后,罗伯特·基欧汉在《霸权之后》中谈到,霸权稳定论认为霸权对整个体系得以存在和运行的重要意义在于,霸权对公共产品的提供与维系功能无可取代。针对这一观点,基欧汉认为霸权与合作机制是共生关系,甚至于规则可以在霸权缺失的时候代替霸权完成维系体系运转的上述功能。由此,可以通过霸权与合作机制的功能去理解国际体系的运作规律。②

第二个研究层次是国内－国际的互动。该层次的研究有丰富的呈现,包括自由贸易与保守主义思潮、制度与利益、经济利益的增长与政治化分配等。这些议题和表述都从不同的角度和层面反映着问题的特征。比如,制度与利益强调的是能动性的根源之争:究竟是环境的制约限制作用更大、还是自身利益驱动的作用更大。还比如,经济利益增长与政治化分配强调了贸易行为参与者之间绝对收益与相对收益哪一方在什么情况下处于主要地位,等等。

总体来说,这一层次的研究思路属于市场和国家的逻辑。市场偏向于经济学的思路,国家偏向于政治学的思路。美国贸易霸权的相关研究大多围绕着这两条思路展开。这是由美国贸易霸权自身集经济与政治为一体的特性决定的。关于市场与国家这两条逻辑,过去的主流思想认为二者之间的关系是:在不同时期交替发挥主导的显性作用,呈现出"此起必然彼伏"的状态。③ 但目前普遍认为二者互为补充,共同发挥作用。比如许多从权力角

---

① 参见[美]小约瑟夫·奈、[加拿大]戴维·韦尔奇:《理解全球冲突与合作:理论与历史》,张小明译,上海人民出版社,2012年,第297页。

② 参见[美]罗伯特·基欧汉:《霸权之后——世界政治经济中的合作与纷争》,苏长和等译,上海人民出版社,2012年,第190页。

③ 参见[美]罗伯特·吉尔平:《全球资本主义的挑战》,杨宇光、杨炯译,上海人民出版社,2001年,第225页。

度出发的观点就认为,霸权地位的维系就是市场与国家有效均衡的结果。

国际体系与国家、国内－国际这两组互动之间,有一个明显交集。那便是体系视角与权力视角的对立与融合。上文已对二者间的对立与区别关系做了详述,此处重点叙述两种视角的融合关系。

为能更简明地阐述清楚,此处借用查尔斯·蒂利在《信任与统治》中对社会过程方法论的总结:系统论(systematic),素因论(dispositional)和互动论(transactional)。现将三者的含义与区别简述如下。系统论预设一个自成一体的实体,根据行动在整个实体内所处的位置对行动的原因及影响做出解释,优点在于以宏观视角简化了系统内部各组成部分之间的关系,缺点在于难以厘清系统内部的因果关系。素因论着眼于单个行为实体,通过分析该行为体的行为动机、决策逻辑等偏好对其活动做出解释,优点在于能够以微观视角深挖每个行为背后的原因、经过和影响,缺点在于无法解释不同行为体之间的关系。互动论作为一种关系性(relational)的分析方法,将不同行为体之间的互动置于具体背景下,试图从行为体互动的过程中析出反复出现的现象,继而归纳总结相关规律,优点在于能解释行为体互动对决策和行为造成的影响,缺点则是无法解释个别行为体因自身原因产生的一些看似自相矛盾的行为。[①] 由于三种方法各有其相对应的适用环境和对象,对它们的使用,除了依照研究目的进行筛选之外,依然可以互作补充,以便更全面地反映研究问题的全貌。

巴里和吉尔平将社会学与经济学的研究方法进行了取舍和融合,共同用于国际关系问题的分析解决。贸易霸权既有权力属性,本身又蕴含了单极体系的特征,所以分析的时候有必要从权力视角和体系视角分别提取出有利于推进本书分析的部分,并进行有机整合。

---

① 参见[美]查尔斯·蒂利:《信任与统治》,胡位钧译,上海人民出版社,2010年,第28页。

(三)工具选择

理论工具的适用以其前提假设为条件和边界。所以在理论推演之前,有必要明晰本书的理论工具与相应的前提假设。

首先,本书的研究归属于中程理论。中程理论是相对于宏观的国际关系理论(比较政治以及历史长河中的一般性规律发现)和微观的决策剖析而言(具体某个时机、由谁、为了什么、做出了怎样的决策)。对外政策分析也是中程理论,但它关注的是决策者作为受主观意识影响的人在决策中的作用,以及国内政治与国际政治的交互影响。本书属于宏观国际关系理论与中程对外政策分析的结合。具体说来,本书所采用的分析工具是对外政策分析,分析思路亦沿用传统对外政策分析中的描述、分析、评估、预测模式(本书不做预测)。选定的研究对象是美国对外贸易政策所反映出来的权力现象(美国贸易霸权),而且具体说来几乎不聚焦心理学和观念层面的内容,而是研究美国贸易政策的宏观走势规律,以及数次政策调整对外部环境的适应性。

其次,本书在理论工具的选取上对传统的国家中心论进行了扬弃。国家中心论指的是以国家为中心的理论。该理论认为"国家是国内政治的核心,也是国内政治与国际政治相互连接的枢纽",并且"对外经济政策在制定和实施上都是围绕着国家进行的"。[①] 国家中心论强调国家自主性(state autonomy),认为国家"可以制定和追求自己的目标,而不是简单反映社会集团利益、阶级利益或整个社会的利益"[②],最后出台的政策越符合国家自身的利益偏好,则意味着国家自主性越强。类似的情况在对外政策分析理论体系中被称为"国家特性":"具有整体特点的国家特性一般包括三个方面:一是

---

① 宋新宁、田野:《国际政治经济学概论(第三版)》,中国人民大学出版社,2020年,第66页。
② 同上,第68页。

国家拥有的资源。二是将潜在的资源转换为实现对外政策手段的能力或运用这些资源的能力。三是国家运用这些资源和能力的倾向、手段和意愿。"[①]强调国家特性的观点认为,国家的不同性质才是影响国家对外政策的重要因素。因此,它通常采用的是从国内政治的角度分析对外政策的方法,探讨的是国内政治不同要素与国家对外政策的关系。

基于此,本书紧扣掌握美国对外贸易权力宏观规律的研究目的,认可国家中心论和国家特性观点中的以下内容。一是国家有自己的利益和目标,做出的政策决定并非国内各社会集团利益的简单反映,但是必然与占主导地位的利益集团偏好有趋同性。[②] 这既是政策得以获得国内合法性的基础,也是本书将行为体简化为国家单一行为体的重要前提。二是政策与国家自身利益偏好的相符/偏离程度可作为衡量国家自主性强弱的指标。三是决定国家对外政策的国内政治,所指并非国内各方势力的博弈,而是国家作为一个有自主性的行为体所拥有的资源以及运用这些资源的能力与意愿。为了将论述重点集中到国家间互动关系上,"国家行为体"(the state as actor)就成了本书的重要研究假设,将参与国际贸易的"国家"视作一个有自身利益和政策偏好的、单一的、整体的行为体。

需要说明的是,本书清楚地意识到,在美国贸易政策的决策与实施各环节必然存在国内各方势力博弈的重大影响。但就本书的研究对象和研究目的而言,国内政治因素暂不在讨论范围之内。本书的研究重点在于那些已经生成、并已合法通过了的美国对外贸易政策对国际贸易格局的影响,所以做此取舍,而非对该观点的否定。

除了上述从宏观层面的理论层次与行为体设定两方面进行说明外,还

---

① 张清敏:《对外政策分析》,北京大学出版社,2019 年,第 187 页。
② 参见[美]罗伯特·吉尔平:《世界政治中的战争与变革》,宋新宁等译,上海人民出版社,2019 年,第 14 页。

需对本书微观层面的理论假设做简要阐述。

首先是研究美国贸易权力相关规律的可行性。一是霸权逻辑的历史特殊性。大部分理解霸权逻辑的理论都习惯性依赖于特定的历史背景,认为霸权现象对历史情景有特殊的依赖性,所以并不存在规律性特征可循或者可复制。这也是为什么很多研究者认为没必要研究霸权规律的原因。本书认同没有霸权可复制的观点,却认为在结合具体国别的情况下,贸易霸权确实有内在规律可循。二是贸易领域的国内属性。有人认为美国贸易政策是国内事务,所以研究重点在于美国国内制定规则的政治。由于本书将美国贸易政策视作美国在贸易这个特定领域内的对外政策,所以在本书看来美国贸易政策依然有政策目标、政策效能评估的空间,由此,本书的分析思路遵循:先描述因变量(研究对象是什么),再分析主要影响的因素都有哪些,以及它们怎么影响因变量(自变量是什么以及发挥作用的机制),最后评估其在现实中展现的实际影响效果(用历史来查验贸易政策体现的机制运作效果)。

其次是美国作为受利益驱动的理性行为体假设。美国在贸易领域的政策调整能反映它对形势的判断和想要达成的目标。有的研究认为,政策决策的时候国家行为体不可能处于完全理性的状态。这不仅因为问题的复杂性和信息的不完全性,[①]还因为涉及决策各方的博弈,所以政策决策是个各方博弈的结果、而非国家行为体根据形势做出的理性决断。本书不否认该观点的合理性,却也认为这样的非理性决策更适用于一个相对稳定的决策环境中。在相对稳定的决策环境中,一切(每个环节和每一方力量)都能按照自身运转的理性机制去运作,并且存在有效循环博弈。这是林德布洛姆

---

① 参见[美]查尔斯·林德布洛姆:《决策过程》,竺乾威、胡君芳译,上海译文出版社,1988年,第5页。

所说的有限理性决策发生的前提条件。而本书分析中所关注的贸易政策主要发生在关键历史拐点，或者涉及重大经济危机，或者涉及大国在关键时刻的战略竞争等。不论哪一种情况，都不是一个稳定的、可供各方权衡利弊后再按常规机制去争取利益的环境，反而是一个需要各方凝心聚力去达成共同目标，才有可能在接下来一段时间内出现稳定决策环境的机会。所以本书认为，就这些非稳定决策环境而言，可以假设美国是一个完全理性的整体，即受利益驱动的、"趋利避害"的理性行为体。

最后，需要对驱动美国这个理性行为体的利益作出"非观念"性的前提假定。本书既然假定美国是受利益驱动的，即利益就是美国贸易行为的动机。然而现实中，每个行为体采取每个行动的动机都是"混合"的，不仅受利益的驱动，还有道义责任、荣誉等观念层面的考虑，以及类似于"前景理论"中对损失的规避等。所以必须说明，本书所指作为动机的利益，确切地说是刨除了观念层面的考虑之后，在成本收益权衡中产生的利益。这个利益既包括获益的部分，还包括损失的部分，是成本收益加减后的"净利益"。匈牙利学者卡尔·波兰尼（Karl Polanyi）曾对不同层面（物质/观念、理性/非理性）的动机做过类似的区分：实际动机是理性与非理性的混合结果，假定动机是利益驱动下的经济学理性动机。①

需要说明的是，本书虽然承认观念层面的力量，但依然选择了物质层面而不对观念层面做更深层的讨论。这样的选择，一方面是为了聚焦于力量本身，另一方面是因为很多观念层面的行为理由虽然"正当"，却不"真实"。比如，在许多情况下，发达国家虽然倡导公平贸易和自由贸易，却很少考虑发展中国家承担成本的能力，以及发展中国家、不发达国家与其存在较大实力差距这个事实。美国呼吁"公平贸易"的现象，看似发达国家提出了一个

---

① 参见［匈牙利］卡尔·波兰尼：《新西方论》，潘一禾、刘岩译，海天出版社，2017年，第42页。

权责对等的正当要求,占据了道义制高点和规则主导权,但是当它反过来被要求承担与其权力规模相称的责任时,它却不尽然会承担。所以说,道义层面的动机不是不重要,而是就本书研究的美国贸易霸权"是什么"样的力量这个问题而言,观念层面更多作为服务物质层面的手段而存在。

二、关于美国贸易霸权的概念分析研究

"霸权"这个词的使用尚没有明确且权威的规范,乃至许多关于霸权的问题也一直没有定论。比如霸权的基础与来源是什么?如果霸权来源于实力,那么到底需要拥有多少实力才可以被称为霸权?如果霸权来源于权力,那同样的,需要拥有多大程度的权力才可以被称为霸权?不同的研究对上述问题有不同的答案。此外,受自身所处位置的影响,非霸权国和霸权国对"霸权"的理解也颇有不同:非霸权国倾向于认为霸权是一种主观政策选择与行为,"而非一种客观态势"[1];而美国作为"公认"的霸权国家,则倾向于认为霸权是一种"优势地位(primacy)或能力(capability)"[2]。于是,学界便有了"霸权主义"(主观政策选择)和"霸权地位"(客观态势)的辨析。[3]

聚焦那些将霸权既有规律与贸易领域特点相结合的研究,本书发现主要有以下三种视角。第一种视角以保罗·肯尼迪的观点为代表,认为世界强国有三大目标——军事安全、国内经济需求和国家经济的持续增长,[4]后两项才是强国维系其国际地位更为根本与长远之所在。在这大三角关系中,如果军事支出过于庞大,那么后面两项目标的实现必将受到损害,使霸

---

① 王缉思:《美国霸权的逻辑》,《美国研究》,2003年第3期。

② [美]小约瑟夫·奈、[加拿大]戴维·韦尔奇:《理解全球冲突与合作:理论与历史》,张小明译,上海人民出版社,2012年,第388页。

③ 参见王缉思:《美国霸权的逻辑》,《美国研究》,2003年第3期。

④ 参见[英]保罗·肯尼迪:《大国的兴衰(下)》,王保存等译,中信出版社,2013年,第177页。

权遭到反噬。第二种视角以曼库尔·奥尔森的观点为代表，认为霸权地位的盛衰取决于该国内在的政治经济结构，而不是外界参与。这种观点无法提供霸权演化的周期性特征。第三种视角以斯蒂芬·克拉斯纳（Stephen D. Krasner）的观点为代表，为分析国际贸易与国家权力之间的关系搭建起了一个权力的理论框架。该框架假定国际贸易格局取决于国家行为体的利益与权力，而且这些国家在国际社会中都不遗余力地以实现政策目标最大化为目标。[①]

　　谈到美国贸易霸权，高频词汇是贸易保护主义或者经济民族主义。一种观点认为，贸易霸权就是以提高关税等贸易门槛为目标的经济手段，政治化地改善自己的相对贸易收益，从出口大于进口的差价中获利，并由此对美国战后对外贸易政策的整体评价是"倒退一步，前进两步"[②]。倒退指的是贸易保护主义政策和措施，前进指的是自由贸易政策和措施。继而有另一种观点提出异议，认为英国和美国等历史上的贸易霸权国都曾经在自由贸易的基础上行霸权之实，并将这种兼具"自由贸易"与"霸权"特征的现象定义为"自由帝国主义"。[③] 这种观点认为，自由帝国主义性质的英国和美国，二者的一个共同点在于，都以国际通行标准和国际条约等制度为手段，以自由贸易之名行干涉其他国家主权之实，而且在国家间逐渐形成较稳定的分工格局和利益分配格局，再在该格局基础上，将本国在经济生产、产业发展，乃至社会结构等方面的意志从本国内部外溢、移植到其他国家内部。[④] 此外，还有人在论述美国贸易霸权时，将关注点投射到贸易霸权最集中的爆发形式——贸易战，从而通过罗列美国在贸易战发起、进攻、反击等环节的不同

[①] See Stephen D. Krasner, State Power and the Structure of International Trade, *World Politics*, Vol. 28, No. 3, 1976.

[②] C. Fred Bergsten, A Renaissance for U. S. Trade Policy? *Foreign Affairs*, Vol. 81, No. 6, 2002.

[③] 宋新宁、田野：《国际政治经济学概论（第三版）》，中国人民大学出版社，2020 年，第 106 页。

[④] 参见熊良福主编：《当代美国对外贸易研究》，武汉大学出版社，1997 年，第 180 页。

行为,分析美国与他国在贸易战状态下的互动来解读什么是美国贸易霸权。① 这个思路最大的问题在于,美国在贸易战中采取过的政策行为均有具体的历史背景,简单罗列无法穷尽所有政策选项,也难保证该行为在脱离了原生环境后是否还有广泛适用性。

许多学者选择通过描述霸权的功能效果(effect)来解释"霸权"。比如,有的研究霸权与国际冲突/和平之间的因果关系,②有的研究霸权与国际合作之间的促进/遏制作用关系等。③ 虽然检验功能效果确实是识别霸权的有效途径,但它始终是霸权存在的必要条件而非充分条件,二者之间的映射关系并非一一对应,其他因素也可能产生同样的功能效果。④ 所以仅凭功能效果定义霸权本质的方法解释力有限。鉴于此,本书选择回归到概念分析(concept analysis)的轨道上。

在概念分析阶段,学界关于美国贸易霸权的争论主要围绕"是否存在"(存在性)和"是什么样"(描述性)两条线索。本书对既有研究的梳理也将据此展开,并将针对美国贸易霸权存在性的争论概括为"三大困境",将针对美国贸易霸权描述性的争论概括为"两大视角"。

三大困境关注的是"美国贸易霸权到底存不存在"的问题。肯定美国贸易霸权这支力量的存在,并且肯定这支力量自身规律的存在,这是本书立论的基础。详细内容会在第一章阐述,但是在阐述之前有必要清楚其他研究

---

① 大部分描述美国在贸易争端中展现强制力迫使对方屈服的研究并没有用"美国贸易霸权"的概念名称,只是对相应的手段及其结果进行描述。

② 参见秦亚青:《霸权体系与国际冲突》,《中国社会科学》,1996 年第 4 期;于军:《相互依赖与国际冲突》,《国际政治研究》,2003 年第 3 期;邝艳湘:《经济相互依赖与国际和平》,《外交评论》,2007 年第 1 期。

③ 参见[美]海伦·米尔纳:《利益、制度与信息》,曲博译,上海人民出版社,2015 年,第 22 ~ 23 页。

④ 参见[美]西蒙·赖克、[美]理查德·内德·勒博:《告别霸权!——全球体系中的权力与影响力》,陈锴译,上海人民出版社,2016 年。

者持不同观点的可能性原因,才能有针对性地进行回应。

两大视角关注的是"如何描述美国贸易霸权"的问题。根本上来说,对同种现象有不同的描述,还是因为研究方法不一样:有的是点对点的权力作用,有的是由点及面、再由面到点的体系作用。若仅单独从其中某个方面去理解美国贸易霸权,认识都会存在偏颇:只从点对点的权力角度不够宏观,不清楚整个外界大环境对美国作用力的反应;只从由点及面、再由面到点的体系角度则不够具体和深入,不清楚美国这支力量与其他国家的力量有什么区别,美国贸易霸权区别于其他力量的特征不明晰。所以应该结合这二者的交叉部分,从权力与体系的互动层面去认识美国贸易霸权(将在第一章详细阐述)。

(一)三大困境:对美国贸易霸权的既有观点

美国在经济领域拥有无可争议的霸权。① 货币金融、对外投资和国际贸易(以下简称"贸易")是支撑起美国经济霸权的三大支柱。其中,众多相关的著名论述都视美元②或者跨国公司③为美国建立和维系全球经济霸权的核心工具。至于第三大支柱——贸易,则往往面临三大争论困境。

第一个困境是认为美国在贸易领域并不拥有霸权。这个困境主要在以下三个方面对美国贸易霸权的存在存疑。一是关于美国霸主身份的困惑。比如约瑟夫·奈认为,美国在通过对外经济政策贯彻自我意志时,必须与欧盟等同体量经济体经历"协商 – 妥协"的过程,所以与美国在军事安全领域所体现出的贯彻力相比,它在贸易问题上未能体现出对其他国家足够的控

---

① 参见蔡一鸣:《世界经济霸权国家更迭研究》,《经济评论》,2009 年第 5 期。文中引用了 1970 年至 2000 年经济学界对"经济霸权国家"认定问题的主要观点与争论,所有观点均认为美国是毫无争议的经济霸权国家。

② 参见[美]乔纳森·科什纳:《货币与强制:国际货币权力的政治经济学》,李巍译,上海人民出版社,2013 年;[美]本杰明·J.科恩:《货币强权》,张琦译,中信出版社,2017 年。

③ 参见[美]罗伯特·吉尔平:《跨国公司与美国霸权》,钟飞腾译,东方出版社,2011 年;Raymond Vernon,*Sovereignty at Bay:The Multinational Spread of U. S. Enterprises*,Basic Books,1971.

制力,[①]不具备霸主应有的特征。二是关于美国与其他国家间政治经济关系的困惑。贸易是一个以互利为前提的经济行为。既然贸易能实现美国与其他国家之间的互利,是否还存在霸权概念中蕴含的统治与被统治关系。三是关于在美国贸易政策的决策动机层面,经济与安全孰轻孰重的困惑。有研究认为美国在二战后实施的对外政策中,经济层面的考虑是最主要的动机[②];另一些研究则认为安全才是最主要的决策动机[③];还有一些研究认为贸易,乃至整个经济都是国家间政治互动的结果,也就是说贸易从属于政治,而非政治从属于贸易。[④]

这些研究之所以认为美国贸易霸权不存在,主要出于两方面原因。其一是将国家间贸易当作纯经济现象。在一个将国际贸易纯经济化的视角下,包括贸易制裁和贸易报复等在内的国家间摩擦,亦被视为国家间围绕经济利益"就事论事"的"讨价还价"行为。于是,对这些现象的原因和结果剖析也因此常停留在经济数据和指标层面而不做深究。[⑤] 其二是认为国家间贸易往来与政治互动之间虽然彼此联系,但贸易往来、政治互动二者自身规律的重要性远胜于相互间施加的影响,所以在绝大多数政治争端乃至冲突中,贸易国家会因为顾虑到现有贸易依赖关系遭到破坏时将带来的沉没成

---

① 参见[美]小约瑟夫·奈、[加拿大]戴维·韦尔奇:《理解全球冲突与合作:理论与历史》,张小明译,上海人民出版社,2012年,第388页。

② See Joyce and Gabriel Kolko, *The Limits of Power: The World and United States Foreign Policy, 1945 - 54*, Random House, 1972. 该书认为在二战后近十年内的美国对外政策决策中,经济层面的考虑远胜于政治安全层面的考虑。转引自 C. Fred Bergsten, Robert O. Keohane and Joseph S. Nye, International Economics and International Politics: A Framework for Analysis, *International Organization*, Vol. 29, No. 1, 1975.

③ See C. Fred Bergsten, Robert O. Keohane and Joseph S. Nye, International Economics and International Politics: A Framework for Analysis, *International Organization*, Vol. 29, No. 1, 1975. 该文对美国对外政策目标层面对经济与安全倾向程度的争论做了简要概述。

④ See Mikhail Balaev, The Effects of International Trade on Democracy: A Panel Study of the Post - Soviet WorldSystem, *Sociological Perspectives*, Vol. 52, No. 3, 2009.

⑤ 参见柳剑平、刘威:《经济制裁与贸易报复——对经济制裁内涵的再界定》,《思想理论教育导刊》,2005年第5期。

本,从而尽可能降低政治对贸易造成的影响。[1] 这样一来,除了那些会冲击贸易行为的高烈度政治冲突之外,在研究中将贸易往来与政治冲突频繁联系便没有了太大的意义。

第二个困境是认为美国在贸易领域不存在"单独"的霸权。比如,在国际政治经济学分析中,贸易常被当作"次要权力结构"[2]。这样的观点认为贸易严重依赖并服务于安全、金融等"主要权力结构"[3],所以美国在贸易领域的强势地位较多以"经济贸易""投资贸易""商业贸易""金融贸易"等跨领域复合词做模糊指代,较少"就贸易而贸易"进行专门的深入分析。

这种观点的依据主要有以下两方面。一是美国常年处于贸易收支赤字状态。如果美国贸易霸权确实存在,则美国必定在贸易领域具有超越体系内其他行为体的相对优势。就经济层面来说,拥有了相对贸易优势的国家通常表现为出口大于进口的"贸易盈余",而非美国常年的贸易赤字现状。无论从数量还是价格的角度看,出口小于进口的贸易赤字都已成为美国对外贸易成绩单的常态。[4] 这也是那些认为美国在贸易这个纯经济领域不存在霸权的重要依据。不过,美国的贸易赤字并未妨碍其成为全球资本的重要流向地。这在数次全球经济危机期间更为明显,也是美国特有的现象。

[1]　See Christina L. Davis and Sophie Meunier, Business as Usual? Economic Responses to Political Tensions,*American Journal of Political Science*,Vol. 55,No. 3,2011.

[2]　[英]苏珊·斯特兰奇:《国家与市场(第二版)》,杨宇光等译,上海人民出版社,2019 年,第 30 页。

[3]　[美]肯尼思·华尔兹:《国际政治理论》,信强译,上海人民出版社,2017 年;[美]罗伯特·吉尔平:《世界政治中的战争与变革》,宋新宁等译,上海人民出版社,2019 年。华尔兹与吉尔平等现实主义学者认为安全是压倒一切的国家利益。参见李晓、王静文:《美国贸易霸权与全球经济失衡》,《东北亚论坛》,2007 年第 2 期。此文中提出了"贸易国家的困境"概念,认为像中国、日本等贸易大国恰恰是美国凭美元与金融系统汲取经济霸权的来源。该文同时从美国贸易失衡角度说明贸易并非美国强势所在领域。任东波、李忠远:《从"广场协议"到"卢浮宫协议":美国敲打日本的历史透视与启示》,《当代经济研究》,2015 年第 6 期。此文也提出了与"贸易国家的困境"类似的论述,亦认为美国的优势在货币与金融,不在贸易。

[4]　参见李晓、王静文:《美国经济霸权与全球经济失衡》,《东北亚论坛》,2007 年第 2 期;姚枝仲:《美国的贸易逆差问题》,《世界经济》,2003 年第 3 期。

有研究认为,美国贸易赤字,乃至整个国际收支常年赤字的状态,是维系美元作为世界贸易和财富储备主要货币的必要代价,[1]是布雷顿森林体系崩溃之后的必然产物,也是美国以货币金融统治世界贸易格局的必要牺牲。二是政治决定贸易,而贸易不具备相应的反作用力。该观点认为贸易对政治的功能是单向的,也就是说贸易服务于政治、政治决定贸易,且贸易不能对政治产生相同程度和范围的反作用力,一切都是"政治优先"[2]。

上述观点的依据至少说明,美国在贸易领域的比较优势不能仅从经济层面的商业收益来考察,还有更深层次、也更核心的因素值得挖掘。只是因为经济层面的商业收益更显而易见、更易于衡量和比较,所以针对美国在贸易领域的相关研究常徘徊于经济层面,要么否认美国贸易霸权的存在,要么将此非常规霸权现象当作论据,用来强化贸易作为"次级权力结构"严重依赖并服务于类似金融等"主要权力结构"的观点。也就是说,在美国权力体系的分析中,贸易常被视作其他权力运行的手段或结果,而非国家权力的来源或目的。之所以会出现将贸易与其他领域内权力相混杂的情况,之所以会出现哪怕从效果上肯定美国在贸易领域的霸权作用,却依然不认为美国在该领域的霸权除了服务其他力量之外还可以单独起作用,主要原因在于方法论的差异。比如,以个体解释整体的研究方法是一个由点及面的过程,相关研究必然涉及不同行为体之间跨领域的交互作用;以整体解释个体的研究方法则是一个由面到点的过程,逐层剥离各类相关和相似领域的交互影响,逐步褪去其他领域规律作用的光环,逐渐聚焦单个领域的内容。

第三个困境是认为美国贸易霸权等同于制度霸权。那些不否认美国贸

---

① 参见[美]弗朗西斯·加文:《黄金、美元与权力:国际货币关系的政治(1958～1971)》,严荣译,社会科学文献出版社,2016年,第31页。

② Omar M. G. Keshk, Brian M. Pollins and Rafael Reuveny, Trade Still Follows the Flag: The Primacy of Politics in a Simultaneous Model of Interdependence and Armed Conflict, *The Journal of Politics*, Vol. 66, No. 4, 2004.

易霸权存在的研究多从体系视角出发,认为美国贸易霸权本质上是一种"制度霸权",以《关税与贸易总协定》(GATT)制度的建立为其建立标志,①主要表现为基于多边合作平台的"对国际贸易规则的主导权与控制权"②。这种观点强调多边平台作为美国建立并维系贸易霸权的前提和载体具有不可或缺的重要性,还强调美国贸易霸权存在的意义在于维系国际贸易体系秩序。上述来自体系视角的分析日益受到权力视角的挑战。③ 从权力视角出发,体系视角的解释意味着美国仅凭一己之力并不足以让其他国家屈从自己的利益,必须借助多边主义制度工具,意味着美国贸易霸权是一种由多边平台予以保证的"有条件"的霸权,间接否定了美国在贸易问题上让他国屈从的实际能力。④

　　然而事实证明,对美国建立与巩固贸易霸权来说,多边制度和平台虽然十分重要,却从来不是美国让贸易伙伴屈从其意志的必需品。二战结束之际,美国几乎在全领域都具备了相对于世界上其他所有国家的绝对经济优势。凭借这种优势差,美国随战后重建和市场全球化的步伐成功渗透进了大批国家的金融、法律等关键核心领域,实际上已经按照美国的意愿、参照美国的模式,在世界各地的资本主义阵营国家间建立起了国际贸易操作的规则体系和程序惯例。⑤ 就算没有国际多边贸易平台赋予的"制度主导权",美国实际上也能在绝大多数贸易往来中占尽操作层面的优势,影响其他国家的贸易决策倾向。美国在事实上的贸易霸权已然确立。既有研究也已印

　　①　参见宋新宁、田野:《国际政治经济学概论(第三版)》,中国人民大学出版社,2020 年,第120 页。
　　②　舒建中:《美国与"东京回合":贸易霸权面临新挑战》,《美国研究》,2018 年第 2 期;宋新宁、田野:《国际政治经济学概论(第三版)》,中国人民大学出版社,2020 年,第120 页。
　　③　参见张亚斌、范子杰:《国际贸易格局分化与国际贸易秩序演变》,《世界经济与政治》,2015年第 3 期。
　　④　参见李向阳:《国际经济规则的形成机制》,《世界经济与政治》,2006 年第 9 期。
　　⑤　参见强世功:《帝国的司法长臂——美国经济霸权的法律支撑》,《文化纵横》,2019 年第 4 期。

证了这一观察:国家间合作组织机构的建立与扩张,与贸易全球化之间并无必然联系,但是贸易霸权国家的强大却确实丰富了贸易全球化的层次与形态。①

美国在事实上的贸易霸权现象早已被多位学者关注,并从不同角度进行了描述和总结。比如米尔斯海默从意识形态传播和观念塑造的角度出发,将其描述为"自由主义霸权"②。吉尔平则在霸权周期论述中,将它总结为霸权的"被认可与被赋权"过程:"它们之所以成功取得霸权地位,部分由于它们把自己的意志强加给了一些小国,部分由于其他国家从中获益而接受了它们的领导。"③艾儒蔚则用丰富的案例与数据说明"美国并未采取系统化的原则或制度来推行全球化,往往通过单边政策或双边谈判来达到目的"④。

上述三大困境在一定程度上反映了贸易在传统国际政治经济学分析中作为"低政治"研究对象的地位。然而如果在认知美国权力体系之初,便将贸易预设为"去政治化"的纯经济现象或者"次要"的低政治领域,则难以对美国在贸易领域的权力构建和运行规律有客观全面的认识。

(二)两大视角:对美国贸易霸权的认知

回顾既有文献,针对美国贸易霸权的相关研究普遍认可它是一种权力分布状态,但是在具体的分布范围、分布特征等关键要素方面产生了分流。这种基于宏观共识上的认知分流主要以体系与权力两种视角为主要代表。

权力与体系两种视角的分流映照了"过程"(process)与"结构"(structure)这对经典二分法。"过程"预设了一个体制、基本假设与预期均较稳定

---

① See Roy Kwon, Hegemonic Stability, World Cultural Diffusion, and Trade Globalization, *Sociological Forum*, Vol. 27, No. 2, 2012.

② [美]约翰·米尔斯海默:《大幻想:自由主义之梦与国际现实》,李泽译,上海人民出版社,2019 年。

③ [美]罗伯特·吉尔平:《世界政治中的战争与变革》,宋新宁等译,上海人民出版社,2019 年,第 111 页。

④ 艾儒蔚:《资本规则:国际金融秩序的演变》,杨培鸿等译,中信出版社,2010 年,前言第 7 页。

的外部环境,强调的是行为体发生在该环境中的短期互动行为;"结构"预设了一个驱动力与约束力综合作用下的体系空间,强调的是那些对行为体之间政治经济关系产生长期影响的体系层面因素。[1]

以体系与权力两种视角为代表的争论主要围绕权力研究的元问题展开:"在什么事情上、对谁、有多大程度的影响力。"二者间主要分歧具体体现在以下三个方面。[2] 一是"在什么事情上",即受权力影响的事务范围(scope)。体系视角关注行为体对国际制度的主导力强弱,而权力视角则关注国家间在特定领域内形成的相互间联系被用作外交胁迫手段的工具化现象。二是"对谁",即受权力影响的对象领域(domain)。体系视角认为,美国贸易霸权在权力分配中的"极化"地位正是源于美国对其他发达国家和发展中国家的"剥削",国家间由此形成了一个类似依附论"中心-外围"结构的世界权力体系。而权力视角则认为,受美国贸易霸权影响的对象主要是实力与竞争力与美国处于同一重量级的贸易行为体,主要集中在国际资本主义世界内部。[3] 三是"有多大程度的影响力",即权力分配的非对称性(inequality)。用权力分配的非对称性衡量影响力强弱的依据,是霸权来源于权力的非对称分配这一前提假设。体系视角强调霸主国非对称性优势的绝对性,认为一个在霸权护持下运行的公共秩序,确保了体系总体福利的增加必然以霸权自身福利的增加为前提。而权力视角则强调霸主国非对称性优势的相对性,认为不论体系总体福利或可供各方分配的权力总量是增加还是减少,只要霸权国能保持住相对于体系内第二大权力体的相对优势,就能在

① See C. Fred Bergsten, Robert O. Keohane and Joseph S. Nye, International Economics and International Politics: A Framework for Analysis, *International Organization*, Vol. 29, No. 1, 1975.

② "scope"和"domain"两个术语表达引自[美]哈罗德·拉斯韦尔、亚伯拉罕·卡普兰:《权力与社会》,王菲易译,上海人民出版社,2012年;对应的中文译名"范围"与"领域"引自罗伯特·A. 达尔:《现代政治分析》,王沪宁等译,上海译文出版社,1987年。

③ See Edward D. Mansfield, The Concentration of Capabilities and International Trade, *International Organization*, Vol. 46, No. 3, 1992.

总体福利增加的情况下分到最大的份额、在总体福利减少的情况下遭受最小的损失。①

接下来分别阐述两个视角对贸易霸权的主要观点及其理论基础。

体系视角立足整体大环境的作用,认为国家所处的外部环境既是其贸易决策的原因,也是其贸易决策的目标。比如,在解释国家间为什么会产生贸易联系时,持这种观点的现实主义学者通常认为,体系内权力分布情况决定了国家对自身外部环境是否足够安全的认知判断,由此形成的安全预期决定了国家发展对外贸易的意愿及其强烈程度,而对外贸易在政治层面的效果和目标正是为了在体系内权力分布结构中争取于己有利的变化。② 这类观点认为霸权就是体系内权力分配"极化"的结果,最集中的体现就是霸权稳定论,认为"霸权体系与国际稳定之间存在一种因果关系""工业扩散—产业不均衡—权力相对分布—国际经济新均势"③,"霸权国国力与国际冲突频数之间存在逆相关关系"。④ 又比如,在解释同一个问题时,持体系观点的自由主义学者则从爆发世界范围安全冲突的可能性极低这一判断出发,认为只有基于国际制度的合作才能提供稳定的安全预期,从而安抚贸易国不安全感、消除不信任感,开展对外贸易。⑤ 这类观点认为,霸权存在的必要性体现在对国际制度这一公共产品的供给与维护。换言之,霸权的存在并不是必需的,如果这种供给与维护的作用可以由其他力量承担,则意味着原霸权力量的衰落。虽然以上两种观点对于处理贸易国安全焦虑的方法有分

① See Edward D. Mansfield, The Concentration of Capabilities and International Trade, *International Organization*, Vol. 46, No. 3, 1992.

② See Joanne Gowa and Edward D. Mansfield, Power Politics and International Trade, *American Political Science Review*, Vol. 87, No. 2, 1993.

③ [美]罗伯特·吉尔平:《跨国公司与美国霸权》,钟飞腾译,东方出版社,2011年,第61页。

④ 秦亚青:《霸权体系与国际冲突》,《中国社会科学》,1996年第4期。

⑤ 参见[美]罗伯特·基欧汉、[美]约瑟夫·奈:《权力与相互依赖(第三版)》,门洪华译,北京大学出版社,2002年,第9页。

歧,却都关注霸权为促成国家间贸易而提供的公共产品——国际贸易秩序。

权力视角则剥离了体系视角中预设的外部环境,立足霸权国与体系内其他国家点对点之间"力"的相互作用,强调霸权国的施权者身份与非霸权国作为权力实施对象的身份,认为霸权是国家彼此之间权力分配的结果。这种观点以第二大权力行为体为基准,认为在所有国家中,当一个行为体施加权力的能力比第二大权力行为体更大、接受其权力驱使的对象比第二大权力行为体更多的时候,它就是霸权。① 由此出发,权力视角的研究多聚焦于霸权为维系其地位而对外施加权力的手段,以及国家间权力大小的比较与量度等方面。比如有的研究主要针对精英决策群体,围绕该群体对"国家利益"或"利益集团利益"的认知变化,探究霸权国对非霸权国政策偏好的塑造力和引导力。② 有的研究则主要针对普通大众,从国内-国际双层政治博弈的角度出发,认为霸权国对非霸权国重大国内政治事件(选举或政治对立、政策辩论等)的干涉亦将在国内政治选民中形成对当权者的喜恶亲疏印象,从而通过换届选举、公众舆论等压力渠道将此印象反映到对外政策制定中,继而对非霸权国的贸易政策倾向形成确定性影响。③ 有的研究则用贸易霸权国施加权力的效果指代贸易霸权本身:凭多边平台或双边协议诱压别国最大限度开放市场、强化国内法的单向治外法权等。④

还比如,有的研究为比较国家间权力大小,创造性地提出了新的衡量指标,认为就像每个国家的实力大小不同一样,国家满足自身发展"基本需求"所需的力量投入也不同,而只有一个国家在满足基本发展需求之后的"余

---

① See Edward D. Mansfield, The Concentration of Capabilities and International Trade, *International Organization*, Vol. 46, No. 3, 1992.

② See Edward D. Mansfield and Diana C. Mutz, Support for Free Trade: Self-interest, Sociotropic Politics, and Out-Group Anxiety, *International Organization*, Vol. 63, No. 3, 2009.

③ See Sarah Sunn Bush and Lauren Prather, Foreign Meddling and Mass Attitudes toward International Economic Engagement, *International Organization*, Vol. 74, No. 3, 2020.

④ 参见刘晔:《经济全球化与美国贸易霸权主义》,《财金贸易》,2000 年第 1 期。

力"才是决定它与其他国家相对权力大小的关键因素,因为这才是真正可用于额外能力提升的建设资本。该研究据此认为,目前普遍选用国内生产总值(GDP,Gross Domestic Product)这项指标指代国家实力,实则混淆了"基本需求"与"余力"两部分,遂建议改用特指"余力"的国内生产余值(SDP,Surplus Domestic Product)作为比较国家间权力大小的指标。①

此外,国内学者蔡一鸣从产权的视角提出了较为新颖的解释:"交易实质上是产权的交换"②;贸易霸权的建立基于准霸权国对产权交易的预期成本与预期收益的计算取舍③;贸易霸权的维系则是通过调整国际产权结构,使其顺应霸权国偏好来实现的。④

在简要阐述了与本书持不同观点(认为美国贸易霸权不存在)的文献为什么会这么认为(将贸易预设为"去政治化"的、"次要"的服务型角色),概述了对美国贸易霸权的既有规律性研究(制度霸权)之后,本书从权力与体系的视角出发,试图通过探究美国贸易霸权的本质特征及其内在逻辑,为"美国在贸易领域到底有没有霸权? 如果有,是什么样的?"这一问题提供补充性解释。

三、关于美国贸易霸权的机制构建研究

早在 1945 年,学者阿尔伯特·赫希曼就在名著《国家权力与对外贸易

---

① See Therese Anders, Christopher J. Fariss and Jonathan N. Markowitz, Bread Before Guns or Butter: Introducing Surplus Domestic Product(SDP), *International Studies Quarterly*, Vol. 64, 2020.

② 蔡一鸣:《世界经济霸权国家更迭研究》,《经济评论》,2009 年第 5 期。

③ 同上。原文中与本书的"贸易霸权的生成"和"贸易霸权的运行"表述分别对应的概念为"反超"和"转变"。原文用经济增长理论解释"反超",用国际产权理论解释"转变"。"反超"将经济活动划分为生产与交易两部分。其中,对要素流动与交易的论述依然采用了产权理论,与后文的"转变"保持一致,遂做此概括。

④ 参见蔡一鸣:《世界经济霸权国家更迭研究》,《经济评论》,2009 年第 5 期。

结构》中以非对称贸易依赖关系为枢纽,阐述了一段看似对双方均有利的贸易往来关系可以怎样生成国家间权力。此处将赫希曼在书中与国家间贸易权力有关的主要观点提炼如下。一是贸易权力概念诞生于非对称贸易依赖关系。二是非对称性结构将导致双方对贸易行为及互动结果的关注程度与投入程度不同,继而直接影响权力生成的效果与方向。三是赫希曼还认为贸易权力的生成是双向的,不仅强国有操纵局面的机会,而且弱国也有扭转劣势处境的空间。

本书认同非对称贸易依赖关系在国家权力生成过程中处于枢纽地位的观点,但也认为赫希曼的观点仅停留在贸易权力的部分,尚没有上升到霸权的层面。就美国贸易霸权而言,它首先是一种霸权,然后才是复合了贸易领域特点的霸权,所以赫希曼的观点虽然具有重要借鉴价值,却仍需探究如何跨越贸易权力到贸易霸权的距离。

一个机制的构建主要由单个的元素(factor)以及这些元素之间的联动机理(mechanism)组成。本部分也按照这个逻辑,主要介绍元素选取环节的"经济实力论"和元素间联动机理环节的"利益制度论"两种代表性观点。

就"经济实力论"而言,该观点主要涉及国家实力中的静态因素和动态因素及其相互间作用。静态因素主要指地缘政治学意义上的国家固有指标,包括地理位置、自然禀赋、人口等客观条件。比如,一个国家是否处于交通要道、是否拥有优良深水港口等地理位置决定了该国贸易开放程度及贸易活跃潜力。比如,一个国家由气候、水土、海拔等自然条件造就的矿藏、农作物等自然禀赋决定了该国参与国际贸易的相对成本与相对优势。还比如,一个国家的人口规模与结构是决定该国消费市场与劳动力市场的重要因素,对其参与国际贸易至关重要。

动态因素主要指国内政治、国家间经济实力对比、国家间综合实力对比等内容。动态因素主要受制度约束。国内政治包括利益集团、阶级对立、党派政治、政体结构、小集团思维等。国家间经济实力对比之所以只强调经济而非其他领域，是因为经济实力具备转化为军事能力的潜力。正是出于对该转化潜力的顾虑，贸易活动中各方的决策也会受到来自安全层面的影响。比如，哪怕明知一项贸易活动于各方均有利，但有时还是会为了防止其他权力国家获得与己类似的经济权力资源而拒绝参与。就这样，经济实力可转化为军事能力的潜力成了贸易安全化的认知基础。类似地，由于其他领域的实力也会影响贸易领域的实力对比变化，所以国家间综合实力对比也被认为是一种主要的动态因素。

相关著名论述包括《霸权之后》对霸权稳定论四个要素的总结。罗伯特·基欧汉认为，一个国家只要拥有足够的经济实力，这些实力可以随时转换为贸易领域的力量，所以贸易权力来源于经济实力也受制于经济实力。[1] 还包括肯尼思·华尔兹在《国际政治理论》中对国家综合实力与国际社会结构性权力之间关系的总结："国家的经济、军事及其他能力不能被分割开来加以衡量""（国家）的地位取决于它们在以下所有方面的得分：人口、领土、资源禀赋、经济实力、军事实力、政治稳定及能力"。[2]

此外，相关研究对于经济实力的增强方式还有不同角度的认识。有的从产业结构角度出发，认为最能提高附加值的产业生产力最有利于提高一个国家的经济实力。在不同的经济时代背景下，"最能提高附加值的产业生产力"有不同的含义。比如，在制造业时代，它是工业制造业水平；在数字经济时代，它是以数字化为特征的知识产权。有的从经济角度出发，认为金融最有利于提高国家经济实力。理由是金融包括了货币、资信与贷款等重要内容，具有管控资金流向和流量的特殊作用。比如，货币汇率的调整甚至可

---

① 参见[美]罗伯特·基欧汉：《霸权之后：世界政治经济中的合作与纷争》，苏长和、信强、何曜译，上海人民出版社，2012年，第21、31页。

② [美]肯尼思·华尔兹：《国际政治理论》，信强译，上海人民出版社，2017年，第139页。

以直接决定贸易额的大小,资信掌控市场预期,贷款决定各个行业的生产、流通等各个环节等。

就"利益制度论"而言,本书主要回顾两种关于利益与制度之间联动机制的研究范式。一是罗伯特·吉尔平在《世界政治中的战争与变革》中所用的"利益/权力—行为—制度"范式。吉尔平在开篇谈到制度与利益两种视角,认为二者互为有利补充,都难以单独完整解释问题,但理解一个问题需要综合运用制度与利益两种视角。制度代表大环境,将行为体限制在制度框架内行动。利益则代表决策和行为背后的动机。吉尔平认为,行为体在利益的驱动下,利用权力制定了制度秩序,但是制度一旦制定出来就难以受制定者控制,有时候霸主反倒要受制度自身运行的制约。吉尔平认为看似由制度确定下来的秩序,实则受制于霸主的利益与权力情况,驱动制度形成的因素与机制(factor and mechanism)遵循"利益/权力—行为—制度"模式。本书在吉尔平的理论框架基础上,将这种综合运用制度与利益两种视角解决问题的方法具体应用到贸易领域。不同之处在于,本书认为不仅制度与利益之间存在密切关系,利益与权力的关系也十分密切,所以研究重点聚焦于利益与权力之间的产生及传导机制。

二是传统国际政治经济学研究范式"利益—偏好—制度"①。该范式将政策偏好作为中介变量,从利益出发,落脚在制度上,认为制度意味着成本利益的分配格局以合法的形式得到了承认与确定,而且一旦制定出来就处于相对稳定、不易更改的状态。这种范式围绕制度的制定和维系过程提出假设、展开推演;认为制度制定者作为利益既得方必然也是制度稳定的维护者;突出体现了对制度的推崇。然而现实情况却是,美国作为国际贸易制度的主要设计者,不仅在制度形成之初,便以国内法凌驾于国际法的方式给自

---

① 王正毅:《国际政治经济学通论》,北京大学出版社,2010 年,第 9 页。

已创设了不少"美国例外"（American Exceptionalism）的附加条件，在历史上也曾多次违反自己一手建立起来的制度，在制度的遵守方面"严于律人宽以待己""合则用不合则弃"的双标现象非常明显。显然，这番推理对美国贸易霸权的解释略显乏力。主要原因可能在于，该范式中"制度"发挥作用的范围更多体现在双边和地区层面。对于贸易这样覆盖全球范围的领域而言，研究中或许还需加上权力视角的分析才更具说服力。

第三节　研究思路

本书是一个试图回答研究对象"是什么"（what）的研究。结合研究对象自身复合了国别和区域特点的现实，本书选取了中程理论范式对外政策研究的思路，总体遵循"概念推演（concept）—因素分解与联动机制（factor and mechanism）—效果评估（effect evaluation）"的逻辑：先描述所要研究的对象区别于其他类似概念的实质特征（因变量），再分析主要影响因变量的因素（自变量）以及影响的机制，再用历史查验由贸易政策体现的机制运作效果。

一、研究目的和意义

继上文确定了本书的研究对象、研究层次和研究工具之后，本部分需要进一步明确研究目的，以便在后文分析中紧扣该目的展开分析；还需要意识到本书进行的研究不是仅停留在"术"层面的简单操作，还有丰富的学术和现实意义。

（一）研究目的

本书的研究对象（因变量）是自二战结束以来，美国在贸易领域拥有的国家间权力现象。研究目的是从概念的实质特征、从影响其存续的因素及其联动机理两个方面认识这种力量。具体说来主要有以下三个方面：一是通过概念推理和同类型概念的比较，搞清楚美国贸易霸权的实质特征；二是通过因式分解，搞清楚决定和影响美国贸易霸权最主要的因素是哪些，并且探索这些因素的内在联动机制，搞清楚贸易作为权力的来源和目的如何发挥作用；三是按照美国贸易霸权从酝酿、生成到运行的时间脉络检验上述机制，并做适用性修正。

需要说明的是，本书并不会形成一个涵盖所有美国贸易霸权行为或现象的百科全书式的解释，也无法对某个具体的美国对外贸易政策的形成过程提供完整的解释。但即便如此，仍不影响本书研究的价值。它的价值一方面在于提高了美国贸易霸权在复杂交融的经济力量中的辨识度，并提出了针对其规律性变化的观察维度；另一方面在于从美国贸易霸权超越时间和空间的历史演进中，从纷繁复杂的形式与内容中，筛出那些沉淀下来并渐趋于稳定的规律。

（二）研究意义

过去，国际贸易的地位之所以重要，主要因为它带来的税收和利润是重要的国民收入来源。随着经济社会的发展，尤其自 20 世纪 70 年代以来，交通、通信和科技领域的革新进步大大降低了国际贸易的成本和门槛，全球贸易网络越织越密，资源和资金实现了大范围的跨国界流动。为了从贸易行为中获取比过去的自己、比现在的贸易伙伴更多的相对利益，这些领域甚至已经逐渐上升为各国争相抢占的高地。

在这样的形势下，贸易逐渐退居为金融、科技等财富增长发电机撬动经济社会发展、积累物质财富的杠杆。受关注的不再是贸易本身，而是那些能影响贸易成本收益比率的变量。在 20 世纪 90 年代初至 2008 年金融危机之前的研究中，这一与时代相呼应的变化体现得尤其明显。

美国对外贸易背后的霸权逻辑

　　自特朗普政府借口贸易,在双多边场合频频提出对国际规则和制度的修改诉求以来,贸易又重新回到了聚光灯下。在意愿表达层面,特朗普政府以维护美国与贸易直接相关或间接相关的利益为目标,以"评估＋批判＋修订"的模式,频频对现行国际贸易规则与制度,以及美国对外贸易双多边协定提出改造诉求。在实际行动层面,美国围绕该利益诉求,以每年出台的"第二年贸易政策议程与当年年度报告"系列文件为路线图,在全球范围内强硬推行既定贸易目标,哪怕掀起国家间贸易冲突,乃至贸易战也在所不惜。美国这样的单边主义霸道行为放大了贸易战的全球效应,产生了超越区域国别和功能领域的全球连锁反应,也突显了贸易对于国家间关系的重要性。

　　反观自二战结束以来的数十载间,美国在贸易领域曾多次毫不遮掩地提出"损人利己"利益诉求。这些诉求虽然无一例外都遭到了国际舆论的谴责与抵制,可是它们中的大部分都能在国家间贸易谈判中以协定签署等合法形式得到满足。其中,以美国国内法的国际适用为特点的"长臂管辖"更成了颇具"美国特色"的谈判武器。美国频频挥舞贸易战大棒的直接后果是,美国如愿让大多数贸易伙伴对其妥协让步;间接后果是,让它们意识到了摆脱受制于人的窘境、提高自身战略自主的必要性与紧迫性,在贸易决策中加入了更多国家安全层面的考虑;更深层次的后果是,让美国的贸易伙伴们开始对贸易的功能属性产生了怀疑,不知对美贸易究竟是国家间利益捆绑的纽带,还是互相损害利益的武器。就这样,世界在对贸易的关注与质疑中来到了一个新的十字路口。

　　如果说,自二战后至2008年金融危机前后,针对美国对外贸易的国际关系研究在宏观上反映了经济全球化的时代变迁,经历了一个从仅仅关注贸易本身,到开始关注金融、科技等其他对贸易收益有撬动效应领域的转向。那么可以认为在2008年金融危机的冲击下,尤其自特朗普政府以来,相关研究的关切正在经历一个由其他领域到贸易的回归。

至此,本书对贸易在国际关系领域的研究地位变化做了简要回顾。这是本书的产生背景。国家间贸易本就不是个纯经济学的问题,适度安全化是正常现象。值得注意的是,在经济全球化背景下,美国作为拥有最大市场的贸易强国,它的贸易政策对国际贸易格局有特殊且深远的影响。特朗普政府以来,美国贸易代表办公室在文件中频频出现了修订贸易协定的政策目标,并以此为理由在双多边贸易场合频频出击。这一系列行动看似仅以贸易协定的再调整为目的,实则不仅是对当事方贸易利益的再调整,还有将国家间在贸易领域的利益冲突外溢到科技、人文等其他软实力层面的趋势。也就是说,美国掀起的贸易战有扩大贸易安全化外延的迹象。此外,贸易领域的特殊性还在于,只要国家间管控得当,就依然有机会借助经济自身运转的客观规律,将有外溢风险的安全化隐患降至合理范围内。

鉴于此,本书的学术价值主要体现在两个方面。第一,在国家间贸易关系中,对"霸权国为什么能"这个问题进行规律性的探索和补充,学术意义主要集中于以下三点:一是突出贸易在国际关系研究中的重要性和研究价值;二是通过研究在贸易这个特定领域中,利益在什么条件下会转化为权力、以及如何转化等问题,为其他类似的研究提供参考;三是从宏观历史证据中筛选出与贸易霸权最密切相关的变量,尝试探索这些变量相互联动的规律。

第二,在国家间贸易关系中,从"非霸权国反制的战略空间"角度进行思考和总结,为非霸权经济体在受制于美国贸易霸权的境况中如何突围提供现实启示。一是经验性启示。美国在贸易霸权崛起之前也曾遭到过上一任贸易霸权国英国的围堵和压制,但它成功突围,劝服了其他贸易伙伴在众多条道路中选择了自己倡导的自由贸易道路,这也成为其贸易地位上升的起点。如何在霸权国的强压下争取到其他大多数经济体的支持,形成合力突破包围圈,这在美国四面出击强硬掀起贸易战的今天颇具意义。二是规律性启示。本书尝试对美国贸易霸权从崛起到运行的全过程进行了规律总结,希望能对美国于何时、何处、如何、为何做出贸易挑衅行为等思考贡献参考。

二、研究创新与不足

为了将本书的发现尽可能清晰、全面且有条理地呈现,本书在如何观察、评估、判断美国在贸易领域的具体表现,以及如何将现实中的具体观察与抽象中的理论研究接轨等方面做了思考、尝试与探索。

(一)研究创新

本书的研究创新主要体现在以下两方面:

一是对美国贸易霸权的观察方法创新。以往,类似文献往往通过一些具体事例观察美国贸易霸权现象。比如,用"301"条款等单边主义色彩浓厚的政策工具在国际贸易谈判中的成功指代美国贸易霸权。本书认为,传统方法选取的"301"条款等内容固然均能表征美国贸易霸权,但这些内容更显著的作用在于证实美国贸易霸权的存在而无法代表其本身。因为它们是美国贸易霸权存在的表现和结果,呈现的是美国行使贸易霸权的过程。本书选取了经济、外交和安全三个维度,用美国在这三个维度上的贸易表现观察美国贸易霸权,也便于评估与比较。此外,这三个维度的指标还能反映美国贸易政策调整及其对国家间关系产生的影响。

值得一提的是,这三个维度和对应指标的选取并非完全基于作者本人的主观判断,而是在现有研究成果基础上紧扣研究目的的选择。比如,由于美国贸易霸权自带天然的经济属性,而且经济学领域用以观察贸易表现的指标和术语繁多,指标的选取必须实现不偏离本书作为国际关系领域国别研究立场的目标。只有这样,才能将研究重点聚焦于后续的解释、分析和论证,而非停留在对众多经济术语的辨析上。具体说来,本书比较和评价了相关研究中出现频率最高的数个核心指标,最终选定贸易条件作为经济维度的指标。

二是对美国贸易霸权的描述方法创新。一般在概念的界定上,要么从现实观察中归纳出可辨识的特征,以此概括概念的具体内涵;要么从不同的理论流派出发,推演总结出概念的基本存在条件、内部组成要素等内容。本书尝试将两种方法融合,将现实观察与理论推演相结合,最后从双方结论的交集中得出对美国贸易霸权的定义描述。这与传统研究方法在界定概念时的习惯路径略有不同。

(二)研究不足

本书呈现了作者为尝试回答研究问题所做的思考与探索。在此过程中,无论是研究方法还是观点结论,还是没能做到尽善尽美,显示出了对综合使用多种研究方法的不熟练,以及思考交叉学科问题时难以及时、准确抓住主要矛盾的问题。上述不足具体体现为以下三点:

一是虽然极力避免,可还是对抽象概念的处理有很强的主观性。

二是在分析美国贸易政策时,更多体现其工具属性,难以兼顾到微观层面一些有重要影响的历史细节。这也势必造成一些疏漏。但由于本书是关于美国贸易霸权宏观规律的研究,所以这些疏漏的存在虽然很遗憾,却也是不可避免的损失。

三是本书属于国别研究,虽然总结出了相关规律,但这些规律的适用条件很多,且不具有普适性。

三、研究思路图与结构安排

全文结构图如下：

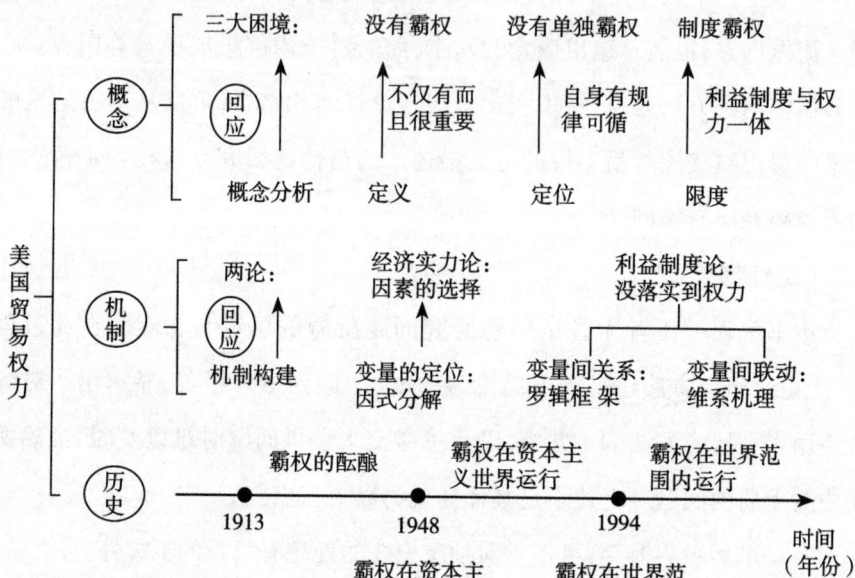

图导-5　全文思路结构图

图表来源：作者自制

（一）本书思路

本书的研究对象是美国贸易霸权，尝试从"概念"和"机制"两个方面进行阐释。具体操作分为概念推演、机制构建与历史回顾三个步骤。本书的五章内容相应地由三部分组成。

第一部分是第一章，具体讨论美国贸易霸权的实质与效用限度。第二部分是第二章，具体讨论美国贸易霸权的来源及存在条件。第三部分通过回溯美国贸易霸权的宏观发展轨迹，按照"贸易权力的获取—美国与盟友间贸易权力的分配—美国与非盟友间贸易权力的分配"逻辑顺序依次安排第三、四、五章的时间分段。

（二）时间分段的考虑

为阐明本书对时间分段的考虑,首先简要回顾以往研究采用的三种主要的时间分段方法。第一种,《贸易的真相》以"市场与国家"二分法划分时间段。该书作者认为,美国对外贸易呈现出了在市场与国家之间摇摆的迹象。市场与国家分处于天平的两端,在某个特定时期内必有一端会处于上风,占据主要的思想潮流。① 本书通过观察后却认为,美国贸易政策的生成与运行,其背后的驱动力量始终来源于由利益、制度和权力三个层次的变量组成的市场逻辑和国家逻辑。市场和国家两条逻辑主线在美国战后对外贸易历史上都很重要,二者共同起作用,而非轮流占据主导地位。

第二种,学者道格拉斯·欧文以政策目标划分时间段。他在《贸易的冲突:美国贸易政策200年》中提出,美国贸易政策始终围绕税收增加政府收入、限制进口保护国内厂商、互惠协定减少壁垒扩大出口这三个基本目标展开,遂根据不同目标的地位和作用将美国贸易政策划分为从联邦政府成立到南北战争、从南北战争到大萧条、从大萧条至今三个时代。欧文主要持以下两个观点。其一,"在上述三个时代中,美国的贸易政策表现出了惊人的连续性和稳定性,哪怕任何时间点都不乏政治和经济上的各种斗争"②。其二,美国贸易政策的稳定性源于"国家的经济地理与政治体制的特性":从事专业化生产的各州形成了稳定的经济地理结构,继而形成了较稳定的贸易利益结构;而美国政治体制的特点在于,"现行政策一旦确定,再想改变就非

---

① 参见[土耳其]丹尼·罗德里克:《贸易的真相》,卓贤译,中信出版社,2018年,第28页。

② [美]道格拉斯·欧文:《贸易的冲突:美国贸易政策200年》,余江、刁琳琳、陆殷莉译,中信出版社,2019年,第2页。

常困难",所以"政策走势倾向于维持现状"。①

第三种,埃及学者萨米尔·阿明以贸易政策的功能性划分时间段。他从资本扩张对世界社会关系的改变,以及资本扩张与世界社会关系之间的适应关系出发,提出了自己的观点。他认为,包括美国贸易政策在内的许多对外政策,它们均遵循了这样的逻辑:先由国家实施,后由国际机构实施。②阿明划分历史时期的依据是,通过评估国际经济机构实施的政策,看这些政策是支持资本扩张,还是帮助资本扩张去适应特定时期内社会关系变化带来的不同条件。阿明认为,二战结束以来,美国对外贸易史大致可分为繁荣时期(1945—1975 年)和始于 1975 年的危机时期。在"繁荣时期",国际机构对繁荣起到了明显的作用,推动了全球化进程,同时避免了对体系内各构成部分独立性的任何挑战。"危机时期"先是出现了最初的衰退,然后出现了布雷顿森林体系的危机和崩溃,而这一体系正好是前一时期繁荣的基础。③

本书第三、四、五章的思路受到了吉尔平的启发。吉尔平在《世界战争与变革》里提到了三种国际体系的控制形式或结构类型。第一种是由单一强大国家控制体系内部较弱小国家的结构;第二种是二元结构,由两个实力强大的国家控制和调节各自势力范围内,及其相互之间的互动关系;第三种是均势结构,"三个或更多的国家通过施展外交手段、更换盟友,以及挑起公开冲突来控制相互的行为"④。

美国贸易霸权的历史演进回顾部分分别是这三种结构的呈现。第一个阶段,美国贸易霸权的酝酿和其在资本主义世界的确立,对应的是均势结

① [美]道格拉斯·欧文:《贸易的冲突:美国贸易政策 200 年》,余江、刁琳琳、陆殷莉译,中信出版社,2019 年,第 3 页。
② 参见[埃及]萨米尔·阿明:《全球化时代的资本主义:对当代社会的管理》,丁开杰等译,中国人民大学出版社,2013 年,第 15 页。
③ 同上,第 16 页。
④ [美]罗伯特·吉尔平:《世界政治中的战争与变革》,宋新宁等译,上海人民出版社,2019 年,第 22 页。

构。因为当时美国虽然已经拥有与贸易霸权相称的贸易实力,但还未转化为实际的霸权力量。各个国家包括欧洲和战败国日本,都处在历史的十字路口,除了美国之外还有其他的选择。比如靠拢苏联、加入社会主义阵营;比如保持中立,用更大的成本和代价自力更生,等等。美国在这一阶段的主要任务,是劝服那些于己利益不可或缺的地缘战略国家成为盟友。第二个阶段,美国贸易霸权在资本主义世界的运行和在世界范围内的确立,对应的是二元结构。在冷战状态下,美、苏各自经营自己的势力范围,且管控着相互作用的方式和力度。第三个阶段,美国贸易霸权在世界范围内的运行,对应的是霸权主义结构。因为前两个阶段的贸易霸权是在一定范围内的霸权,到了这个阶段,全球化催化了美国贸易霸权的膨胀,出现了一家独大的局面。

第一章 美国贸易霸权的概念分析

在开始探索规律之前,需要先明确"美国贸易霸权"这一核心概念的内涵和外延,并以此回应文献回顾中所述关于美国贸易霸权认知的第一大困境——"美国贸易霸权不存在"的观点。随之,本书通过厘清贸易霸权与美国其他霸权力量之间的关系,确定了美国贸易霸权在整个美国霸权体系中所处的位置,以回应第二大困境中关于"美国在贸易领域没有单独霸权"的观点。最后,本书对美国贸易霸权在形式与功能两方面所表现的能力局限进行了原因分析,以此说明美国之所以在不同时期调整贸易政策,正是为了克服那些制约其行为和能力的因素。从这个角度来说,贸易政策转向可视为美国认为现有贸易利益分配格局不符合自身战略目标的信号,以回应第三大困境中关于"美国贸易霸权等于制度霸权"的观点。

第一节 美国贸易霸权的定义

本节旨在探究可证明美国贸易霸权存在的特征,以回应文献回顾部分三大困境中的第一个困境,即认为美国贸易霸权不存在的观点。一般来说,研究一个行为体对他者的影响,如果仅考察单个事件,将有太大的偶然性。所以有必要将这样的影响放在一个特定的领域内,并进行一系列观察,才能找到较为稳定的估量。[①] 本节从现象观察与理论推演两方面入手,逐层析出美国贸易霸权权力层面和体系层面的特征,并据此综合定义美国贸易霸权。本书认为,当美国在贸易领域同时具备以下三大特征时,便拥有了贸易霸权。一是使他人屈从于自身意志的能力。二是不屈从于他人意志的自由。三是美国让体系内其他行为体屈从自身意志的能力大于它们不屈从的自由。前两点强调的是权力层面的特征,第三点强调的是体系层面的特征。也就是说,美国贸易霸权处于权力视角与体系视角的交集位置,兼具双重视角的力量属性。据此观察后发现,美国在贸易领域的表现有以上三个突出的自身规律与特征可循。这种在贸易领域与其他国家间关系的特殊状态便是美国贸易霸权。

一、现象描述:普遍存在及其因果性观察

从现象中观察美国贸易霸权,即是对美国贸易霸权的感知。这种感知若不辅以一定的标准,极有可能呈现出碎片化的无序感,不利于后续对规律的总结。于是,本书参考了导论部分选取经济、外交和安全三维度的方法。具体说来,为了观察安全维度的美国贸易霸权,此处选择的感知载体分别是经济维度的"美国优先"(America First)现象与外交维度的"美国例外"(American Exceptionalism)现象。

---

① 参见[美]卡尔·多伊奇:《国际关系分析》,周启朋等译,世界知识出版社,1988年,第38页。

在经济维度,"美国优先"①是特朗普政府时期突出的施政理念,坚持美国利益至上,"重视对经济获益的考量,以促进美国国内经济发展为首要目标,对盟友的让利意愿降低,甚至驱使安全盟友为美国贡献更多'真金白银'"②。实际上,"美国优先"理念并非仅在特朗普政府时期才出现,而是在美国对贸易活动的持续性主动介入上一直有所反映。传统观念倾向于认为,贸易行为对各贸易方产生的效果是强者愈强而弱者愈弱。可是,如果美国从对外贸易活动中收获的效果真是这样,那显然没有"美国优先"的必要了。因为按此规律,美国只要尽可能开展更多数量和更广范围的贸易,然后顺应市场自身的运作规律,自然会从贸易活动中持续分到较大份额的利益,继而通过不断积累相对利益优势而越来越强。

事实上,美国确实在尽可能拓展贸易范围,也确实在积极介入其与较弱贸易国之间的贸易关系,而非任由市场规律发生作用。究其原因,并非上述传统观念对于贸易利益分配结果的推论有误,而是这个推论的发生有前提条件的限制。那就是各方行为体不采取任何影响市场规律的行为、让市场得以充分运转。在现实生活中,这样的理想条件很难保证。实际贸易活动中,弱者往往对贸易关系的依赖程度更高,导致其对贸易活动投入的关注程度更高、为之付出的努力也更多。这必然干扰到市场的正常运作,使原本的贸易利益分配情况发生逆转。在这样的情况下,对美国来说,为保障自己仍能分到较大份额的贸易利益,抵消较弱一方对原本于美国有利的分配形势的逆转作用,主观干预就是必要的。而且美国在过去的半个多世纪以来一直是世界上最强大的贸易国,不论和哪个国家开展贸易活动,都是较强的那一方。也就是说,通过决定是否干预贸易关系,美国在一定程度上对贸易利益的分配拥有了调控的能力。

---

①② 赵明昊:《"美国优先"与特朗普政府的亚太政策取向》,《外交评论》,2017年第4期。

在外交维度,"美国例外"指的是"在美国建立和发展过程中,有许多重要方面都不同于其他西方国家,因此需要以特殊的方式来理解"①,它是美国对自己国家和民族身份(national identity)认知的鲜明标签,根源于美国的"新大陆"历史与移民文化,是理解美国外交政策传统的一把钥匙。② 美国例外论造就了美国自我认知的两面性,这种身份的两面性反映到外交传统上,表现为美国外交政策在孤立主义(isolationism)与国际主义(internationalism)之间的"钟摆效应"③。

这种美国例外论反映在贸易领域,表现为制定国际规则的主导者身份与选择性执行国际承诺的实际行动之间的矛盾。这个矛盾的后果就是,美国可以在其他国家不执行国际贸易规则或执行不到位的时候,以规则维护者的身份予以谴责并实施制裁,从而让国际贸易制度在许多情况下作为实际上的行为指南,让其他国家按美国意愿行动、以共同维护经美国认可的国际贸易秩序;在不符合美国利益的情况下,则以国内法优先的措辞拒绝履行或有选择地履行国际承诺,从而让美国一方面不用承担管理全球贸易秩序所需的所有成本,另一方面继续维持于美国有利的国际贸易形势。

以美国对贸易领域劳工及环保问题的处理方式为例。早在20世纪90年代,美国就已经出现了贸易问题中关于劳工和环境保护的社会舆论。当时,政府回应的方式是将劳工和环保问题加入对外贸易谈判与协定的签署中,通过给这些社会关切以法律保障的形式缓冲民众的不满。然而研究发现,这些被写进条款的法律性规定在实际运行中存在普遍的选择性执行现象。而且这种选择性执行现象变相地成了一种隐形的补贴:被用于补贴的

① 刘军:《"美国例外论"和工运史研究》,《世界历史》,1999年第5期。

② See Hilde Eliassen Restad, Old Paradigms in History Die Hard in Political Science: US Foreign Policy and American Exceptionalism, *American Political Thought*, Vol. 1, No. 1, 2012.

③ Hilde Eliassen Restad, Old Paradigms in History Die Hard in Political Science: US Foreign Policy and American Exceptionalism, *American Political Thought*, Vol. 1, No. 1, 2012.

商品或服务往往是与劳工和环境条约相违背的内容。①

至于弱国一方,它无法强制强国按照贸易协定履行责任义务,一段强弱悬殊的贸易合作是否得以顺利进行,主要依靠的还是国家信誉。一方面是因为国际社会的无政府状态。一个保证强国履约的较好方式就是让它和尽可能多的国家签约。这样一来,强国的行为就存在诚信关切的问题:用舆论牵制住强国,形成隐形的违约成本,倒逼强国履约。另一方面是因为弱国的经济社会结构难以承担起它向世界贸易组织发起争端解决诉求所需支付的经济、外交、社会成本。②从这个角度来说,便不难理解为什么当弱国遇到贸易争端的时候,要么倾向于采取报复性反制措施,要么倾向于弱弱结合、以国家集团的方式一致对抗强国。

二、理论推演:从一般性假设析出的特征

上文描述了美国贸易霸权在现实中的普遍存在现象,并对其可能的原因进行了分析。本部分将转换视角,立足导论部分所提及的本书两个一般性理论假设——"国家是单一理性行为体"和"国际社会处于无政府状态",在理论层面推导出美国贸易霸权具备的特征。这两个假设是一体两面的关系。看似前者停留在单元层次,后者属于总体层次,实则共同描述的是一个由单一理性的自利(self - interested)国家组成的、处于自助状态(self - help)的国际社会。由于这两个一般性假设分别对应文献回顾中的权力视角与体系视角,所以从这两个一般性假设出发,得出的美国贸易霸权特征也分别对应着权力与体系双重属性。与两个假设间的关系一样,美国贸易霸权的这两

①② See Timothy Meyer, Free Trade, Fair Trade, and Selective Enforcement, *Columbia Law Review*, Vol. 118, No. 2, 2018.

种属性并不互斥,而是各有侧重,共同勾勒出了可供识别的美国贸易霸权。

假设1:参与国际贸易的国家都是单一且受利益驱动的理性行为体。

这一假设的由来及相关考虑已在导论部分详述。从该假设出发,可得出两个推论。一是在都处于开放经济状态下的贸易国家之间,存在贸易政策的外部性效应;二是贸易国家主要有三个特征:单一、自利、理性。单一意味着贸易政策即可代表国家意志。自利意味着贸易政策的制定有两个基本目标:其一,尽可能扩大本国贸易政策对他国的外部性影响;其二,尽可能降低来自他国贸易政策的外部性影响。理性则是一种做选择的方法论,意味着剥离自利行为中的价值与荣誉等观念性成分。①

由于"单一"与"理性"关注的是行为体的决策方式,遂将二者的推论融入目标导向的"自利"部分继续推理。一方面,所有贸易国都有扩大自己贸易政策外部性的动机,于是便会想办法提高他国对自己的贸易依存度,以便在贸易关系中攫取能在必要时以单向威慑确保对方屈从己方意愿的能力。此处借用尼古拉斯·斯皮克曼的概括来说明"附加了强制的影响力便是权力"这一观点:"拥有权力就意味着生存,意味着能将自身意志强加于他者并对那些软弱无权者发号施令,甚至可能迫使权势在你之下的人做出退让。"②

这种能力以强制性为特征,主要区别于"理性说服"这种诱导认同的互动式影响力。比如,美国贸易霸权在1948年的建立伊始,国际贸易在国民经济中所占比重较低。世界上其他主要经济体历经两次世界大战的摧残后一蹶不振,哪怕美国本土生产线受损情况不严重,却也已经没有了海外市场。所以这个时候美国积极向外拓展和输出的对外贸易政策,不仅有遏制苏联

---

① 参见[印度]阿马蒂亚·森:《理性与自由》,李凤华译,中国人民大学出版社,2012年,第19页。

② [美]尼古拉斯·斯皮克曼:《世界政治中的美国战略:美国与权力平衡》,王珊、郭鑫雨译,上海人民出版社,2018年,第17页。

的战略利益安排和发展盟友、争取中立国的国际利益谋划,还较多地反映了国内经济发展的需要。在国际国内双重政策目标的关切下,美国为了抢占道义制高点,声称自己推行的积极对外贸易政策是为了全球公共利益,这个目标就显得不那么主要了。在这个阶段,没有其他任何国家有能力干预美国的对外贸易决策,所以一家独大的美国天然地拥有了充分贯彻自己意愿的能力。这样一来,提升对外界的影响力便成了其在处理自己与贸易伙伴间关系时的主要目标。接下来,主要分析由自利的另一个目标推出的美国贸易政策在力量层面的特征——自主权。

所有参与国际贸易的国家都有降低他国政策外部影响的需要,于是便会想办法管控住自己对贸易的依存度,以便在与他国建立起的贸易关系中确保自己享有不受胁迫的、充分的自主权。比如,许多研究都将一个国家对贸易的依存度与其对外界变化的抵抗能力相联系。像比利时,它的对外贸易额大概相当于其国内生产总值,任何国际商业风险和成本上的变化都会对其产生深刻的影响。鉴于此,在贸易关系的管理中,虽然比利时也注重趋利,但相比之下避害才是首要关切。但是像20世纪60年代的美国,贸易额仅占其GDP的十分之一,基本不会因外界供需危机而对国内造成太大影响,因此对外界变化的抵抗能力较强。[1]

事实上,自主权除了降低他国贸易政策可能带来的风险外,还表征着行为体在对外决策中对自我意愿的贯彻执行力。多位学者认为,它的重要性不亚于对外施加影响的能力。比如,罗伯特·达尔就认为,只有当"行动者在重大事情上对(体系内)所有其他行动者都是自主的"[2],这些行动者才是所谓的"权力中心"和"统治集团"。自主如此重要,甚至有政治家将其视作

---

[1] 参见[美]罗纳德·罗戈夫斯基:《商业与联盟:贸易如何影响国内政治联盟》,杨毅译,上海人民出版社,2012年,第12页。

[2] [美]罗伯特·A.达尔:《现代政治分析》,王沪宁等译,上海译文出版社,1987年,第51页。

权力的最核心标签:权力就是一种"毋需为适应变革而调整的能力"[①]"权力就是对自身意志的贯彻力"[②]。

具体说来,美国自贸易霸权建立至今,不论时代如何变迁,始终保持着充分的自主。这并不是说美国的自主是一成不变的,反而正是因为美国及时且适时的政策调整,才达到了这样的效果。相应地,美国的自主权在不同时期有不同的表现。

首先,在二战刚结束的时候,美国充分自主的底气来源于经济上的自足。正因为不需要依靠外来的经济资助,甚至还有强大的能力可以按照自己的战略规划分配对外输出的经济资源,才能在那些需要它的国家中产生权力。这种供需化了的经济贸易关系是美国培植盟友国家集团的土壤。

后来,到 20 世纪 70 年代左右,盟国的自主随其经济社会快速复苏的步伐而水涨船高。反观美国自己,随着国际贸易带来的商业利益在美国国民经济中所占比重逐年升高,世界上其他主要经济体也逐步恢复元气,美国对外贸易政策才更多关注自己与其他主要经济体之间的贸易力量对比和贸易收益分配情况。在与盟国的权力分配争夺中,美国率先开始了贸易结构的转型,从工业制造业转向了服务业。虽然这番转型成功地在美国与盟友国家,乃至未来数十年间与其他国家的竞争中锁定了相对优势,却也意味着在低端产品方面必然形成对外界的依赖。但是这种依赖并不构成威胁,因为除了盟友外,还有广泛的第三世界国家可以作为可替代进口源。这便是美国在与盟友国家的贸易关系中保持自主的底气所在。

最后,随着冷战的结束和新全球化时代的到来,这种策略也进一步延伸

---

① John Burton, *System*, *States*, *Diplomacy and Rules*, Cambridge University Press, 1968, pp. 28 – 31, 转引自[美]罗伯特·基欧汉、[美]约瑟夫·奈:《权力与相互依赖(第三版)》,门洪华译,北京大学出版社,2002 年,第 42 页。

② Joseph S. Nye Jr., The Velvet Hegemon, *Foreign Policy*, No. 136, 2003.

到了世界范围。当面临的对象是全世界时,美国自主的底气便来源于其所拥有的世界最大的市场了。借助前两个阶段时代发展对国际社会大分工的惯性作用,加之美国率先实现了自身贸易结构的调整转型,它不仅成了全球服务业的主导者,更具备了随时将现有发达工业基础和高技术水平劳动力转化为经济和政治资源的能力,并成了世界上大部分主要的工业制成品出口国的贸易伙伴。

简言之,从贸易国家是单一且受利益驱动的理性行为体这一假设出发,推导出美国贸易霸权在力量层面具备两点显著特征:其一是干扰对方贸易决策的能力,即影响力;其二是抵抗外来干扰、贯彻己方意愿的自主权。广义上说,影响力是一种"作为原因的权力"①,即 A 的愿望与 B 的行动之间具有因果关系。此处的影响力尤以显著的单向强制为特点。自主权作为"影响力的逻辑补充"②,则是一种不被或者少被外界胁迫和影响的能力。具体关系如下图所示:

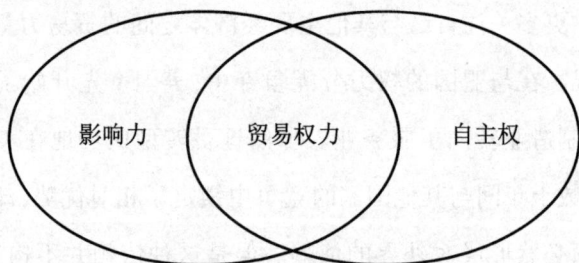

图 1-1　美国贸易霸权力量层面特征

图表来源:作者自制

力量层面的特征赋予了美国以贸易权力。这意味着它具备了干预其他贸易伙伴国决策、使其屈从自身意志的能力。但这种能力只要在强弱结合

---

①　[美]罗伯特·A.达尔:《现代政治分析》,王沪宁等译,上海译文出版社,1987 年,第 37 页。
②　同上,第 51 页。

的贸易关系中都会或多或少存在于较强的一方。在这样的情况下,决定利益分配的强与弱,其相对性与具体的对象有关,并在实际的一次次分配中实现了力量的分散。也就是说,每段贸易关系中都会出现类似的权力分配,而非仅仅是美国的特权。所以从力量的角度考察美国在贸易领域的权力现象,影响力和自主权这双重特征仅能证明美国贸易权力的存在,还不足以证明美国拥有了暗含"独一无二"意义的贸易霸权。这也是为什么在考察完美国贸易霸权的力量特征之后,需要继续将其置诸体系视角下继续分析。

假设2:国际社会处于无政府状态。

假设国际社会是无政府状态,那么"任何形式的强制行为都是被允许的"①。于是,在尽可能实现自身对外政策目的的共同目标驱使下,关于如何抢占相对权力优势这个话题,不同的理论产生了推导上的分歧。一种是以强制对抗强制的方式。"这意味着权力斗争就等同于争夺生存计划,故提升自己的相对权力地位也就成为了各国内外政策的主要目标,其余一切都屈居其后,因为只有权力才能最终实现外交政策的目的。"②另一种是以自我行为约束换取集体行为约束的国际合作方式。比如罗伯特·基欧汉在《霸权之后》中提出了霸权与合作在共生关系中相互支撑的观点,③还有海伦·米尔纳在《利益、制度与信息》中提出以契约精神降低政策外部性、稳定预期为目的④等相关观点,都是基于无政府状态假设的推导成果。

无政府状态看似和霸权状态是相悖的,因为霸权的隐含义是一个单极(unipolarity)的国际体系。霸权本身在很多体系层面的研究中就是一种秩序。所以有不少学者认为有了霸权,那就不是无政府状态了。可是本书要

---

① ②　[美]尼古拉斯·斯皮克曼:《世界政治中的美国战略:美国与权力平衡》,王珊、郭鑫雨译,上海人民出版社,2018年,第17页。

③　参见[美]罗伯特·基欧汉:《霸权之后——世界政治经济中的合作与纷争》,苏长和等译,上海人民出版社,2012年,第44页。

④　参见[美]海伦·米尔纳:《利益、制度与信息》,曲博译,上海人民出版社,2015年,第42页。

呈现的美国在贸易领域的霸权,恰恰是基于国际社会的无政府状态才能得以建立和维系的。

这是因为美国实际上并不拥有国际贸易的统治权和管辖权,毕竟这些权力都要求管理方具备相应的能力,并能为整个体系的有效运转提供持续的资源输出。事实上,美国不仅客观上不可能拥有、主观上也不可能选择拥有这样的权力。第一,美国确实难以具备这样的权力。哪怕在二战刚结束、自己一枝独秀的时候,美国都没能具备这样的能力与资源条件,更别提其他主要经济体在战后重建中迎头赶上、缩小了与美国间的相对贸易优势之后了。第二,对美国来说,这样的权力没有必要。且不论国际贸易这个领域很难让任何一个国家拥有实际的统治权和管辖权,就算真的可以拥有这样的权力,也不是美国的最优选项。因为这样的统治意味着大量本可以用于国内建设的资源必须拿去提供国际公共产品。也就是说,在自身资源能力的储备总量不变的情况下,拥有对世界霸权秩序化统治的实际权力是必须以牺牲国内发展为代价的。这非此即彼、难以两全的对立关系也在二战之后、资本主义发展的第二个黄金时代后期,通过美国经济霸权相对衰落的历史经验得到了印证。第三,美国的国内政治制度的因素决定,美国贸易霸权在世界范围内必然不是以实际上的统治权和管辖权的方式存在。哪怕美国为了拥有这般权力自愿承担提供公共产品的责任,这样的行为也不可持续。因为美国国内因此而受损的各个利益集团将有充足且合法的渠道对其进行干涉,比如选举。

既然美国实际上并不拥有对国际贸易的管理权,是否意味着美国在贸易领域实则也不拥有霸权?并非如此。美国贸易霸权的一大独特之处就在于,它的建立与运行基础是国际社会的无政府状态,因为它对全球贸易的管理方式是以自己为核心、以盟友国家为战略支点的集体管理。美国所要做的不是规束所有国家的行为,将其在贸易行为上"美国化",而是反过来鼓励各国在尽可能开放市场的同时,尽可能拥有符合美国利益的、较为稳定的进出口结构与贸易行为。具体做法是推行国际合作。这样,美国至少将在三方面受益。一是可以赢得多边主义的好名声。二是可以在国际组织和国际制度框架下,以一定程度的自我约束为代价,争取制定相关规范的主动权。三是凭借制度依赖赋予美国的合法性,对不符合其预期的国家予以制裁等经济打击。

于是,对美国而言,想要维系其在无政府状态下的国际贸易"统治"霸权,关键在于保持住相较于第二强大的贸易权力国的权力优势(preponderance advantage)。至于这第二强大的贸易权力国到底是来自盟友国家集团内部还是外部、与自己的意识形态相近或是相异,就不甚重要了。历史反复印证了这一点。

首先是美国与贸易霸权旧主英国之间,关于相对贸易权力优势的竞争。历史上只有英国和美国是被广泛承认的世界贸易霸权国。英国走的是均势的道路,关注的是除自己之外、存在于其他各方之间的权力对比与相互关系,从中做利益与权力的平衡手。不同于英国的均势策略,美国走的是权力对比中的相对权力优势策略。美国关注的是自己与其他各方之间的权力对比关系,中心目标在于获取并维持自己取得权力优势的渠道,保持相对权力优势。这也赋予了美国的贸易收益以至关重要的地位。

然后是美国与苏联在冷战时期,就相对贸易权力优势的争夺,当世界尚在为计划经济与市场经济到底孰优孰劣而争论不休时,整个世界被人为地划分为两个相对独立且基本自给自足的对立体系——冷战对峙。美国为扩大自身阵营规模,不惜主动以经济输出为代价,积极笼络战后工业基础保留较完好的西欧国家、日本,以及广大可争取的中立国家。美国时时处处以苏联的社会主义阵营为参照系,试图以越来越庞大的队伍、以及该队伍更高的整体经济福利水平抢占相对于苏联的贸易权力优势。

后来是美国与自己的亲密盟友日本的对垒。在美国的扶持下,日本于20世纪七八十年代间迅速崛起。当时尚处于冷战时期,日本作为美国坚强的盟友,严重依赖美国提供的安全保障,两国在牢固的安全纽带牵引下一致针对苏联社会主义阵营。可当看到日本由贸易支撑起来的经济实力日益膨胀时,哪怕美国明知日本是自己的亲密盟友,哪怕美国明知两国经济实力尚有很遥远的距离,却还是免不了开始关注两国贸易关系中的相对收益问题(relative gains)。美国关注的是,哪怕美日双方都从彼此的经贸关系和盟友关系中获得收益和发展,但日本可能比美国发展得更快,从而占领比美国更大的世界市场份额以及更多的金融资产,继而有可能在先进科学技术的发展与应用方面抢占主导权。这样一来,在一些特定领域内或者至少在一定程度上,美国未来的发展将不得不考虑日本的态度。长此以往,落后于日本的相对发展速度差会对美国的经济福利、政治自主、甚至军事安全都有可能形成威胁。[1] 因此,对美国来说,有必要在那些可能发生的情形尚未成为事实之前,在自己尚有丰富的政治资源和政策工具时,采取预防式打击策略,抢先扩大、甚至锁定日本与美国在贸易权力上的相对差距。

美国在纺织品问题上借针对日本之机,顺势扩大自身相对贸易优势范围的举措便是个很好的例子。美国与日本在纺织品问题上的纷争自20世纪50年代一直延续到20世纪70年代初才结束。随着日本工业制造业的复苏和发展,日本纺织品开始迅速抢占国际市场。单对美出口的棉纺织品来说,"(从日本的)进口量相对于(美国)国内产量的百分比从1939年的不到3%上升到1958年的22%"[2]。两国的对垒大致分为两个回合。第一回合发生

---

① See Michael Mastanduno, Do Relative Gains Matter? America's Response to Japanese Industrial Policy, *International Security*, Vol. 16, No. 1, 1991.

② [美]道格拉斯·欧文:《贸易的冲突:美国贸易政策200年》,余江、刁琳琳、陆殷莉译,中信出版社,2019年,第512页。

在20世纪50年代。那个时候,日本应美国要求制定了专门的五年计划,"自愿"限制棉纺织品出口。但日本退让出来的世界市场份额却迅速被香港等其他进口渠道抢占,未能实现美国向日本施压时旨在保护本土产业的初衷。且五年计划结束后,日本纺织品的竞争冲击又即刻卷土重来。虽然声势浩大,短期内也得到了日本的屈从,但实际上并未取得预期中的压制效果。第二回合发生在20世纪70年代初。那时,日本在美国强压下与之达成了汇率协定,同意以日元升值的方式,部分地牺牲其对美出口能力。但即便日本已经做出了如此大的让步,依然继续遭到美国的威胁,要求日本做出更大的退让:"要么日本同意按照美国的条件进一步限制纺织品出口,要么美国根据1917年《对敌贸易法案》中的紧急授权实施进口配额。"[1]在此外交强压下,日本继续妥协。两国关于纺织品的贸易战就此结束。

值得一提的是,美国对进口纺织品的限制,从一开始针对日本的个体化措施逐渐演变为了以《多种纤维协定》(MFA)为代表的多边主义框架。该协定于20世纪70年代达成,早在生效之初就覆盖了18个国家,占"全球棉花、羊毛和人造纤维进口量的四分之三"[2]。待发展到80年代的第三版时,参与协定的国家数量增加到31个,且在"实际上将发展中国家纺织品和服装出口的年增长率从6%降到了2%"[3]。《多种纤维协定》并非通过关税而是以配额的方式对进出口做限制,[4]且更多地维护了以美国为代表的进口国利益。该协定明显不符合《关税与贸易总协定》的"非歧视性"条款,但是对于实现美国拉开与包括日本在内的其他贸易权力国家之间距离的政策目标来

---

① [美]道格拉斯·欧文:《贸易的冲突:美国贸易政策200年》,余江、刁琳琳、陆殷莉译,中信出版社,2019年,第543页。

② 同上,第544页。

③ 同上,第574页。

④ 参见[美]I. M.戴斯勒:《美国贸易政治》,王恩冕、于少蔚译,中国市场出版社,2006年,第35页。

说,却十分有效。该协定在后续的修订与延期中逐渐制度化,成了美国对外贸易政策的常规组成部分,也成了美国达成贸易目标的政策工具。

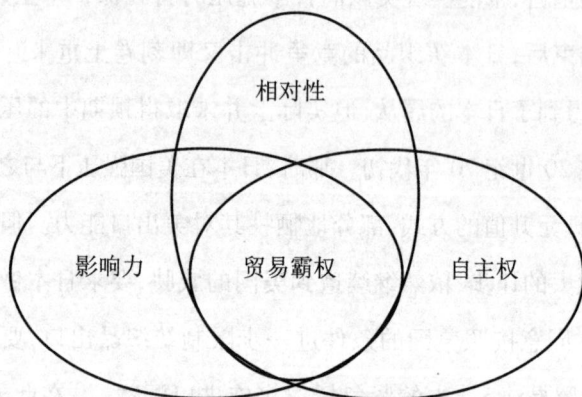

图1-2　美国贸易霸权体系层面特征

图表来源:作者自制

如第一个假设的推论所示,力量层面的特征赋予了美国以贸易权力。而霸权又自带"秩序"隐含义,所以在对美国贸易霸权做分析的时候,必然还需要从霸权国与其他国家之间的关系中析出其体系层面的特征。也就是说,贸易霸权除了力量属性之外,还具有不可忽略的、由体系赋予的关系(relational)属性:保有相对于第二大贸易权力国家的权力优势,本书称之为"相对性"。

三、现象与理论的交集:美国贸易霸权的定义描述

本部分将上文对美国贸易霸权现实表现的观察与理论推演的结果重叠后,有以下三点发现。

一是"美国优先"反映了美国贸易霸权在体系层面的相对性特征。在贸

易利益的分配上，美国坚持"美国优先"的目的在于，巩固和拓展既有相对贸易权力优势。此处，贸易利益不仅指账目盈余/赤字反映的商业利益，还指参与方从贸易关系中得到的非商业收益。结合本书观察贸易表现时选取的三个维度，贸易利益既可以是经济维度的出口获利能力，可以是外交维度的规则制度话语权，还可以是现有贸易权力的累加。此外，"相对性"特征自带双向属性，意味着霸权国获取相对贸易权力优势的方式也是双向的：一是就自己而言，提高自己在贸易利益分配中的比重；二是就对方而言，降低对方的贸易利益分配份额。

为了在贸易利益的分配上做到"美国优先"，美国在上述两个方向综合使用政策工具。以《广场协议》为例。20 世纪 70 年代初，美国首次出现战后第一次贸易逆差。这个变化在美国国内的社会心理层面造成了惶恐与担忧情绪。从那时起，关于美国是否衰落的讨论便不绝于耳。这带来的长远危害远胜于经济层面的短期损失。为安抚国内的消极情绪，美国试图通过调整汇率的手段来扭转贸易逆差的颓势，却又不愿承担汇率调整的风险和代价，于是便将负担转嫁到了自己的主要贸易伙伴国家身上。实际上，贸易逆差现象的根源，在于美国整体的宏观经济政策与美元的国际货币地位。与这二者给美国带来的收益比起来，贸易逆差更像是美国"两权相害取其轻"的政策选择。可即便如此，美国仍然打着扭转贸易逆差的旗帜，指责多个国家用汇率杠杆造成了对美的"不公平贸易"，要求德国、日本、法国、英国等主要贸易伙伴国的货币对美元升值，甚至还附加了升值比率底线。这就是著名的《广场协议》。

二是"美国例外"反映了美国贸易霸权在权力层面的影响力与自主权特征。首先来看影响力特征。美国经济实力强大，同时拥有处理贸易关系的丰富经验。凭借这两项突出优势，美国在参与设计贸易机构与规则的过程中，通过将国际贸易行为规范"美国化"的方式，实现了对其他国家贸易习惯的改造和渗透。这样一来,国际贸易规则在不知不觉中便成为美国国内贸易规范在国际上的延伸。然后来看自主权特征。美国对国际贸易规则产生主导性影响的后果,除了改造其他国家的贸易习惯外,更重要的是,还在对美至关重要的领域设置起了隐形壁垒。这些特定领域多以高科技含量、高附加值为特征。之所以称这些壁垒为"隐形",是因为它们通常以对贸易行为体设置特殊能力要求的形式呈现。这些隐形壁垒确保了只有美国自己,以及少数发达经济体才有机会在特定领域享受全球贸易带来的发展权益。这样一来,大部分发展中国家在这些高精尖领域的发展更加有限,与美国等发达经济体之间的差距也越来越大。除了在国际贸易规则的制定环节体现"美国例外",在具体的执行环节,美国也频繁以多边贸易规则与国内法相抵触为借口,对本应承担的国际承诺采取选择性执行的态度。不论是多边贸易平台还是美国的贸易伙伴,面对美国这般选择性执行的态度和行为,大多数情况下除了舆论督促与谴责之外,并无强制执行的有效办法。

以乌拉圭回合谈判(1986—1994 年)通过的《与贸易有关的知识产权协议》为例。知识产权是服务业高附加值的保证。为其他产业提供智力支持是服务业的重要功能。该多边贸易协定通过的时候,服务业尚未在很多国家发展起来,而美国由于经济基础好、实力强,又较早开始重视服务业的发展,遂成为《与贸易有关的知识产权协议》的重要推动者与主要获益者。

早在布雷顿森林体系崩溃之初,美国就开始调整本国贸易结构,将经济发展重心从工业制造业转向服务业。德国、日本等其他发达经济体紧随其后。但这些国家自身经济实力不如美国,无力承受像美国那么庞大的改革成本。所以,虽然都在进行贸易结构转型,其他发达经济体在范围和力度两方面都难以对美国望其项背。而且在 20 世纪七八十年代,美国还在贸易利益的争夺中,对这些国家进行了有针对性的打击。结果是,美国的这些盟友国家哪怕已经意识到了服务业的重要战略地位,也暂时无力与美国抢占优势地位。这也是美国极力推动《与贸易有关的知识产权协议》通过的重要原因。

在当时的背景下,《与贸易有关的知识产权协议》的通过对世界上绝大多数国家来说是超前的。但是美国从中收获的战略利益却在之后的数十年间逐渐显现。这份协议以加强知识产权保护的方式,"使得发展中国家不得不支付技术持有者昂贵的专利权税,而且还稳固了小型市场中垄断者的地位。同时该协议还禁止对创新产品进行还原工程以及模仿,导致发展中国家无法缩小同发达国家之间的技术鸿沟","从而进一步限制了各国采取产业政策的自由"。[①]

三是权力层面的影响力与自主权刻画的是美国与外界之间静态的权力关系,而体系层面的相对性描述则是这种权力关系的动态情况。在权力层面,美国贸易霸权的影响力体现在让他人屈从自身意志的能力,自主性体现在不屈从他人意志的自由。在体系层面,美国贸易霸权的相对性体现在美国让体系内其他行为体屈从自身意志的能力大于它们不屈从的自由。这意味着美国贯彻自身贸易意志的能力强于体系内所有贸易伙伴,也意味着美国拥有了塑造贸易关系的能力。值得注意的是,权力层面的影响力与自主性主要取决于美国经济实力与国际地位较为稳定;体系层面的相对性则会因具体情况的不同而发生动态的变化。

在有的研究中,相对贸易权力优势被声望与权威、威信、威慑等观念层面的概念指代。原因是这些研究认为美国哪怕确实衰落了,但是在贸易领域依然是"世界唯一的超级大国",而非"强弱不等诸国中的老大",[②]所以观

---

① ［美］约瑟夫·E.斯蒂格利茨、［美］安德鲁·查尔顿:《国际间的权衡交易:贸易如何促进发展》,沈小寅译,中国人民大学出版社,2013年,第79页。

② ［美］理查德·哈斯:《外交政策始于国内:办好美国国内的事》,胡利平、王准海译,上海人民出版社,2015年,第10页。

念层面的"望而生畏"足以实现相对贸易权力优势。本书则认为,这种指代有效的前提是贸易国家间的权力对比必须极为悬殊。毕竟,"当权力对比处于均势状态时,道义原则或国际法公认规则就会产生或处于显要地位;当权力对比处于失衡状态时,实力法则或者强权政治就会处于主导地位"①。只有双方权力对比极为悬殊,才会出现较弱一方在收到威慑信号后便屈从于较强一方的确定性情况。哪怕这样的屈从必须以牺牲自身合法权益为代价。当美国的对手是国际社会第二大贸易权力国时,一定范围与程度之内的贸易冲突往往在所难免,这样"望而生畏"的指代便失效了。

虽然以观念层面的概念指代相对贸易权力优势的观点有特定的生效条件,不具备普遍适用性,但是它对本书依然有启发意义。那就是,作为理性行为体的美国,它对相对贸易权力优势的追逐并不止步于超过第二大贸易权力国,而是持续朝着让尽可能多的国家对其"望而生畏"的目标努力:"美国官员们在战后初期对权力优势的追求不仅为美国争取到了远远超过合理、合法程度的利益,而且还为美国创造了一个前所未有的有利国际环境和秩序,实际上直到今天美国都依然处于受益匪浅的特殊地位之上。"②

斯蒂芬·克拉斯纳综合权力视角与体系视角,将美国潜在的国际权力描述为影响他国行为的能力,以及为国际贸易秩序提供公共产品的能力。③基于上文从现象与理论两方面对美国贸易霸权的特征描述与实例分析,本书对这一关键核心概念做如下定义描述。

美国贸易霸权是美国在贸易领域特有的权力现象,它有三个特征。一是让贸易伙伴屈从自身意志的能力("对外影响力")。二是不屈从他人意志

---

① ② [美]梅尔文·P. 莱弗勒:《权力优势:国家安全、杜鲁门政府与冷战》,孙建中译,商务印书馆,2019 年,译者序第 12 ~ 13 页。

③ See Stephen D. Krasner, US Commercial and Monetary Policy: Unravelling the Paradox of External Strength and Internal Weakness, *International Organization*, Vol. 31, No. 4, 1977.

的自由("抵抗外来影响的政策自主权")。三是美国让体系内所有其他行为体屈从美国意志的能力大于它们不屈从的自由("针对贸易体系内第二大贸易权力体的相对权力优势")。当这三个特征同时满足时,本书即认为美国拥有了贸易霸权。

第二节　美国贸易霸权的定位

本节旨在通过厘清美国贸易霸权与美国霸权谱系中其他力量之间的区别和联系,以此回应文献回顾部分三大困境中的第二个困境,即认为美国在贸易领域不存在"单独"霸权的观点。

本书借用逻辑学三段论的思路逐层聚焦:先由整体到局部,再由局部到个体,最后由整体到个体。美国贸易霸权是经济霸权的组成部分,经济霸权又是美国霸权的组成部分,所以本书将经济霸权视作美国霸权整体中需要关注的"局部",也是将贸易霸权这个"个体"与美国霸权"整体"联系起来的纽带。具体说来,本部分分为三个层次。第一个层次,探究经济霸权作为整个霸权体系重要部分的表现及其原因;第二个层次,聚焦经济霸权内部,探究贸易霸权与经济霸权其他组成部分之间的区别与联系;第三个层次,将贸易霸权置于整个美国霸权体系,探究贸易霸权与军事、政治、社会等其他霸权力量的相互作用(促进或排斥)。

一、整体与局部:美国霸权体系中的经济霸权

约瑟夫·奈曾将当前世界权力的分配格局比喻为三层棋盘。第一层代表军事权力,分配特点是单极体系,美国占据了绝对高地。第二层代表经济

权力,分配特点是多极体系,因为各极之间需要协商与合作。第三层代表各式跨国关系,包括金融系统、恐怖分子、环保、医疗卫生等会产生全球影响的超国家行为体。在这一层,权力是分散的,无所谓单极、多极还是霸权体系。① 这种比喻对本书的启示是,不同的领域有不同的力量分配方式。不仅不能一概而论,而且对它们做适当的区分其实更有利于把握个别领域自身的特点。

贸易霸权是经济霸权的重要组成部分。与经济霸权一样,贸易霸权不是个纯粹经济性质的话题。在了解贸易霸权之前,有必要先从以下三个方面了解经济霸权在美国霸权体系中的分量。

一是经济霸权对美国霸权的总体走势有重要意义。在可预见的未来,美国在军事和科技文化领域的绝对优势不会有剧烈变动,而政治方面则衰势明显。所以"如果把美国的霸权地位分解成军事霸权、政治霸权、经济霸权和科技文化霸权,那么经济霸权的变数最大,也最可能决定美国霸权未来的命运"②。

二是经济霸权是美国贯彻对外政策目标最强有力的武器。美国在各个领域的霸权共同组成了美国霸权整体,它们相互支撑、相互成就。不过,不论研究美国在哪个领域的权力现象,都绕不开经济霸权的作用。从权力视角看,美国作为理性行为体,在政策工具的选择上奉行"以己之长克敌之短"原则。从体系视角看,美国作为世界霸主,在国际秩序的经营管理上靠的是经济和技术这两大长项。③ 比如,两极格局期间,美国遏制苏联的两大主要手段都是经济工具。一是以针对性极强的经济援助加入西欧和日本的战后

---

① See Joseph S. Nye, Jr., The Future of American Power: Dominance and Decline in Perspective, *Foreign Affairs*, Vol. 89, No. 6, 2010.

② 袁鹏:《金融危机与美国经济霸权:历史与政治的解读》,《现代国际关系》,2009年第5期。

③ 参见[美]约翰·刘易斯·加迪斯:《遏制战略:冷战时期美国国家安全政策评析》,时殷弘译,商务印书馆,2019年,第65页。

重建,抢占工业基础较好的战略支点包围苏联。二是用自己丰厚的经济基础做赌注,与苏联开展军备竞赛和星球大战计划。这两项竞争对经济支撑力要求极高,它们对苏联的消耗远比对美国的消耗大得多。这种消耗一直持续到苏联国内经济供给能力无法继续负担其军事和航空建设要求为止。由于长期将国内经济供给用于大国军备和航空竞争,难以兼顾民生,苏联政权面临的国内经济社会压力剧增,进一步加速了社会主义阵营的分化。

三是经济对军事具有不可替代的支撑作用。军事霸权是美国霸权谱系中另一支重要力量。在美国霸权的相关研究中,军事霸权始终位于前列。强大的经济基础是将军事资源有效转化为政治资源的关键。为了维系自己在政治军事安全方面的既有权力,美国经济必须达到足够高的发展水平和能力,这是确保自身权力的必要国际目标。① 在和平时期,美国对军事力量的建设就是一个将经济财富转化为对外政治威慑的过程。在战争时期,参战国将物质财富转化为军事力量的能力、速度、规模和质量,可能对战争胜负的走向产生决定性影响。比如,二战期间,"主要的作战双方将国民生产总值的50%都投入到战争中"②。随着战线在时间和地理空间上的拉长,战况逐渐陷入僵持阶段,同盟国甚至一度处于弱势。后来,正是由于拥有强大经济基础和军事实力的美国及时参战,才打破了僵局,让胜利的天平倒向了同盟国一边。类似的情况早在第一次世界大战期间就发生过。美国决定参战的时候,德国经济正处于过度紧张状态,不论是总体工业潜力,还是在世界制造业产量中所占的份额,美国都达到了德国的2.5倍。此外,在战时供应的刺激下,美国的工农业生产能力达到了无可匹敌的状态。当时世界粮

---

① See Robert D. Hormats, The Roots of American Power, *Foreign Affairs*, Vol. 70, No. 3, 1991.

② Klaus Knorr, *The Power of Nations: The Political Economy of International Relations*, Basic Books, 1975, p. 74. 转引自[美]迈克尔·马斯坦多诺:《学术与治术中的经济与安全》,[美]彼得·卡赞斯坦、[美]罗伯特·基欧汉、[美]斯蒂芬·克拉斯纳编《世界政治理论的探索与争鸣》,秦亚青、苏长和、门洪华、魏玲译,上海人民出版社,2018年,第223页。

食出口总量中,有一半来自美国。① 凭借这些经济优势,美国的加入完全改变了当时的战争力量对比。

除了肯定经济对军事的重要性,还有必要说明经济霸权与军事霸权之间的区别与联系。经济力量不等于军事力量。出于政治文化或地缘安全等原因,一个经济巨人可能宁愿当一个军事侏儒;一个没有重要经济资源的国家,依然可以把它的社会组织成一个令人生畏的军事强国。② 这是因为经济力量支撑的是军事潜力而非军事实力。军事潜力与军事实力不是一回事。从潜力到实力,一方面需要当事国的政策选择,另一方面还有个转换的过程与时间。以第一次世界大战前夕的俄美力量对比为例。俄国拥有的前线部队是美国的 10 倍左右,但是美国的钢产量是俄国的 6 倍,消耗的能源是俄国的 10 倍,工业总出口量是俄国的 4 倍(人均生产力是俄国的 6 倍)。③ 在这个例子中,美国将经济力量转化为军事力量的潜力较强,俄国则具备较强的军事实力。

二、局部与个体:美国经济霸权中的贸易霸权

要明白贸易在经济中的位置,有必要简要回顾二者之间关系的历史变化。早期,贸易霸权约等于经济霸权。那时,贸易曾是最主要的经济活动,贸易中的关税也曾是国家主要的外来收入来源。后来,随着跨国投资、货币金融等的发展变化,经济霸权逐渐分化出了与之相对应的专门霸权力量。尤其自 1913 年税法改革之后,关税不再是美国的主要收入来源。在这个阶

---

① 参见[美]迈克尔·马斯坦多诺:《学术与治术中的经济与安全》,[美]彼得·卡赞斯坦、[美]罗伯特·基欧汉、[美]斯蒂芬·克拉斯纳编:《世界政治理论的探索与争鸣》,秦亚青、苏长和、门洪华、魏玲译,上海人民出版社,2018 年,第 283 页。

② 参见[英]保罗·肯尼迪:《大国的兴衰(上)》,王保存等译,中信出版社,2013 年,第 205 页。

③ 同上,第 258 页。

段,贸易在经济中的地位进一步降维,并逐渐与货币金融、对外投资共同形成了三足鼎立的相对稳定局面。罗伯特·吉尔平曾对这一局面有过经典的概括:"(国家之间)经济上的相互依赖关系已经逐渐发展到这样一种程度,它使贸易、金融关系和对外投资成为当代世界国际体系中最重要的特征之一。"[①]这三股力量不论是形式还是功能都有明显的交叉融合现象,货币金融与跨国投资两支新兴力量更由于对贸易具有特殊杠杆作用,而在美国经济高度金融化以来成为研究焦点。

首先,经济霸权三大支柱的交叉融合表现在很多方面。它们在不同的具体情境里互为目的,也互为手段。以贸易领域的关键指标贸易收支为例。一个国家出口与进口的差额为正即是贸易盈余、为负即是贸易赤字。这过程看似只与一个国家进口和出口的数量、价值有关。实际上,更重要的是决定这些直接因素的根本因素:投资和储蓄率。它们能决定一个国家从事进出口与不从事进出口的产业发展程度与速度。正因如此,许多研究贸易问题的文献都会落脚到投资与金融上。许多人凭此认为贸易的地位发生了第二次降维,现在贸易的地位已屈居于货币金融与对外投资之下,成为单方面服务于它们的手段。这也是文献回顾部分三大困境中的第二个困境会认为没有"单独"贸易霸权存在的主要原因。然而明显的交叉融合现象并不意味着三大支柱只能在协同的条件下才能发挥功能,也不意味着它们不能单独发生作用。

其次,继明确经济霸权由三股力量组成之后,接下来需要明确贸易霸权在经济霸权中的位置,也就是它与其他两股经济霸权力量之间的关系。对外贸易的本质是国家间要素的交换,这决定了所有由国家间要素交换衍生

---

① ［美］罗伯特·吉尔平:《世界政治中的战争与变革》,宋新宁等译,上海人民出版社,2019年,第20页。

的概念都将或多或少地与贸易产生联系。鉴于此,美国经济霸权的三大支柱中,货币金融可视作一种通过汇率及融资工具调控贸易成本和贸易预期的手段,对外投资则是一种发生在产业内或集团内的跨国境贸易。就三者的联系而言,一方面,贸易霸权是美国在另外两个领域得以建立霸权的前提和基础。美元首先在贸易领域成为最重要的国际流通手段和支付手段,后来才在此基础上逐步建立起了国际地位。① 哪怕美元的国际地位渐趋复杂,贸易领域"最重要的国际流通手段和支付手段"至今仍是美元最重要的身份。对外投资的繁荣则得益于海外资产的大批量贸易。美国跨国公司凭借高位汇率优势,在世界范围内大批量采购海外资产(子公司和分支机构)、扎根海外,从而获得了相对于母国政府更大的独立自主空间,逐渐形成一支霸权力量。另一方面,货币金融霸权和对外投资霸权的建立反过来进一步巩固了贸易霸权。二者对贸易霸权的反作用主要通过在更广大的外部市场塑造规则标准及政策偏好的路径依赖等方式。综合来看,贸易霸权在美国经济霸权中的地位不仅不"次要",反而很重要。

最后,还需要通过与另外两种经济霸权的对比,析出贸易霸权与之相区别的特点。就三个霸权的政治经济属性而言,美国在货币金融和对外投资领域的霸权都比贸易霸权更易受到市场力量的制约。"国家间贸易能够在没有自由市场的情况下进行"②,但货币金融与对外投资对市场形态就没有这么高的适应性了。

就货币金融霸权而言,它比贸易霸权更依赖一个一体化的世界经济,以至于它的存续都必须以一体化的世界经济为前提。虽然在全球化浪潮中,

---

① 参见[美]本杰明·J.科恩:《货币强权》,张琦译,中信出版社,2017年,第17页。科恩在关于货币竞争力的论述中,明确将货币在贸易往来中的实际使用范围及其相关预期确定为强势货币的三种性质之一:"该(货币)发行国在世界贸易活动中所占的份额越大,其货币的'地心引力'也就越大。"
② [美]乔纳森·科什纳:《货币与强制:国际货币权力的政治经济学》,李巍译,上海人民出版社,2013年,第26页。

货币金融霸权乘势崛起并迅速成为美国转移政策调整成本、虹吸全球资本的利器,却也在当前的逆全球化浪潮中,比贸易霸权更容易受到冲击。

就对外投资霸权而言,由于涉及固定资产的买卖与经营,所以对外投资更容易在互信程度高的国家间发生。这个规律对市场形态提出了要求。一般来说,资本流动越通畅的市场越能吸引外来投资。然而不论处于何种市场形态,对外投资霸权都在不断削弱母国的霸权基础。需要看到的是,对外投资霸权确实给美国带来了不小的经济政治收益:经济上,抢占既定市场份额维持了美国的国际贸易地位;政治上,在世界各地形成了隐性的经济霸权战略支点,与同样具有重要政治意义的显性军事霸权战略支点互为补充,共同承担了美国这个海上强权对地球上其他数个大洲实现陆权地缘平衡的成本。[①] 更需要看到的是,由于知识技术、制度程序等资本具有非竞争性的特征,所以它们随对外投资的向外扩散必然伴随着国际外溢现象。而这些资本恰恰是美国相对于其他国家而言的比较优势所在,[②]所以说对外投资天然地有削弱美国霸权基础的特质。具体说来,东道国在接受美国对外投资的过程中,一方面通过引进知识技术提高了"该国的最大潜在产出能力"[③],另一方面通过引进制度程序增加了其"最大潜在产出的实现程度"[④]。这样一来,对东道国来说,它提高了固有资源的利用率与产出率,实现了本国总体经济福利的增长和经济能力的提高,缩短了本国与美国之间的实力差距,减少了自己对美国的依赖程度,削弱了美国能够对其施加的影响力。对跨国公司来说,随着对外投资建立起来的海外帝国日渐庞大,跨国公司获得的自主空间也日渐增多,自身决策受母国政府支配的成分渐少,影响母国政府和

---

① 参见[美]罗伯特·吉尔平:《跨国公司与美国霸权》,钟飞腾译,东方出版社,2011 年,第128 页。

② 参见[美]罗伯特·吉尔平:《跨国公司与美国霸权》,钟飞腾译,东方出版社,2011 年;曹建增:《冷战后世界格局的新变化和经济霸权的新构建》,《世界经济》,1998 年第 4 期。

③④ 蔡一鸣:《世界经济霸权国家更迭研究》,《经济评论》,2009 年第 5 期。

东道国政府决策的成分渐增。

指出货币金融霸权与对外投资霸权比贸易霸权更依赖于市场力量这一点很重要。因为针对特定领域展开的霸权分析容易走入一个误区。那就是将政策的稳定性与霸权的政治经济属性相混淆，认为越独立于市场力量的霸权越能保持政策的稳定，反之亦然。实际上，政策是否稳定取决于该领域内部各行为体间的成本利益分担情况。而霸权的政治经济属性（是否更易受市场影响）则取决于该领域本身的特点。二者分处于不同维度，各自的变化没有必然关联。如果不做区分，认为二者的变化必然趋同，那么定然难以理解不趋同的现象。比如，贸易霸权虽然比另外两种霸权更独立于市场力量的影响，却在政策稳定性方面不如它们。这种不稳定由贸易行为本身的特点决定：利益攸关者与成本承担者范围分散且面广。广义上说，贸易与每个国民的日常生活都息息相关。所以对外贸易政策在制定与执行的过程中，会随着贸易对象、贸易内容等要素的不同，以及具体的国内外产业发展与竞争状况、利益集团的干扰等因素的不同，被纷繁复杂的部门和程序赋予类似于"一事一议"的应变性质（ad hoc），极为不稳定。不似货币金融与对外投资的相关政策那般，除非发生突发事件或猛然战略转向，否则在一定时期内都具有相对稳定性和执行惯性。这是因为在这两个领域中，利益攸关群体较为集中且固定，他们决定了政策的稳定；稳定的政策反过来进一步固化了既得利益与成本分担格局，从而使得政策调整的成本高昂且阻力重重。

本书的研究视对外贸易权力为主体，视货币金融与对外投资为服务于该主体的手段。其实这种分工在实际情况中并不少见，甚至还因为贸易的基础性作用而渐成常态。比如，美国在以"尼克松冲击"为代表的数次美元汇率操控中，以单边形式强制施压，要求贸易伙伴国的货币升值。表面上看，美国达到了缓解甚至扭转贸易收支颓势的目的；实则长远来看，这样的操作成功降低了美国本土制造商单位产品的相对生产成本，从而增强了它们的国际竞争力。① 还比如，以跨国公司为主要形式的对外投资，不论是这支力量的产生、运行还是发展、改革，最大的驱动力都是由跨国界的资源配置带来的更低成本、更高效率和更高利润回报。也就是说，对于跨国公司、生产外包等各种对外投资形式而言，贸易是将其特有的低成本、高效率优势转化为经济利益的关键环节。

三、整体与个体：美国霸权体系中的贸易霸权

上文呈现了由整体到局部、再由局部到个体的逐层聚焦过程，展示了经济霸权在美国霸权整体中的分量，以及经济霸权内部三支力量之间的关系。接下来，本书要逆向出发，越过经济霸权，探究贸易霸权在整个美国霸权体系中的作用。

就概念层级而言，经济霸权与军事霸权、文化霸权等同属按领域划分的美国霸权力量，处于同一层级。贸易霸权与货币金融霸权、对外投资霸权处于同一层级，是经济霸权的次级概念。通常概念间的观察与比较需以同一层级为前提。但是贸易的独特性在于，它与高一层级的霸权力量在现实中经常出现跨层级交叉影响的现象。包括英国、美国在内，历史上贸易霸权国家的崛起都伴随着贸易强权与军事强权的交织。此外，文化霸权的建立、巩固与扩张，都离不开贸易霸权作为基础、手段与载体的存在。比如，美国在多边贸易谈判中极力推动通过的《与贸易有关的知识产权协议》在对外方向上保证了美国文化在跨国界流动中的高附加值，在对内方向上则促进了美国国内文化产业的发展繁荣。

---

① 参见［美］赫尔曼·M. 施瓦茨：《国家与市场：全球经济的兴起》，徐佳译，江苏人民出版社，2008 年，第 294 页。

这种跨层级的交叉影响现象之所以出现,主要因为贸易是古老的经济现象和古老的国家间关系。国家间经济联系始自贸易行为,而经济联系又为其他领域的国家间联系奠定基础,提供保障。所以贸易不可避免地要和其他领域的权力现象相互影响。值得注意的是,美国决策层的政策目标会随着具体情况变化,贸易霸权与其他高一层级霸权力量轮流作为首要政策目标而存在。这也决定了它们间的交叉影响将以不同的形式出现,或是贸易霸权服务于其他霸权力量,或是其他霸权力量服务于贸易霸权等。例如,在协助恢复二战后重建时,美国屡屡默认盟友国家对自己的贸易歧视。许多研究认为在这个例子中,贸易是美国实现政治目标的必要牺牲。这样的观点显然将贸易利益与政治收益置于了非此即彼、此消彼长的处境。实际上,政治目标的实现对贸易收益的促进作用同样不可忽视。

接下来,以美日贸易战为例,简要说明实现政治目标对贸易收益的促进作用。从理性的角度出发,互利互惠是国家间开展贸易的前提。哪怕这样的互惠并不一定意味着平等。美日贸易战却基本是个"毫不利日、专门利美"的例外。美国向日本提出"自愿"限制出口、改革关税体制、调整汇率、扩大美国芯片在日销售数量等结果导向的单方面要求。纵然多番拖延,纵然在具体执行的过程中当权政府遭受了不小的国内抵制压力,可是日本都无一例外屈从了美国的贸易意志,基本满足了上述要求。美国从中收获了规模不小的贸易收益。这其中的原因主要有两点。其一,二战后的日本对美国有严重政治依赖。战后的日本以贸易立国,它在亚洲有深重的历史恩怨,地缘政治环境恶劣,国防军事安全完全指望美国。而且日本作为二战时期主要的轴心国成员,为当时其他世界主要经济体排斥,想要融入战后的国际合作秩序必须仰仗美国。正是由于日本与美国在这两项战略利益问题上存在明显的供需关系,才出现了贸易的"旁支付"现象——以日本在贸易问题上的妥协让步换取美国在上述两项战略问题上的支持。其二,二战后日本的经济发展严重受制于美国。日本的经济发展主要靠原材料进口、制成品出口和高新技术发展。而美国是日本最大的制成品出口对象国和高新技术来源地。换言之,驱动日本经济发展的三项内容中有两项被美国扼住了咽喉。综合来看,不论在政治上还是在经济上,日本对美国的依赖程度都相当高。这意味着在贸易冲突中,日本违抗美国贸易意志的行为成本高昂,使其无法承担日美贸易关系破裂可能带来的后果。这从侧面反映了美国将日本纳入全球战略版图的政治成功。所以日本在贸易战中的妥协让步行为与美国所提贸易要求的具体内容无关,与美国将日本塑造为战略支点这一政治目标的实现有关。

第三节　美国贸易霸权的限度

本节旨在回应文献回顾部分的第三个困境,即认为美国贸易霸权等同于制度霸权的观点。如文献回顾部分所述,一种颇受欢迎的观点认为美国贸易霸权就是制度霸权,主要体现为美国在贸易谈判与协商中的制度性话语权。这种观点产生的依据在于贸易谈判中各方地位平等但权力不平等的现实:虽然共同利益是各方参与谈判的基础,但这并不意味着各方对谈判的进程与结果均能施加同样的影响,更不意味着经谈判后获得的共同利益能在各方之间实现均等分配。[①]

本书观察后发现,制度确实是美国贸易霸权的重要赋权因素,但不是唯一的重要因素。一项多边贸易制度由设计、谈判和落实三个环节组成。由

---

① See P. Terrence Hopmann, Asymmetrical Bargaining in the Conference on Security and Cooperation in Europe, *International Organization*, Vol. 32, No. 1, 1978.

于设计和落实两个环节不似谈判这般有明确的场合与清晰的时间节点,相较之下显得更为隐蔽、周期更长、过程也更零碎。如果将美国贸易霸权简单等同于美国在多边贸易谈判达成共识的能力,既无法体现霸权国在制度设计环节将国家意志上升为国际制度的能力,也无法体现霸权国在制度落实环节确保各方兑现谈判结果的能力。

从这个角度来说,除了制度之外,美国贸易霸权的重要因素至少还应该包括利益与权力。罗伯特·吉尔平认为,国家行为主要受行动成本和行为能力两方面制约:"国家追求目标所要付出的相应成本的变化,或者国家实现这些目标的能力的变化,往往导致国家行为的变化。"[①]将本书对美国贸易霸权重要因素的探讨放到吉尔平的语境中理解,制度作为体现霸权国贸易意志的多边谈判产物,是霸权国追求的目标;利益指贸易收益,它在制度的设计环节调控霸权国的行动成本;权力指霸权国贯彻贸易意志的手段,它在制度的落实环节决定霸权国政策目标的实际完成效果,体现霸权国的行为能力。

一、形式上的限度

美国贸易霸权形式多样,随具体的政策目标、贸易对象、贸易内容等因素变化。它在形式上的限度指的是纷繁复杂的表面下那些较稳定的内容。为准确定位这些较稳定的部分,有必要先对美国贸易霸权的常见形式做简要梳理和分类比较。

实际情况中,美国贸易霸权主要体现在权力实施的过程和结果两个环

---

① [美]罗伯特·吉尔平:《世界政治中的战争与变革》,宋新宁等译,上海人民出版社,2019年,第17页。

节,或侧重于"手段"(过程环节),或侧重于"效果"(结果环节)。

侧重于"手段"的形式指美国主动表达贸易意志的方式,包括关税、进出口配额、市场准入和"301 条款"等。其中,那些以非关税形式在进出口产生壁垒效应的政策工具可笼统称为非关税壁垒。非关税壁垒在诞生之初作为关税壁垒的补充手段发挥作用。随经济全球化发展,"主权国家的多元化产生了管辖权的分割以及相关的交易成本,货币、法律以及监管的差异成为实现全球经济一体化的主要障碍"[①]。来自货币金融、国内法的域外适用,以及行政监管等领域的非关税壁垒日渐成为美国贸易霸权更集中、更复杂也更有效的形式。

值得注意的是,虽然非关税壁垒是美国行使贸易霸权的有力武器,可是它也可以在强弱悬殊的贸易关系中为弱者争取更公平的贸易待遇。比如在发达国家与发展中国家间的贸易关系中,发展中国家的对外贸易结构较稳定、贸易政策灵活性较差,不具备充分的能力去承担因发达国家政策调整而产生的风险。如果没有非关税壁垒的保护,一旦出现发达国家调整贸易政策的情况,极有可能将由发展中国家来承担绝大部分的成本和风险。在这种强弱悬殊的情况下,恰恰只有保留非关税的制度壁垒,才能让市场规律在这段关系中正常发挥作用。也就是说,在贸易关系中,采用非关税壁垒的行为体强弱身份不同,非关税壁垒的影响和意义也大不一样。

侧重于"效果"的形式指美国让对象国接受其贸易意志的方式。按贸易伙伴屈从美国意志的主动性由弱到强变化,可将其归纳为强制、诱导和同化三种情况。一是强制。在美国主导和推动下通过的国际贸易协定、国际贸易制度等契约虽然主要反映了它自身的意志,却也因多边协商程序而在国际社会拥有了合法性。这些贸易契约一旦通过,便会在无政府状态的国际

---

① ［土耳其］丹尼·罗德里克:《贸易的真相》,卓贤译,中信出版社,2018 年,第 18 页。

社会形成有约束作用的强制力。强制力的执行关键在于国家间贸易依赖关系。通常情况下,美国会利用自己与对象国主要贸易伙伴间的贸易依赖关系,通过提高违约成本强制对象国守约。比如,除违约国之外的多个国家(以美国为主)在贸易领域采取针对性强、孤立性明显的联合行动,或在多个不同领域采取舆论引导、制裁等联合行动等。二是诱导。美国向对象国传递自身贸易意志之后,针对对象国的不同反应,在贸易领域或其他领域对其进行相应的奖惩,以这样的方式向对方发出信号、表明态度,并在多轮互动中逐步建立起国家间贸易往来的默契。基于这份建立在奖惩措施上的默契,美国试图让对方相信:遵照美国的贸易意志于己有利,哪怕在贸易领域失利,也会在其他领域得到更大补偿。这样一来,美国便可调动这些贸易伙伴按照美国意图行动的积极性和主动性。三是同化。美国通过长期稳定的贸易行为让对象国对其形成依赖惯性,逐渐将其塑造为美国预期中的某种样子,比如较为固化的国内社会生产结构、对美国的知识产权依赖等。

同化与诱导的区别在于,诱导是使对象国相信自己的利益与霸权国的利益趋同,从于己有利的角度出发做出选择,违抗美国的选择空间依然存在;而同化则往往使对象国违抗美国的行为成本超过了当权政府所能承受的范围,实际上违抗霸权国的选项已经不存在了。

应政策目标需要,贸易霸权的形式还有出现时间长短的区别。有的形式仅针对当前某个具体事件,短期内一旦目标达成就宣告结束;有的形式则更持久和稳定,旨在实现更大范围、更长时期、更高难度的目标。很多情况下,美国贸易霸权是多种形式的综合呈现,还会在解决新问题、实现新目标的过程中不断产生新的形式。简单罗列不仅难以穷尽,也没有将其穷尽的意义。与其跟随美国行使贸易霸权的脚步,亦步亦趋地补充各色形式清单,不如像上文这样,基于美国贸易霸权确立以来的半个多世纪历史,将出现频率较高、执行效果较好的主要形式做梳理归纳,找到这些形式之所以能长久存在的共同特征,那就是美国贸易霸权形式上的限度所在。

不论侧重于"手段"还是"效果",也不论出现的时间长或短,这些形式间的"最大公约数"是以盟友体系为支撑的集体领导下的多边合作。[①] 有意思的是,"霸权"是个单边特征明显的概念,而美国贸易霸权在形式上最稳定的特征却是一种特殊的"多边合作"。该反差是美国独有的现象。有研究从美国参与国际合作的制度合法性入手,解释美国没有选择单边,而是积极参与多边的行为。[②] 本书认为这种解释侧重于美国对国际贸易格局的整体塑造力,没有体现美国对盟友体系的塑造,遂认为这种单边与多边的反差现象纵然有历史造成的客观原因,但更是美国主观战略选择与操控的结果。具体说来,可简要概述为以下三步。第一步,通过经济输出培养起盟友的经济自立能力。[③] 第二步,以各式政策工具限定盟友的选择范围、约束其行为规范,从而缩小盟友的决策集合,达到管控对方行为预期的目的。第三步,以此为基础,在全球范围内形成以美国为中心、以盟友为战略支点的实际集体领导。

将霸权建立在由盟友组成的集体上,这种选择在战略决策上需要得到对象国关于自己作为"盟友"的身份认同与自愿服从,在实际形成中需要投入更多资源、承担更多不可知的风险,以及经历更漫长的周期。它的形成显然比完全单边的霸权统治要困难许多。可是一旦形成,这种"集体 + 多边"的霸权统治方式也比完全单边的方式更趋稳定,不易被动摇、被颠覆;此外,在它的管理下,全球贸易秩序的运营与维护成本也将由美国及其盟友组成

---

① 参见[美]赫尔曼·M.施瓦茨:《国家与市场:全球经济的兴起》,徐佳译,江苏人民出版社,2008 年,第 259 页。

② See Sarah von Billerbeck, "Mirror, Mirror On the Wall:"Self-Legitimation by International Organizations, *International Studies Quarterly*, Vol. 64, No. 1, 2020.

③ 参见[美]约翰·刘易斯·加迪斯:《遏制战略:冷战时期美国国家安全政策评析》,时殷弘译,商务印书馆,2019 年,第 61 页。

的领导集体共同承担,这将大大减轻美国的压力。考虑到二战后的美国面临多重任务,实际上并不具备单独且持续承担全球范围内贸易霸权统治秩序的能力,所以哪怕"集体 + 多边"霸权统治的形成要付出更多成本、承担更高风险,也依然成为美国主观且理性的选择。

值得注意的是,虽然美国紧紧依靠盟友体系的支持(the Structure of Multilateral Supportership)①管理世界贸易秩序,但这不意味着盟友不会成为美国行使贸易霸权的对象。轰轰烈烈的美日贸易战自不必说了,另一支主要盟友力量——西欧,也经常卷入与美国的贸易纷争中。此处以美欧围绕农产品出口的国家补贴战为例。

经历了战后第二个资本主义黄金时代的充分恢复与发展,到了 20 世纪 80 年代初,西欧不仅已经基本实现了农产品的自给自足,甚至还产生了为数不少在出口市场不受欢迎的库存积压。于是欧盟开始以低于市场价的价格在世界范围内清理以小麦、黄油和肉类为主的库存。这种明显的倾销行为损害了原本在这些农产品的出口方面有国际竞争力的国家,比如美国。美国深知西欧作为一个国家集团,在农产品出口的成本分担和利益分配方面必然存在不均衡问题。于是美国采取的反击手段或是对西欧的优势出口产品加征数倍关税,或是以发放补贴的方式引导国内农产品出口与之形成针锋相对的局面,总体目的在于分化西欧内部"有竞争力的农民和无竞争力的农民、欧洲农业补贴游戏中的净输家和净赢家"②。这种软硬兼施的补贴战对决在双方后续的贸易争端中反复上演。

---

① See David A. Lake, Beneath the Commerce of Nations: A Theory of International Economic Structures, *International Studies Quarterly*, Vol. 28, 1984.

② [美]赫尔曼·M. 施瓦茨:《国家与市场:全球经济的兴起》,徐佳译,江苏人民出版社,2008年,第 383 ~ 384 页。

二、功能上的限度

美国贸易霸权的"功能"指美国用贸易服务国家总体对外目标的能力。从便于观察的角度来说,它描述的是美国贸易政策目标的兑现程度。就"功能"与"形式"的联系来说,"功能"反映了"形式"的有效性。就二者的区别来说,"形式"主要取决于美国单方面,而"功能"主要取决于对象国的配合程度。美国作为理性行为体,"趋利避害"的本能会驱使它根据外界客观条件做出主观决定,呈现出它认为在该条件下最有可能取得最佳效果的形式,旨在使贸易政策目标兑现程度最大化。从这个角度理解,美国作为理性行为体的假设已将外界客观条件对贸易霸权在功能层面的影响降到了最低。

简言之,霸权国权力的行使需要对象国的配合。[①] 占优势的霸权国不一定总能将优势转化为与之相称的福利。对象国的应对也是制约霸权国权力兑现率的重要因素。比如,"(对象)国往往能够利用较强烈的态度和较高的信用,克服自己在不对称的相互依存情势中的相对脆弱性地位"[②]。

在美国对外贸易关系中,它的贸易伙伴就是美国实施贸易霸权的对象国。一般来说,美国有能力影响对象国的贸易决策集合。也就是说,作为贸易霸权国,美国的干扰行为与对象国的实际决策之间存在因果联系。美国之所以能够制约对象国,是因为对象国对美国的干扰行为采取了配合的态度,实现了对美国的赋权。这是对美国与对象国之间贸易权力关系的静态描述。

---

① See Peter Bachrach and Morton S. Baratz, Power and Its Two Faces Revisited: A Reply to Geoffrey Debnam, *The American Political Science Review*, Vol. 69, No. 3, 1975.

② ［美］小约瑟夫·奈、［加拿大］戴维·韦尔奇:《理解全球冲突与合作:理论与历史》,张小明译,上海人民出版社,2012 年,第 306~307 页。

然而一旦美国实施了干扰行为,对象国的反应则会反过来对美国形成新的制约力量。当对象国配合的时候,美国的政策目标兑现度较高,不太可能继续实施干扰行为。当对象国不配合的时候,美国的政策目标兑现度较低,很有可能以不同的形式,或者相同的形式但是更强的力度继续干扰,直至达成目标。值得注意的是,为了得到对象国的配合,以便更顺利地达成政策目标,美国往往会对对象国实施一定程度的赋权(在贸易领域或其他领域退让)。从这个角度来说,对象国不配合的可能性对美国产生了一定的制约效果。这是对美国与对象国之间贸易权力关系的动态描述。在二者的互动中,制约与赋权是双向存在的。

就对象国而言,它有天然的动机摆脱受制于美国的境地。而且有理由认为,美国实施贸易霸权的频率越高、力度越强,对象国争取独立自主的意识会随之变得更强烈、付出的相应努力也会随之变得更多。① 这样互动的直接后果是减少了原有依赖关系的非对称程度,②间接弱化了美国贸易霸权的有效性。

比如,加拿大就是一个以"小国"身份撬动了美国"大国"议价权的例子。在加拿大与美国之间,贸易依赖的非对称性十分明显:"与美国的贸易大约占加拿大对外贸易的四分之三,而与加拿大的贸易大约只占美国对外贸易的四分之一,加拿大对美国的依赖大于美国对加拿大的依赖。"③在这段贸易关系中,美国有更大自主空间,加拿大明显处于被动境地。

事实上,加拿大在一系列与美贸易争端中却频频占得上风。这主要因

① See Albert O. Hirschman, *National Power and the Structure of Foreign Trade*, University of California Press, 1980, p. ix.

② See Albert O. Hirschman, Beyond Asymmetry: Critical Notes on Myself as a Young Man and on Some Other Old Friends, *International Organization*, Vol. 32, No. 1, 1978.

③ [美]小约瑟夫·奈、[加拿大]戴维·韦尔奇:《理解全球冲突与合作:理论与历史》,张小明译,上海人民出版社,2012年,第306页。

为加拿大声称要采取关税和限制性报复措施的威胁对美国起到了威慑作用。如何理解这种现象呢？从加拿大的角度出发，它显然清醒地知道，如果自己的威胁行为导致美加之间爆发一场全面的贸易争端，加拿大遭受的损害无疑将比美国大得多。可是加拿大也清楚地意识到，不论是否发出威慑或采取别的行动，由于对美贸易依赖更强，自己必然在互动中处于下风。相较而言，与其一直接受那些以美国利益为先的安排，不如偶尔冒险实施报复性措施。这样一来，哪怕没能威胁成功，至少也向美国明确表明过维护自身贸易利益的立场，让美国知道，加拿大不是只知一味顺从美国意志、可以随便美国得寸进尺的国家。一旦"冒险"成功，至少能为自己减少损失、甚至争取到更多利益；就算"冒险"失败，情况也只会比一味顺从更糟糕一些。正因如此，加拿大在对美贸易谈判中有更强烈的动机促成于己有利的结果，也愿意为之付出更多努力。在这场操控经济相互依存关系的游戏中，加拿大通过表明自己践行威胁的决心，使美国相信自己意图的真实性，从而屡屡在谈判桌占得上风。[①]

此外，美国贸易霸权还有功能外溢的现象。所谓"功能外溢"指的是美国在贸易领域不经意间产生预期之外结果的现象。以美国对世界能源版图的影响为例。美国作为一个工业高度发达的现代化国家，一直依赖来自外界的能源进口做自产石油的补充，对能源的需求量一直很旺盛。然而研究发现，自20世纪70年代石油危机暴发以来的30年间（1975—2005年），"美国的石油消耗量从每天1600万桶增加到2100万桶。同期的美国石油产量并没有相应增加，从每天840万桶减至520万桶。美国对进口石油的需求导

---

①　1959年的《国防生产共享安排》、1965年的《汽车协定》以及1988年的《美加自由贸易协定》。Michael Hart, *A Trading Nation：Canadian Trade Policy from Colonialism to Globalizaiton*, UBC Press, 2002, pp. 214 - 217, pp. 240 - 247, pp. 367 - 393. 转引自［美］小约瑟夫·奈、［加拿大］戴维·韦尔奇：《理解全球冲突与合作：理论与历史》，张小明译，上海人民出版社，2012年，第306页。

致世界油价飙升,结果是大量美元和影响力转移到诸如沙特阿拉伯、伊朗、伊拉克、利比亚、卡塔尔、委内瑞拉、尼日利亚、阿联酋和俄罗斯等这些国家。有的国家由此变得强大起来,本来它们是不可能如此有钱有势的"①。需要说明的是,这个案例中那些凭石油得到美元转移而"一夜暴富"的国家,与二战后在美元转移中恢复重建的西欧和日本有根本区别。后者是美国有意培植的盟友,而前者更像是特殊时代背景下美国经济行为的外溢。由此可见,美国庞大的国内市场与强大的消费能力具有巨大能量。主观上,它们是美国实现贸易政策目标的有效谈判工具。客观上,哪怕没有美国的刻意操纵,它们巨大的体量也将对世界政治经济版图产生深远影响。

三、限度存在的原因

本节的主要任务是通过呈现美国贸易霸权的限度并剖析其原因,回应那些认为美国贸易霸权等同于制度霸权的观点。上文已从"形式"与"功能"两方面分析了美国贸易霸权的限度。它在形式上的限度是"以盟友体系为支撑的集体领导下的多边合作"。美国贸易霸权在形式上的多样性证明它的呈现不只有"制度"一种;它在形式上的限度进一步证明,美国在国际贸易领域拥有制度性话语权的前提是盟友体系基于利益捆绑的团结。所以除了"制度"之外,影响美国贸易霸权的主要因素至少还应该增加"利益"。另外,美国贸易霸权在功能上的限度主要取决于对象国的配合程度。这证明美国对贸易关系的权力掌控是其政策目标得以实现的重要保证。所以除了"制度"与"利益"而外,影响美国贸易霸权的主要因素还应该增加"权力"。

---

① [美]理查德·哈斯:《外交政策始于国内:办好美国国内的事》,胡利平、王淮海译,上海人民出版社,2015年,第13页。

在美国行使贸易霸权的过程中,利益、制度与权力三者之间的相互联系及分工情况如下:利益决定行为动机,为贸易往来合作创造了条件;制度规定利益与责任在各方间的分配情况,为贸易往来合作建立了行为默契;权力将各方对利益的预期以及在制度中的默契转化为现实。诚然,利益与制度是确保贸易政策调整效果的重要两翼。[①] 可是就美国的情况而言,制度的实际落实情况才是真正的利益分割结果。所以三要素中,"权力"最重要。

权力对美国贸易霸权的重要性,是由美国对贸易关系的依赖度不高这一特点决定的。由于美国对外界的贸易依赖度不高,所以哪怕面对由自己牵头制定的、大部分于己有利的国际制度,美国依然可以摆出选择性遵守和执行的态度。也就是说,该特点赋予了美国在多边合作中开展单边行动的能力,使得美国贸易政策的实际执行情况不完全受制于利益与制度。

在三要素中,制度的重要性仅次于权力。这主要由贸易往来中各方的诸多"不同"决定。在无政府状态中,参与国际贸易的各方有不同的利益目标,各自储备了不同的政治经济资源和政策工具,而且各方对调动自身储备的资源和工具所将付出的代价、所将得到的收益都有不同的预期。在这样的情况下,唯有经各方公开表态达成的制度方可达成以下目标:对美国来说,限制各方可选用的资源和工具选项,让自己对它们的贸易行为有更稳定的预期;对美国的贸易伙伴来说,多边制度对美国形成了新的约束,能在一定程度上抵销它们与美国之间悬殊的贸易实力差距。就这样,在制度的约束下,美国与其他国家达成了"痛苦的一致"[②]。

---

① See Douglas A. Irwin and Randall S. Kroszner, Interests, Institutions, and Ideology in Securing Policy Change: The Republican Conversion to Trade Liberalization after Smoot – Hawley, *Journal of Law & Economics*, Vol. 42, No. 2, 1999.

② Warner R. Schiling, The Politics os National Defence: Fiscal 1960, Warner R. Schiling, Paul Y. Hammond, Glenn H. Snyder eds. Strategy, *Politics, and Defence Budgets*, Columbia University Press, 1962, p. 23. 转引自[美]罗杰·希尔斯曼、[美]劳拉·高克伦、[美]帕特里夏·A. 韦茨曼:《防务与外交决策中的政治——概念模式与官僚政治》,曹大鹏译,商务印书馆,2000 年,第 113 页。

制度规定了贸易关系中各方的责任/利益划分情况,由此反映了贸易国家间在政治上的依赖关系。正如卡尔·多伊奇所说,"制度之所以重要,因为它反映的是行为体之间的贸易依赖关系,是一种被统治者占有统治者价值的关系"①。从便于观察的角度来说,本书认为对美国贸易霸权的限度有重要影响的"制度"泛指美国参与国际贸易活动所涉及的所有国际契约:在合作层次上,包括双边、区域和多边;在国家间经济实力对比上,既包括与美国同等经济体量的国家,也包括与美国经济力量悬殊的发展中国家。需要说明的是,传统的经济研究常常用进出口占本国国民生产总值的比例来描述"贸易依赖"。自石油危机暴发之后,尤其自科学技术革命开始以来,许多经济研究增加了"进出口的贸易内容是否是战略物资或关键科学技术"的内容,但依然沿用了以比例描述贸易依赖的方法。这反映的是经济意义上的贸易依赖关系。在这样的关系里,作为理性行为体的贸易国将天然地有三个动机。一是尽可能降低自己的对外贸易依赖,二是保持关键性战略物资的稳定供应,三是保持稳定的出口市场。要实现这三个目标,对贸易依赖的理解和描述就不能只是停留在经济层面了,必须考虑政治意义上的贸易依赖关系。

在重要性排名中,利益比另外两个要素要更靠后一些。可是这并不意味着利益不重要。实际上,贸易关系中的各方都在不同程度上实现了利益捆绑。此处的利益特指贸易收益。从经济学角度看,贸易收益一般分为静态收益与动态收益。国家用一定数量的资源进行生产,凭借比较优势,可以通过国际贸易换得比生产成本更多的资源。通过交换得到的、比生产成本多出来的那部分资源就是静态收益。国际贸易之所以能让国家凭比较优势

①　[美]罗杰·希尔斯曼、[美]劳拉·高克伦、[美]帕特里夏·A.韦茨曼:《防务与外交决策中的政治——概念模式与官僚政治》,曹大鹏译,商务印书馆,2000年,第69页。

换得更多资源,主要是因为国际大分工形成了资源的优化配置、实现了劳动生产效率的提高。另外,贸易给一个国家带来的不只有商品和服务的交换本身,还会产生技术外溢、人力资本积累、规模经济和制度创新等附加后果,从而促进该国经济的增长、技术水平和就业水平的提高。这些在贸易的附加后果影响下实现的国家发展与进步就是动态收益。一般而言,国际贸易的动态经济效应远大于传统的静态福利效应。也就是说,对一个国家而言,在它从国际贸易获得的收益中,动态收益更主要也更重要。静态收益与动态收益都是由贸易带来的经济增长与福利增加,都是只要参加国际贸易就一定会得到的客观收益,本书基于此共同点将二者并称为"客观贸易收益"。

从国际关系角度看,贸易收益表征的是一个国家利益增减的总和,所以不仅应该包括上文所述的增量,还应该包括减损的情况。比如某国成功地避免了,或顺利地减少了本该遭受的损失,管控住了贸易收益的损失面,对国家贸易收益总量的增减亦有重要影响。这种由国家主观意愿与能力决定的、对贸易收益损失面的管控情况,被本书称为"主观贸易收益"。主观贸易收益之所以重要,是因为"每个国家都力图引诱它的对手或伙伴发生重大变化,而自己的变化尽可能小"①。这也是主观贸易收益在国际贸易活动中广泛存在的重要原因。

小　结

美国贸易霸权是美国在贸易领域特有的权力现象,它有三个特征。一是让贸易伙伴屈从自身意志的能力("对外影响力")。二是不屈从他人意志

---

① ［美］卡尔·多伊奇:《国际关系分析》,周启朋等译,世界知识出版社,1988 年,第 218 页。

的自由("抵抗外来影响的政策自主权")。三是美国让体系内所有其他行为体屈从美国意志的能力大于它们不屈从的自由("针对贸易体系内第二大贸易权力体的相对权力优势")。当这三个特征同时出现时,本书即认为美国拥有了贸易霸权。

本书立足于美国实际情况,对现有研究成果边界略微做了一点尝试性探索。

首先,在以往的研究中,关于是否存在美国贸易霸权这一问题,许多研究立足经济学、政治学、政治经济学等学科领域,以相关学科中对于霸权是否存在的条件与可识别特征作为判断依据。事实上,这些学科对于霸权是否存在的评判标准并不完全一致,而且各有侧重。就它们各自针对的研究问题来说,采用相对应的学科评判标准都没有错。为避免产生不必要的混乱,本书暂时搁下了各学科提供的现有判断框架,回归到现实观察和理论推演这样"返璞归真"的质朴思维,做了一次不成熟的尝试。不仅在现实观察环节呈现出最直白、最显著的现象,而且在理论推演环节也从国际关系学科最一般的假设开始推演,从中得出最一般的结论,以便与现实观察结果进行复合考察。

其次,在以往的研究中,由于贸易与货币金融、对外投资,甚至军事等其他重要领域交互影响程度较深,又较多以服务其他领域霸权的形象出现,所以美国在贸易领域是否具有单独的霸权,还是这种贸易霸权必须与其他领域的力量结合才能发挥作用等问题一直存在争论。本书尝试着对美国霸权体系整体进行逐层解剖,以希辨别出美国贸易霸权与其他领域霸权之间的区别和联系,从而明晰美国贸易霸权在整个美国霸权体系中所处的具体方位和边界。

最后,在以往的研究中,关于美国贸易霸权的效用范围及其制约因素的研究大多过于强调制度的作用,甚至将贸易霸权等同于制度霸权。其实,制度的制定受到利益的驱动,制度的落实更决定了霸权的变现率。于是本书在既有研究成果基础上,将研究增加了利益与权力两方面因素共同加以考察。

第二章　美国贸易霸权的机制构建

　　本章研究思路如下：先搭建理论框架，再静态陈述各方关系，最后动态演示联动机理，从而形成一个完整的理解结构。本章试图通过呈现美国贸易霸权生成的静态机制与运行的动态因果传导过程，对文献回顾中的"经济实力论"与"利益制度论"两种研究范式进行扬弃。本书认可"经济实力论"对经济实力的重视，也认可"利益制度论"关于利益与制度是影响权力的重要因素这一主张。但结合美国贸易霸权的具体情况，经济实力与利益、制度的联动实则是共同发挥作用的"双轮"，二者不是非此即彼、不能共生的关系。只不过，在权力的实际运行中，有的要素脱离了这两种观点中原有的理论内涵发生了适应性变化，所以需要在研究中进一步做有选择性地区分。

第一节　变量的定位：美国贸易霸权的图式分解

　　就贸易权力的生成而言，学者阿尔伯特·赫希曼（Albert Otto Hirschman）的观点有较大影响力。他以第二次世界大战期间的德国为例，通过分析德国对自己与东欧国家贸易关系中非对称性的操纵行为,得出结论认为贸易权力来源于依赖关系的非对称性。具体分析中,他承上启下地强调了国家间相互依赖关系中脆弱性的重要,创造性引入了贸易收益(gain from trade)概念,搭建起了贸易收益与贸易依赖之间的联系,从而使得今后的研究在对贸易依赖关系的非对称性,以及随之产生的贸易权力进行描摹与比较时更具可操作性。[1]

基于赫希曼的既有理论贡献,本书对美国贸易霸权内在逻辑的探究亦遵循从权力到相互依赖、再从相互依赖到贸易收益的溯源顺序展开,依次聚焦、逐层递进。这也照应了第一章"美国贸易霸权的概念分析"中关于利益(贸易收益)、制度(贸易依赖)与权力共同决定美国贸易霸权限度的结论。在本节的溯源中,贸易依赖由此成了连接贸易霸权与贸易收益的转换器,即因果机制中的中介变量;贸易收益是决定美国贸易霸权的关键因素,即因果机制中的自变量;贸易霸权作为研究对象,是因果机制中的因变量。(参见图2-1)

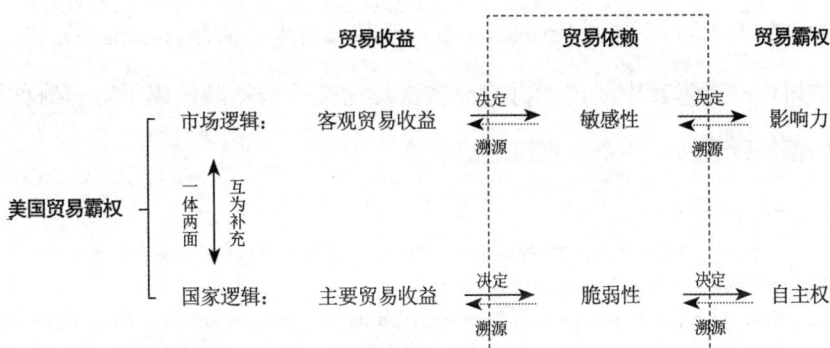

图2-1 美国贸易霸权的因式分解

图表来源:作者自制

---

① See Albert O. Hirschman, *National Power and the Structure of Foreign Trade*, University of California Press, 1980.

一、第一次转换：从贸易霸权溯源至贸易依赖

霸权作为一种特殊的权力，[①]与其他权力类型一样，在众多研究其起源的文献中，常溯因于行为体之间的"非对称相互依赖关系"[②]。"所谓相互依赖，是指国家之间或不同的行为体之间，有赖于强制力或者说要付出代价的相互影响和相互作用。"[③]真正产生权力的不是相互依赖的关系，相互依赖的关系只会产生政策的外部性，而不必然产生权力。真正产生权力的是相互依赖关系中的非对称结构。所谓"非对称相互依赖"指的是，同一件事的发生对贸易关系中各方产生的影响大不一样。比如，同一件事对大国来说可能无关紧要，可是对小国来说却关乎国计民生甚至可能动摇当权政府的统治基础。相应地，各方对待和处理该件事的态度以及付出的努力也大不一样。正是这种非对称性构成了大国使小国屈从其意志的基础。

关于非对称相互依赖的研究由来已久。过去近百年间，围绕其本质(nature)、效果(effect)、度量(measurement)及其权力生成机制(mechanism)等方面的讨论一直未曾中断过，[④]并在一次次理论交锋中逐渐形成了对非对称贸易依赖的普遍认知体系。现简述如下。

---

① 参见［美］西蒙·赖克、［美］理查德·内德·勒博：《告别霸权！——全球体系中的权力与影响力》，陈锴译，上海人民出版社，2016 年，第 4 页。

② Klaus Knorr, International Economic Leverage and Its Uses, in Klaus Knorr and Frank Trager, eds., *Economic Issues and National Security*, University Press of Kansas, 1977, p. 102; R. Harrison Wagner, Economic Interdependence, Bargaining Power, and Political Influence, *International Organization*, Vol. 42, No. 3, 1988; 参见［美］罗伯特·基欧汉、［美］约瑟夫·奈：《权力与相互依赖(第三版)》，门洪华译，北京大学出版社，2002 年。

③ ［美］罗伯特·基欧汉、［美］约瑟夫·奈：《权力与相互依赖(第三版)》，门洪华译，北京大学出版社，2002 年，第 9~10 页。

④ See David A. Baldwin, Interdependence and Power: a Conceptual Analysis, *International Organization*, Vol. 34, No. 4, 1980. 据此文回顾，相互依赖在国际关系研究领域的重要文献可溯至 1910 年。

一是虽然认知视角不同,却都对非对称贸易依赖给出了明确的概念界定。考虑到本书对贸易霸权的诠释是权力视角与体系视角的融合,所以依次从两个视角对非对称性的概念界定出发,理解相应视角下的非对称性贸易依赖在贸易霸权中的作用。首先来看权力视角对非对称贸易依赖的界定。该解读立足行为体间力的相互作用,认为非对称贸易依赖指的是相互作用力大小不等的状态:较易受到对方影响的行为体,对这段关系的依赖程度更高,也更愿意为依赖关系的维系支付代价,这种决策倾向意味着其对自主权的退让。也就是说,对处于贸易决策状态下的行为体而言,越容易受对方干扰,就越难贯彻自身政策目标。不过,由于没能实现自身政策目标有多种可能性原因,不一定就是对方干扰导致的结果。从二者的逻辑关系上说,"受对方干扰"是"难以实现政策目标"的充分非必要条件。所以这个联动关系具有单向不可逆的特征。这与贸易霸权在力量层面的特征"影响力 + 自主权"相呼应。然后来看体系视角对非对称贸易依赖的理解:非对称贸易依赖描述的是系统内权力分布的失衡状态,这意味着必有一方会从这种失衡中获得相对权力优势。这也与贸易霸权在体系层面的特征"相对性"相呼应。

二是有效探索了非对称贸易依赖的成因。比如以"贸易和平论"为代表的乐观观点认为,区域或集团内部由经贸往来带来的经济利益形成了经济相互依赖关系。而且不论是否对称,这种"以水平分工为基础、以商品货币关系维系的新相互依赖格局"[1]始终是互利的。互利性是相互依赖的双方维系不平等贸易关系的默契来源。另外,有研究持不同观点,认为"相互需求导致相互依赖"[2],是对外需求的不对等造成了相互依赖关系的非对称。所

---

[1]　黄苏:《区域经济集团化与相互依赖的新格局》,《世界经济》,1992 年第 5 期。

[2]　于军:《相互依赖与国际冲突》,《国际政治研究》,2003 年第 3 期;卢林:《论国际相互依赖与相互冲突》,《上海社会科学院学术季刊》,1990 年第 3 期。

以相互依赖本质上不是互利的,而是与需求相关的分配配额竞争问题,而且天然地具有非对称性。① 值得注意的是,不论哪种解释,都不约而同地选择了用相互依赖将利益与权力联系起来。概括地说,贸易的逐利行为形成了贸易依赖,贸易依赖的非对称结构产生了相互间的贸易权力。正是这个过程赋予了贸易强烈的政治属性。

三是有效诠释了非对称贸易依赖在利益与权力转化过程中的中介变量身份及其意义。此处继续介绍赫希曼对中介变量身份所做的三层解释:第一,贸易本身便具有产生相互依赖的天性,而在国际贸易行为产生的国家间相互依赖关系中,绝大部分都是非对称的;第二,贸易依赖的非对称性会被国家有意识、有选择地加以利用,从而不仅实现了国际贸易这种经济领域行为的政治化,还使这种政治化了的现象成为可比较的研究对象;②第三,在贸易依赖关系中,不仅有更高议价权的一方可以获取影响力与统治权,甚至有较低议价权的一方也可以在互动中争取到充分战略空间以扭转劣势,形成新的动态平衡。③赫希曼的这番阐述受到了多位国际政治经济学领域学者的肯定,并被迁移至货币金融等其他经济领域,甚至许多非经济领域,在稍加适用性修正后用以解释相应领域内的权力生成问题。④

四是将非对称贸易依赖继续进行更深一层的因式分解。按照贸易依赖在权力视角和体系视角分别呈现出来的一体两面特征,将其分解为敏感性贸易依赖与脆弱性贸易依赖,继而为进一步从微观层面剖析它具体的转换机制做准备。代表性研究是罗伯特·基欧汉和约瑟夫·奈的权威概括:"敏感性指的是某政策框架内做出反应的程度—— 一国变化导致另一国家发生

---

① 参见卢林:《论国际相互依赖与相互冲突》,《上海社会科学院学术季刊》,1990 年第 3 期。

②③ See Albert O. Hirschman, *National Power and the Structure of Foreign Trade*, University of California Press,1980,p. viii.

④ 参见[美]乔纳森·科什纳:《货币与强制:国际货币权力的政治经济学》,李巍译,上海人民出版社,2013 年。

有代价变化的速度多快？所付出的代价多大？"①它立足依赖关系中各方既有政策框架不变的假设。而脆弱性则指的是"行为体因外部事件（甚至是在政策发生变化之后）强加的代价而遭受损失的程度"②。它立足既存政策框架变化的假设，取决于"各行为体获得替代选择的相对能力及其付出的代价"③。将贸易依赖进一步细化的处理方式极大地推进了相关研究的深度和宽度。

需要说明的是，本书关注的重点不是敏感性/脆弱性贸易依赖的概念界定，而是二者作为不可继续细分的元变量，如何在贸易霸权的生成与运行机制中发挥作用。相关研究已经取得丰硕成果。此处，借用美国学者大卫·鲍德温（David A. Baldwin）的梳理作简要介绍，④为下文顺势沿用既有研究成果展开进一步分析做准备。

鲍德温的梳理围绕着杜瓦尔（Raymond D. Duvall）归纳的相互依赖关系两层基础内涵展开。第一层内涵指行为体为外力支配或受其影响的状态，⑤实则就是敏感性。相互依赖关系中，一方越敏感，另一方能对其施加的影响越大。这种影响不局限于某个具体的事件，也不局限于某个特定的领域。代表学者包括名著《权力与相互依赖》的作者基欧汉与约瑟夫·奈，⑥以及第一个系统论述了相互依赖理论的理查德·库珀（Richard Cooper）。⑦基于对

① ［美］罗伯特·基欧汉、［美］约瑟夫·奈：《权力与相互依赖（第三版）》，门洪华译，北京大学出版社，2002年，第12页。

②③ 同上，第14页。

④ See David A. Baldwin, Interdependence and Power: a Conceptual Analysis, *International Organization*, Vol. 34, No. 4, 1980.

⑤ See Raymond D. Duvall, Dependence and Dependencia Theory: Notes toward Precision of Concept and Argument, *International Organization*, Vol. 32, No. 1, 1978.

⑥ 参见［美］罗伯特·基欧汉、［美］约瑟夫·奈：《权力与相互依赖（第三版）》，门洪华译，北京大学出版社，2002年，第9页。

⑦ 参见宋新宁、田野：《国际政治经济学概论（第三版）》，中国人民大学出版社，2020年，第25页。

敏感性的强调,这些学者常重点论述国家间政策协调与国际机制的作用。第二层内涵指行为体基于需求(大多因为难以自足)而产生的、有赖于他者支持或受制于他者的状态,[1]实则就是脆弱性。当现有依赖关系受损甚至断绝时将产生机会成本,行为体承担机会成本的能力与它在相互依赖关系中的脆弱性呈负相关关系。一个行为体脆弱性越高,意味着它抵御外来影响、承担关系破裂机会成本的能力越低。代表学者包括亚当·斯密(Adam Smith),他曾从大英帝国对北美殖民地日益膨胀的贸易关系中预感到了不菲的政治代价,[2]以及结构现实主义大师肯尼思·华尔兹(Kenneth Waltz),和名著《国家权力与对外贸易结构》作者赫希曼。

接下来,本书将从理论回归到现实,展示美国如何凭借自身庞大的消费市场操纵对外贸易依赖关系、获取贸易霸权。

美国在贸易上最显著的非对称现象首先体现在进出口市场(见图 2 - 2)。美国是世界上最大的进口国,却不是最大的出口国。一个国家的进口能力越强,对出口国的吸引力越大。[3] 如此巨大的进口份额意味着,有大量国家生产的产品需要依靠美国市场的消费才能维持生产运转、产生利润,从而对美国市场形成了长期且稳定的依赖,并任由这种稳定的依赖关系在较长时间内逐渐影响和塑造着自己国内的劳动人口结构和产业分布状况。当这种影响和塑造渐趋稳定,生产商国家国内形成的、与美国市场相匹配的劳动人口结构与产业分布状况又将反过来加深该国对美贸易依赖。从这个意义上来说,美国市场对这些生产商国家的重要性只会有增无减。

---

[1] See Raymond D. Duvall, Dependence and Dependencia Theory: Notes toward Precision of Concept and Argument, *International Organization*, Vol. 32, No. 1, 1978.

[2] See Albert O. Hirschman, *National Power and the Structure of Foreign Trade*, University of California Press, 1980, p. 73.

[3] 参见[美]赫尔曼·M. 施瓦茨:《国家与市场:全球经济的兴起》,徐佳译,江苏人民出版社,2008 年,第 99 页。

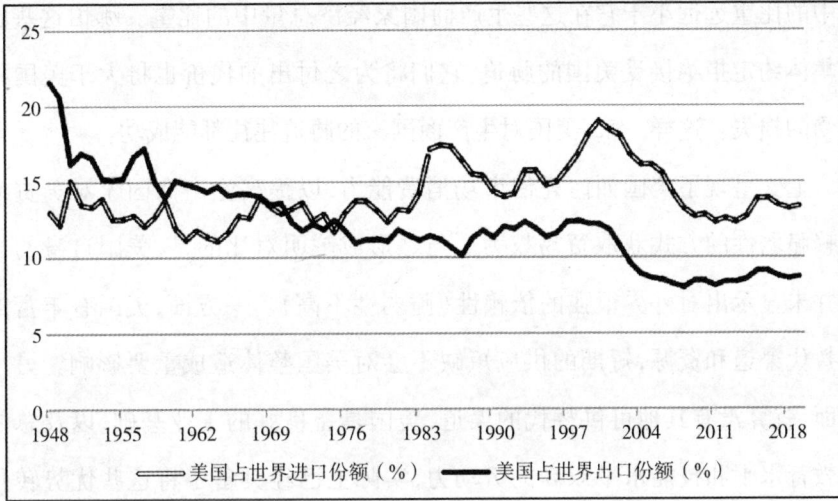

图2-2　美国进出口占世界进出口份额图

数据来源:BEA 网站　图表来源:作者自制

随着技术的进步和生产效率的提高,这些产品的生产速度终有一天会快于美国市场的消费速度,待跨过临界点之后将进入开始生产过剩的状态。在这样的情况下,如果美国拒绝进口这些产品,这些国家的一个重要出口渠道就会消失,可是其他地方显然很难消化掉数量如此庞大的产品,那么生产商国家就会因为产品滞销而遭受损失。如果美国同意继续进口这些产品,但同时提出降低商品价格或者其他附加条件,那么生产商国家就将因此而面临一场决策中的收益/成本计算。绝大多数情况下,相比于完全丢失美国市场将造成的损失来说,这些国家很有可能会接受美国提出的进口条件。比如,以低于成本的价格或者以附加条件中其他方面的退让来换取较稳定的美国市场。就算生产商国家不接受美国的条件,另寻出口渠道,也很难确保所有处于同等胁迫下的生产商国家都会这么做。那么一个生产商国家拒绝美国的行为,等于将自己原本在美国市场上的份额让给了其他没有拒绝美国的生产商国家。与此同时,来自生产商国家的进口总量在美国经济总量中的比重远远小于它在这些生产商国家经济总量中的比重。哪怕这些国家集体约定拒绝接受美国的胁迫,它们将为之付出的代价也将大于美国将遭受的损失。这样一来,美国对生产商国家的胁迫往往都能成功。

上文呈现了美国如何凭借市场消费能力,以提高生产商国家对美贸易依赖脆弱性的方式获取贸易权力。与之形成鲜明对比的是,美国自身的出口并未显示出对外界很强的依赖性(脆弱性不高)。一方面,美国有丰富的可替代渠道和资源,短期的供应短缺不会对美国整体造成重要影响。另一方面,就算没有其他可供替代的渠道,美国具备良好的工业基础,以及总体受教育水平和技能水平双高的劳动力,实际上已经具备了将这些优势转化为弥补进口方面缺口的能力。这也印证了约瑟夫·奈和戴维·韦尔奇就美国对外界贸易依赖所做出的概括"虽然美国很敏感,但是它并不脆弱"①。

由此产生了一个新的问题。既然相较于外界对美国市场的依赖而言,美国对外界市场的依赖处于较低状态的话,是否美国就是一个在依赖关系中总是全方位占上风的国家呢? 如果真是这样,由贸易依赖的非对称性赋予美国的权力已经足以使其贯彻自身意志了,它完全没必要在二战后自己处于绝对优势地位的情况下,还要设计并促成一系列国际机构和制度来加强国际合作。显然,在利用贸易依赖的非对称性行使贸易权力的过程中,美国还有其他更重要的考虑。

事实上,美国虽然在市场方面保有相对自主的活动余地,可是与此同时,美国政策目标的实现也十分依赖国际社会的支持。如果一个国家想在行使贸易权力时完全凭借依赖关系的非对称性而无需国际社会的支持,那么一个重要的前提便是该国与外界之间必须具备高度的相对独立性。对美

---

① [美]小约瑟夫·奈、[加拿大]戴维·韦尔奇:《理解全球冲突与合作:理论与历史》,张小明译,上海人民出版社,2012 年,第 303 页。

国而言,由于采取了"基于盟友集体的多边合作"这一模式管理世界贸易秩序,所以它对外界的独立程度远远不足以支撑起仅凭非对称性便能如愿行使贸易权力的野心。美国对外界的依赖与其说是独立与否的非此即彼,不如说是由近及远的亲疏之别。所以,虽然非对称性结构是美国对外贸易尤为显著的特点,也是美国攫取战略收益的重要来源,但还是需要来自国际制度的辅助。

美国经济学家道格拉斯·C.诺思认为,制度对成本拥有决定性影响力,它主要通过这种能力在生产和交换两个环节发挥作用。[①] 由此观之,制度是对既有贸易行为及随之产生的贸易关系的调整和规范。也就是说,贸易制度的存在先天地滞后于贸易行为。于是在实际贸易往来中加入贸易协定等制度性因素后,贸易依赖关系便也随之分化为了两种不同的形式。一种是由制度规定的显性依赖关系,具备合法性和稳定性,是一种静态依赖。另一种是由实际贸易往来形成的隐性依赖关系,具备市场性和灵活性,是一种动态依赖。二者之间的关系是,制度依赖滞后于实际贸易往来依赖,经常是对既已形成的动态依赖的承认与固定。因为实际贸易往来形成的隐性依赖明显受短期政策和短期市场影响,波动大,而本书研究的是美国贸易霸权对不同时代背景的适应规律,制度层面的显性依赖关系明显更稳定也更权威,同时还可以削弱国内不同利益集团对隐性依赖关系的重要影响,所以本书更多参考的是以美国贸易政策为载体的、制度层面显性贸易依赖,而非以贸易数据为载体的、实际贸易往来层面隐性贸易依赖。

通过将"霸权源于相互依赖关系"中的"霸权"与"相互依赖"分别做进一步剖析后发现,"霸权"本质特征中的"对外影响力"主要与贸易依赖中的

---

① 参见［美］道格拉斯·C.诺思:《制度、制度变迁与经济绩效》,杭行译、韦森译审,上海人民出版社,2014年,第6页。

敏感性相关,"抵抗外来影响的政策自主权"主要与脆弱性相关,且各自在两个互为补充的维度上演进(参见图2－1和表2－1)。正是以这样的方式,贸易依赖承担了利益与权力之间转换器的功能,实现了从权力到贸易依赖的溯源。

二、第二次转换:从贸易依赖溯源至贸易收益

赫希曼认为,在贸易依赖中占主导地位的因素是脆弱性,并在此基础上引入了贸易收益的概念。值得一提的是,贸易收益这个概念并非赫希曼首先提出。不过在赫希曼之前的研究中,大部分学者更倾向于用贸易收益尝试回答两个原本并未建立贸易关系的国家间为什么会发生贸易行为。这种对贸易收益的运用往往以国家有自给自足的能力为前提,强调的是国家因贸易行为获得的利益增量。在因果机制的分析中,这些学者多将贸易收益视作一个不可再继续细分的元变量,关注贸易收益总体规模的大小变化。这些研究方法的合理性在于以下两点:一方面,贸易收益作为元变量已经足以达到分析要求,无须再进一步细分;另一方面,经研究证明,贸易模式的变化(包括完全竞争、寡头竞争等多种不同的贸易模式设定)主要改变的是贸易收益的结构组成,而非贸易收益的总体规模大小[1],将贸易收益视作一个整体可实现不同贸易模式条件之间的自由切换。从中可推知,贸易收益作为元变量时是个较为稳定的常量,它的总体规模不随贸易模式的切换而有明显变化。

基于对贸易收益的整体关注,传统研究逐渐形成了与贸易收益有关的

---

① See Costas Arkolakis, Arnaud Costinot and Andrés Rodríguez－clare, New Trade Models, Same Old Gains? *The American Economic Review*, Vol. 102, No. 1, 2012.

系统认知。

首先,对贸易收益有明确的概念界定:实际收入(考虑到通货膨胀等因素下的货币实际购买力)占自给自足状态百分比变化的绝对值。[①]

其次,对贸易收益的演变过程按照贸易模式的顺序做了递进梳理。一开始,假设所有参与贸易的国家都各自有天然的对比优势(李嘉图-萨缪尔森)。这样的条件下,最显著的贸易收益是一个国家商品及服务品类的丰富。贸易国家间通过互通有无实现了优势资源互补。然后假设每个国家都各自出口不同的商品与服务,长此以往,逐渐发展到了垄断经济状态。这样的情况下,垄断性寡头企业将凭借远超边际成本的利润获得贸易收益。之后,假设在垄断性寡头竞争模型基础上有了生产力水平的差异,发展起来了第二代寡头竞争模型。这种情况更强调熊彼特的创造性破坏理论(Creative Destruction),即由于创新(尤其是突破性创新)使生产同种商品的不同公司在生产力水平上出现了差异,而且随着寡头公司通过出口扩大销售的过程,整个产业的平均生产力水平会得到提高。[②]

最后,对贸易收益大小的衡量方式做了有益探索。大卫·李嘉图用比较优势(Comparative Advantage)作为核心变量衡量贸易收益,并提倡按照生产成本的相对差别实现国际分工。他认为,比较优势就是进口所获收益与出口产品的生产成本之间的差额。[③] 这一主张成立的前提是各国的天然资源要素禀赋不一。天然禀赋的不同必然导致各国生产相同的产品将耗费不同的成本。而贸易活动中市场力量的运行效能之一即是实现资源的优化配

[①] See Costas Arkolakis, Arnaud Costinot and Andrés Rodríguez-clare, New Trade Models, Same Old Gains? *The American Economic Review*, Vol. 102, No. 1, 2012.

[②] See Robert C. Feenstra, Alternative Sources of the Gains from International Trade: Variety, Creative Destruction, and Markups, *The Journal of Economic Perspectives*, Vol. 32, No. 2, 2018.

[③] See William M. Liefert, The Soviet Gain from Trade with the West in Fuel, Grain, and Machinery, *Weltwirtschaftliches Archiv*, Bd. 126, H. 1, 1990.

置,驱使各方皆以生产成本最低的产品作为主要生产内容并进行出口,从而赚取较多利润。

与上述对贸易收益相对成熟的认知体系相比,赫希曼在引入这一经典概念时,更关注贸易收益的内部结构而非总体情况,所以对它进行了更深层次的细分。赫希曼对贸易收益的进一步细分基于这样的假设:研究对象都是已经处在对外贸易关系中的国家。这样的国家通常会在贸易往来中对贸易伙伴国形成需求依赖,难以做到完全的自给自足。这样一来,贸易收益涵盖的就不只是利益的增量部分了,更强调贸易关系受损或中断时贸易国面临的成本损量。所以在这样的条件下,无法继续将贸易收益视作一个完整的元变量,而必须将其中的收益与成本部分分离开来。

于是赫希曼借助机会成本的概念,不仅将非对称贸易依赖的研究聚焦到了依赖关系中的脆弱性上,甚至直接将贸易收益定义为了脆弱性内涵中的机会成本,①赋予了贸易收益以指代和衡量非对称贸易依赖的工具属性。鲍德温也对这样的界定给予了肯定:"贸易收益与既有贸易关系受损或中断时产生的机会成本其实是同一事物的两个名称。"②从这个意义上来说,作为中介变量的贸易依赖在第二次转换中实现了隐身。

需要说明的是,赫希曼提出具有指代机会成本功能的贸易收益并非是对贸易收益传统意义的否定,而是有益的逻辑补充。为做区分,他将传统意义上强调利益增量的贸易收益定义为"客观贸易收益",将自己提出的强调机会成本损量的贸易收益定义为"主观贸易收益"。客观贸易收益与主观贸易收益之间是互为补充的关系,从收益的增加与成本的减损两个方面共同

---

① See Albert O. Hirschman, *National Power and the Structure of Foreign Trade*, University of California Press, 1980.

② David A. Baldwin, Interdependence and Power: a Conceptual Analysis, *International Organization*, Vol. 34, No. 4, 1980.

组成了贸易收益的整体。

此外,赫希曼还在自己关于国际贸易与国家权力之间关系的论述中纳入了这两种贸易收益:客观贸易收益立足国家自身的资源要素禀赋,它的多少主要受国际大分工与市场需求情况等客观因素限制,它的变化直接决定了贸易关系在本国贸易决策中的分量,也就是贸易依赖中的敏感性;而主观贸易收益则立足可供解危纾困的国家间关系,它的多少主要受可替代选项集合的弹性等主观因素制约,它的变化将直接决定贸易关系破裂带来的可预见成本,也就是贸易依赖中的脆弱性。本书认可赫希曼呈现的微观层面决定机制,遂完成了由贸易依赖到贸易收益的第二次溯源。

贸易霸权在"贸易"层面的本质特征集中体现为三要素:"在什么事情上(scope)、对谁(domain)、有多大程度的影响力(inequality)。"将贸易收益按照赫希曼的研究方法做进一步剖析后发现,这三要素在第二次溯源中亦有所对应:客观贸易收益对应着贸易霸权可影响的事情范围(scope),主观贸易收益对应着贸易霸权可影响的对象领域(domain),由这两种贸易收益形成的非对称贸易依赖则对应着贸易霸权所占有的非对称贸易权力优势(inequality)。

三、矛盾一:高市场开放度与低贸易依存度的共存

在国际社会中,美国是一个庞大却又相对封闭的经济体。[①] 美国在经济维度的矛盾体现在"市场开放度高"和"对外贸易依存度低"两种特征的共存。市场开放度高中的"高"指逐年升高的趋势。美国逐年提升市场开放度

① See Arnaud Costinot and Andrés Rodríguez – Clare, The US Gains From Trade: Valuation Using the Demand for Foreign Factor Services, *The Journal of Economic Perspectives*, Vol. 32, No. 2, 2018.

的动力,不仅在于市场运作规律下国家间比较优势的互换将带来直观的经济收益,还在于美国庞大的市场可以在自己试图影响其他靠出口拉动经济的国家时作为有效的延伸手段。值得注意的是,就进出口总量与美国国内生产总值的占比来看,美国在与其他世界主要经济体的比较中依然处于低位。对外贸易依存度低主要是因为美国国内生产能力和生产水平高,自然资源丰富,可替代渠道多样,所以从外进口的大多是国内已经淘汰了的产业以及用于支撑国内更发达产业所需的原材料。

有学者从供需关系中的需求端出发,研究美国对来自外界生产因素的需求水平及其弹性。该研究将贸易理解为蕴含在交换内容当中的生产要素的间接交换。这些生产要素包括高/低知识技能的劳动力、矿产、土地等。基于这样的理解,该研究得出了两个结论。一是美国从贸易行为中获得的商业利益相较于其他国家来说较少,因为美国从贸易中获得的商业利益大约占 GDP 的 2% ~8% ,该比例在世界上主要经济体中偏低。[1] 二是美国经济的发展不依赖进口,因为与其他处于同一经济量级的国家相比,美国在进口方面的投入在 GDP 中占比较低。以上两个结论印证了美国对外贸易依存度低的观察。美国作为一个庞大的经济体,在它的诸多贸易特征中,一个相互矛盾的现象并非体现在国际层面,而是体现在它本身——高市场开放度与低贸易依存度的共存。[2]

怎么理解这种存在于美国自身的矛盾现象呢?

一方面,美国进出口所蕴含的生产要素各有侧重,而不同生产要素的价值不同。在那些需要高成本才能获得的生产要素中,绝大部分都依托于美国的国内供应,美国进口所蕴含的生产要素多集中于原材料,以及对知识层

---

[1][2] See Arnaud Costinot and Andrés Rodríguez - Clare, The US Gains From Trade: Valuation Using the Demand for Foreign Factor Services, *The Journal of Economic Perspectives*, Vol. 32, No. 2, 2018.

次与技能水平要求没那么高的劳动力等。所以与美国出口所蕴含的生产要素价值相比,美国需要在进口上花的钱少,于是得以保留较低对外贸易依赖。另一方面,美国常年的贸易政策都是出口导向型,它开放市场的行为以获得世界向美国商品的开放作为回报,所以对外开放市场的积极性逐年不减反增的根本原因并非欢迎进口,而是促进出口。"贸易开放得以维持并逐渐占据主导地位,更多靠的是国内政治博弈而非《关税与贸易总协定》的规则。将全球化与健康的国内体制相结合,有赖于管理好全球化和民族国家之间的张力。"①在历史上由美国主动发起的贸易战中,美国大多数情况都在声称自己在为出口商争取不受贸易歧视、享受优惠的贸易待遇;同时还为消除对美贸易歧视设计出了以"301"条款为代表的国内法律法规。所以美国倡导的"自由贸易",实则是"让美国更自由的贸易"。

关注霸权作用的学者从体系视角提供了另一个解释。该观点认为,一个处于上升期的霸主将致力于营造并维系国际贸易的开放体系、维持资本的流动。当霸主相对于体系内其他成员的力量下降了,那么由它开创且维持的开放贸易体系也将在一波贸易保护主义的政策和措施中崩溃。②但该模型无法解释1900—1913年间英国霸权的相对衰落反倒伴随着自由贸易繁荣的现象,以及美国崛起过程中经济大萧条期间的世界贸易封闭状态。于是有学者据此认为,霸权的存在与否与该国市场是开放还是封闭之间没有必然关系。③

此外,有研究表明,外界对美国出口产品的歧视行为诱发了美国贸易政

① ［土耳其］丹尼·罗德里克:《贸易的真相》,卓贤译,中信出版社,2018年,第28页。
② See Robert O. Keohane, The Theory of Hegemonic Stability and Changes in International Economic Regimes,1967 - 1977, in Ole Holsti et al., eds., *Changes in the International System*, Westview Press,1980, pp. 131 - 136.
③ See David A. Lake, Beneath the Commerce of Nations: A Theory of International Economic Structures, *International Studies Quarterly*, Vol. 28 ,1984.

策出台相应的反击措施。这从另一个不同的侧面再次印证了美国对出口的重视,以及美国进一步开放市场的动力在于扩大出口。该研究通过对比 20 世纪 30 年代至 20 世纪 60 年代美国贸易政策的制定过程来理解美国现代贸易政策。20 世纪 30 年代主要面临来自英国的帝国特惠制封锁,20 世纪 60 年代则面临欧共体的封闭。① 美国正是在这两次试图应对欧洲贸易歧视(市场准入、关税壁垒等)的过程中,通过了两部重要的贸易法律——《1934 年互惠贸易协定法案》和《1962 年贸易扩展法案》。结合时代背景的变化以及美国出台的政策,该研究总结美国两次应对欧洲贸易歧视大致经历了如下过程:欧洲对美国实施贸易歧视政策—美国出口商的利益受损(削弱了市场竞争力,价格抬高)—美国出口商游说决策层(强调失去欧洲市场的弊端,而非欧洲市场所能带来的利润)—美国出台政策应对②,并由此认为美国出口遭受到实质性损失是游说发挥效力的重要原因。比如,20 世纪 50 年代虽然也有出口商在游说美国出台针对欧洲的反贸易歧视政策,但是一直没有成功。直到 1957 年欧共体成立,才促成了 1962 年贸易扩展法案,进一步降低关税,以开放美国市场为代价换取欧洲也向美国开放更多市场。③

综上,美国高市场开放度的"高"仅体现在逐渐升高的趋势,实则在其他经济体量相近的国家之间处于较低水平,且开放的程度非常有限。在许多情况下,美国市场是它操纵与贸易伙伴之间关系的工具。比如,历史上美国在遭到明显外界贸易歧视时,曾出台专门的国内法律法规进一步降低市场开放度。美国低贸易依存度的"低"以自己进口的内容有广阔的可替代来源、可替代渠道为保证。与此同时,美国自 20 世纪 70 年代的经济结构调整以来,积累了大量接受过高等教育或者技术培训的劳动力结构,就算主要进

---

①②③　See Andreas Dür, Foreign Discrimination, Protection for Exporters, and U. S. Trade Liberalization, *International Studies Quarterly*, Vol. 51, No. 2, 2007.

口的某种关键性工业制成品没有了主要进口来源,以美国的工业基础与劳动力素质,也能很快在国内组织生产缓解供给压力。

第二节 变量间关系:美国贸易霸权的逻辑框架

上节内容确定了美国贸易霸权生成和运行的决定性因素,并应本书研究需要对其做了进一步细分。本节的主要任务在于厘清所有这些细分变量之间的关系,从权力视角反映出它们相互间作用力传导的静态机制,为下文从体系视角搭建起逻辑框架,呈现因果机制的动态传导做准备。

一、整体逻辑框架的建构

基于上述两次溯源,美国贸易霸权内部的两条逻辑主线呼之欲出:客观贸易收益决定贸易依赖的敏感性,继而形成对外界的影响力,这是第一条逻辑主线;主观贸易收益决定贸易依赖的脆弱性,继而形成抵抗外来影响的政策自主权,这是第二条逻辑主线(参见图 2-1)。贸易收益是美国贸易霸权内在逻辑的自变量。第一条主线强调的是国家对外施加影响力的范围。要素流动的边界越模糊,要素交换的成本就越低,国家能影响的贸易内容与贸易伙伴范围也就越大。这种通过"模糊边界"实现利益增量的思路与国际政治经济学中的"市场逻辑"相呼应。第二条主线强调的是边界赋予国家在贸易内容与贸易伙伴方面的自主选择权。敌我亲疏边界越清晰,越有利于提高它对要素流动的管控力,应对不同风险的政策工具也就越充分。这种通过"明晰边界"控制成本损量的思路与国际政治经济学中的"国家逻辑"相呼应。正如小约瑟夫·奈和戴维·韦尔奇所言:"所有的市场都是在政治框架中运行的,全球市场依赖于国际权力结构。"①

需要明确一点,既往研究中常会出现"资本主义经济"与"市场经济"混用的情况。实际上这是对两个概念的误解,资本主义经济本身就自带市场与国家双重属性。这也是本书两条逻辑主线按照市场与国家来梳理的重要基础。为了更好地说明这其中的逻辑,此处借用埃及经济学家萨米尔·阿明对这两者的辨析和评价:"市场这个概念从本质上指的是竞争,而资本主义的内涵恰恰是由私人财产垄断对竞争的限制性规定(一些人拥有财产而另一些人没有财产),所以市场和资本主义是两个完全不同的概念。实际上,为了实现有效的运行,资本主义需要在整体上代表资本的公共权力部门进行干预。因此,不能把国家(政府)与资本主义分离开来。"②

二、逻辑主线与层次之间的关系

与厘清市场与国家这两条逻辑主线同等重要的,便是说明这两条逻辑主线之间的关系。首先,从概念的角度进行分析。通过上文对贸易收益、贸易依赖与贸易霸权三个概念的剖析,本书发现不论是客观/主观贸易收益、敏感性/脆弱性还是影响力/自主权,每对变量都是互为补充的关系,共同构成了剖析前原概念的一体两面特征。既然组成部分相互之间都是这样的关系,那么市场逻辑和国家逻辑之间也该是互为补充的关系,并且共同构成美国贸易霸权的一体两面特征。事实果真如此吗? 接下来,从贸易霸权生成机制的角度检验上述推论(参见表2-1)。

---

① [美]小约瑟夫·奈、[加拿大]戴维·韦尔奇:《理解全球冲突与合作:理论与历史》,张小明译,上海人民出版社,2012年,第291页。
② [埃及]萨米尔·阿明:《全球化时代的资本主义:对当代社会的管理》,丁开杰等译,李智校,中国人民大学出版社,2013年,第14~15页。

表 2-1 美国贸易霸权内部逻辑的层次演进

层次 主线	贸易收益	贸易依赖	贸易霸权
市场逻辑	客观贸易收益	敏感性	影响力
情况 1	外界:高	外界:高	霸权国:高
情况 2	霸权国:低	霸权国:低	外界:低
国家逻辑	主观贸易收益	脆弱性	自主权
情况 1	外界:高	外界:高	外界:低
情况 2	霸权国:低	霸权国:低	霸权国:高

＊本表将与霸权国建立贸易关系的所有国际贸易行为体视作一个整体,称作霸权国的"外界" 图表来源:作者自制

因为贸易权力源于贸易依赖,而且据赫希曼关于"绝大多数贸易依赖都是非对称"的论断,可推知贸易权力源于非对称贸易依赖。只有当贸易依赖的非对称性同时满足以下两个条件时,一个国家的贸易权力才会上升为贸易霸权:一是外界对自己的贸易依赖程度尽可能高(情况 1);二是自己对外界的贸易依赖程度尽可能低(情况 2)。

又因为贸易依赖源于贸易收益,所以上述两个条件反映到贸易收益层面为:一是外界可获取的客观贸易收益尽可能高(情况 1),二是自己可能承担的机会成本(即主观贸易收益)尽可能低(情况 2)。

基于上述分析得到如下结论。一是之所以说贸易霸权国与外界建立的贸易关系具有明显的非对称性特征,是因为非对称性实现了外界对霸权国的赋权。二是情况 1 在市场逻辑和国家逻辑同时演进的结果,是霸权国获得较大"对外影响力";情况 2 在两条逻辑主线同时演进的结果,是霸权国获得较大"抵抗外来影响的政策自主权";只有情况 1 和情况 2 中的演进同时有效发生,一个占有贸易权力优势的国家才能将该优势转化为贸易霸权。由于两条逻辑主线的演进结果分别对应着贸易霸权的一体两面特征,所以说市场逻辑与国家逻辑之间是互为补充的关系。

此外,还需明确在以贸易依赖为支点的两次溯源过程中,相关概念的逻辑周延性问题。如前文所述,本书的溯源分析是个逐层聚焦的过程,所以溯源的目的在于检验如下结论:在贸易领域中,由于贸易收益对贸易依赖具有决定性的关键作用,并且贸易依赖对贸易霸权的作用亦如是,所以贸易收益是决定贸易霸权的重要变量。就贸易收益、贸易依赖与贸易霸权三个层次的逻辑周延性而言,贸易收益决定的是贸易依赖的一体两面特征的敏感性与脆弱性,并不能涵盖贸易依赖这个概念的所有外延。比如,对于前文回顾贸易依赖相关研究时提到的本质、效果、度量等内容,贸易收益就只能从敏感性与脆弱性的角度部分地发挥作用,并不能决定这些内容的全部。贸易依赖与贸易霸权的周延性关系也如是。从这个角度来说,贸易收益是贸易依赖的充分不必要条件,而贸易依赖又是贸易霸权的充分不必要条件,所以贸易收益是贸易霸权的充分不必要条件。

综上,美国贸易霸权虽然起源于经济领域,也反映在经济领域,实质上却是美国在市场逻辑与国家逻辑两个维度有意识操纵的政治结果。通过具有鲜明政治导向的操纵,美国在保持住外界对自己高位贸易依赖的同时,将自己对外界的贸易依赖持续管控在低位水平,符合美国贸易霸权本质特征要求。美国学者赫利威尔和帕德莫尔在《国际经济学手册》第二卷中为以上论述提供了经验性证据:他们在研究中"特别介绍了针对7个经济合作与发展组织(OECD)国家的研究。研究结果表明,其他国家具有较强的相互依存关系,而美国对这些国家的相互依存关系却不强烈,因而是不对称相互依存关系的典范"[①]。由此可见,美国贸易霸权是确确实实存在的。

接下来以美国与苏联的贸易关系为例,说明有的变量虽然看似隐身,实则同样在发挥作用,传导机制上的每个环节缺一不可。首先,美苏经济合作

①　胡方:《不对称相互依存与国际贸易摩擦》,《WTO 经济导刊》,2013 年第 Z1 期。

的破裂是冷战的导火索。第二次世界大战接近尾声的时候,美国开始谋划战后世界的秩序。而苏联是该秩序中最重要的考虑部分。美国曾向苏联做出战后重建贷款的承诺,试图利用苏联对恢复战后国内经济社会发展的迫切需要,将苏联就此纳入于美有利的秩序安排中。这项努力随着马歇尔计划和援日经济计划的出台而破产,因为美国实际上将苏联置于了一个由西欧和日本两大战略支点的包围圈内。经济上的决裂导致了政治安全上的对峙,冷战由此开始。

后来,在冷战期间"美国与苏联之间在经济上不是相互依赖的,这两个国家非常庞大,能够相对自我维持,而且在经济上彼此相互独立"①。在这种相互独立的关系中,美国对苏联实施经济制裁的决心很强,"坚持维持对苏联全面的禁运措施,即使其他西方国家与美国这项政策保持距离,并与共产主义国家进行贸易也如此"②。双方以及各自阵营国家之间的经济贸易往来受到严格管制,以至于有研究显示,整个冷战期间,苏联阵营从其与西方世界贸易往来中获得的经济利益(主要集中在农产品、机械装备和能源矿产几项)在苏联国民生产总值中的占比小到可以忽略不计。③

由此看来,几乎可以认为美国与苏联之间不存在贸易依赖关系。但是否因为这个环节隐身了,美国对苏联就不存在贸易霸权了呢? 实则非然。一方面,美国以经济手段试图从外包围、从内瓦解苏联阵营。美国不惜以直接经济输血扶植战略支点,还以间接默许盟友对美贸易歧视等方式,经营着资本主义阵营的经济发展,用较高物质生活水平动摇彼方阵营中较弱小、且

---

① [美]迈克尔·马斯坦多诺:《学术与治术中的经济与安全》,[美]彼得·卡赞斯坦、[美]罗伯特·基欧汉、[美]斯蒂芬·克拉斯纳编:《世界政治理论的探索与争鸣》,秦亚青、苏长和、门洪华、魏玲译,上海人民出版社,2018年,第224页。

② Michael Mastanduno, *Economic Containment: CoCom and the Politics of East – West Trade*, Cornell University Press, 1992, p. 353.

③ See William M. Liefert, The Soviet Gain from Trade with the West in Fuel, Grain, and Machinery, *Weltwirtschaftliches Archiv*, Bd. 126, H. 1, 1990.

在整个社会主义阵营发展中分得经济利益份额较小的国家。美国通过战略支点的包围与盟友的示范效应给苏联内部增压,对苏联施加贸易霸权。另一方面,美国大举投入军备竞赛和星球大战等航天航空计划,试图用这些对经济资源支撑力要求极高、且耗费大量时间和人力的项目拖垮本就在物质保障方面不占优势的苏联。也就是说,哪怕没有直接贸易往来所形成的、事实上的贸易依赖关系,也没有由贸易协定或多边平台搭建的、制度上的贸易依赖关系,但只要双方之间依然存在非对称的贸易收益,较强一方就还是能从中获得相对贸易权力优势,继而对较弱一方行使贸易霸权。

三、矛盾二:高出口购买力与低贸易收支的共存

贸易条件是衡量一个国家出口购买力的指标。自 1980 年之后,美国的贸易条件纵然在 1994 年前后有明显回落,可是回落后仍保持在比 20 世纪80 年代更高的水平(参见图导 - 3)。总体来说,自冷战中后期至今,美国的贸易条件都处在较高位置。然而就在贸易条件自 1980 年起呈现出快速攀升趋势的同时,美国却频频爆出贸易收支赤字的新闻,而且 1985 年还正式从债权国变为了债务国。如何解释美国这样拥有较高出口购买力的国家却无法实现贸易收支平衡的现象?

首先来看影响贸易条件波动的主要因素。既有研究认为,贸易条件的变动受到居于领导地位的工业国家与其他国家之间生产力增长速度差异的影响。对居于领导地位的工业国家来说,确保自身生产力增长速度快于其他国家的一个重要方法就是加快技术创新。创新与出口/进口贸易商品的价格这二者之间会互相影响。一般说来,创新会对出口/进口商品价格产生

两种歧视效应。① 所谓歧视效应,指的是创新的发展会导致进出口商品价格的下降。第一种,当一国国内的创新对出口有歧视效应时,意味着该国创新的发展与出口商品价格的下降呈正相关的关系:二者相互促进,创新发展越快,出口商品的价格越低。这种情况在工业生产能力处于领先地位的国家集团内贸易和殖民地贸易中较为常见。因为知道其他国家与自己在工业化生产能力方面存在巨大差异,所以在技术创新进步方面基本不会面临来自国外的威胁,只要专注于自身技术进步就可以获得相较于其他国家的贸易优势。在这样的情况下,降低出口价格、大量输出商品才能使投资于技术研发的成本迅速回笼并产生额外经济收益,继而投入新一轮研发,接着推进创新。第二种,当一国国内的创新对进口有歧视效应时,意味着该国创新的发展与进口商品价格的下降呈同时正相关的关系:二者也相互促进,创新发展越快,进口商品的价格越低。这种情况在美国这样处于全球产业链顶端且拥有庞大消费市场的经济强国中较为常见。这样的国家由于自己处于全球产业链中的较高位置,它的技术创新发展对降低生产成本、提高生产质量有显著作用,这会大大冲击来自其他国家的类似进口产品。其他国家为了保住美国这样一个拥有庞大消费市场的出口渠道,只有在市场竞争的作用下降低对美出口商品价格。

金德尔伯格在后续研究中将欧洲与美国做了对比,用历史数据和理论分析进一步支撑和发展了该观点。美国比欧洲各国的工业化程度更高,理应拥有更高的贸易条件。更高的贸易条件意味着美国的出口购买力更高,所以美国也理应拥有更趋平衡的贸易收支。但是事实上,美国却是一个高贸易条件和低贸易收支现象并存的国家。金德尔伯格通过观察历史数据后发现,美国贸易条件的升高并非源于美国工业化程度的加深,而是由于美国

① See J. R. Hicks, An Inaugural Lecture, *Oxford Economic Papers*, 1953.

的技术创新具有显著的进口歧视效应,即对美国进口商品的价格有明显打压作用。于是欧洲出口美国的商品便在这样的机制作用下导致了价格下降,进而提高了美国的出口购买力。[1] 毕竟,"补贴、国产化率要求、投资管制以及常见的进口壁垒,对于形成本国高附加值的新产业相当关键"[2]。此外,欧洲出于对相对优势的考虑,出口美国的商品以原材料为主,出口到世界上其他欠发达地区的商品则以工业制成品为主。这也推翻了之前认为美国工业化程度比欧洲高,所以贸易条件也理应比欧洲高的推论,因为二者之间的贸易条件差并不体现在寄托了工业比较优势的制成品上,而是原材料上。

再来看美国贸易收支的内部结构。自美国于 20 世纪 70 年代启动经济结构转型、将发展重心从制造业转移到服务业以来,服务业就成了贸易收支中的主要盈利部分,而工农业等传统第一、第二产业则成了贸易收支中常年处于赤字的部分。这主要是因为美国具有庞大的消费市场,虽然工农业产品的价格普遍不如服务业产品高,但由于数量众多,所以较容易在贸易收支这样综合体现数量和单价的指标中占据较大份额。

综上,美国的"高出口购买力"与"低贸易收支"同时存在的现象看似矛盾其实不然。因为贸易条件决定的出口购买力看重的是商品的价格,而贸易收支则反映的是商品数量与价格的乘积。二者虽然有一定关系,却由于贸易收支还有数量这个参数的影响,所以二者并不必然是正相关关系。美国从外界进口了大量的工农产品,它们是造成贸易收支赤字的主要原因。而这些商品相较于美国出口的服务业产品而言普遍价格偏低,固然会体现出美国贸易条件优于其他贸易伙伴国的情况。

---

① See Charles P. Kindleberger, The Terms of Trade and Economic Development, *The Review of Economics and Statistics*, Vol. 40, No. 1, 1958.

② Dani Rodrik, Growth Strategies, *Handbook of Economic Growth*, P. Aghion and S. Durlauf, eds., Vol. 1A, Notrth – Holland Press, 2005, pp. 967 – 1014.

第三节　变量间联动:美国贸易霸权的维系机理

本节基于上一节搭建的理论框架,呈现出美国在操纵贸易关系的过程中,各变量间的动态因果传导机制(霸权的运行)。不论是对美国贸易霸权进行溯源分析,还是针对贸易霸权内部逻辑进行分层次的逻辑演进,贸易霸权的权力根源都落脚在贸易收益这个变量上。所以对贸易收益的操纵决定了贸易霸权的运行结果。接下来,本书将沿市场逻辑与国家逻辑两条主线分别介绍美国作为贸易霸权国对贸易收益的主要操纵手段。(参见图2-3)

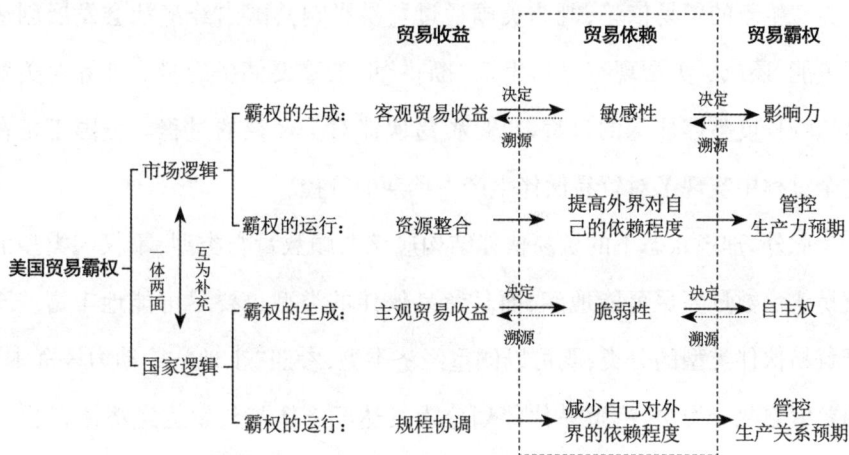

图2-3　美国贸易霸权的生成与运行逻辑

图表来源:作者自制

一、市场逻辑对生产力预期的管控

在市场逻辑主线上,美国对贸易收益的操纵行为主要体现为"资源整合",试图通过贸易依赖关系,在贸易霸权层面达到管控贸易伙伴生产力预期的目的。既有经济学研究表明,美国如果想从进口中获得可观的收益,必须满足两个条件。

一是从尽可能多的渠道获取进口商品。① 也就是说,美国需要极力拓宽进口渠道,即增加美国获取相似原材料或寻找替代加工地的选择。这意味着美国需要"整合"现有的,以及潜在的贸易伙伴资源:巩固现有贸易伙伴对美贸易依赖的同时,开发潜在贸易伙伴可以对美产生贸易依赖的空间。这导致的后果是,外界对美贸易依赖程度将呈现整体性提高。一方面,现有贸易伙伴对美贸易依赖的加深和固化,将严重影响其国内的劳动力结构与产业分布状况,并反过来进一步加深对美贸易依赖。另一方面,潜在贸易伙伴对美产生新的贸易依赖,既为美国通过贸易影响其国内经济社会发展创造了可能,还成了美国现有进口渠道"断供"时的重要储备力量。外界对美贸易依赖程度整体加深的过程,也是贸易伙伴对美赋权的过程。美国正是在这个过程中实现了对贸易伙伴生产力预期的管控。

此外,理想状态下的贸易伙伴结构应该兼顾数量与类型,不仅同类型的贸易伙伴数量要尽可能地多,而且贸易伙伴的类型也要尽可能地丰富。至于贸易伙伴类型的分类,既可以侧重经济类型,参照"土地—劳动力—资本"的要素禀赋分类法,将贸易伙伴划分为发达经济体与欠发达经济体;②也可以侧重政治类型,按照政治关系亲疏远近,将贸易伙伴分为盟友国家与非盟友国家。一般情况下,只要经济类型相似,美国从这些贸易伙伴处进口的产品大致趋同,多个同种经济类型的贸易伙伴可分担因气候灾害等自然原因

---

① See Arnaud Costinot and Andrés Rodríguez – Clare, The US Gains From Trade: Valuation Using the Demand for Foreign Factor Services, *The Journal of Economic Perspectives*, Vol. 32, No. 2, 2018.

② 参见[美]罗纳德·罗戈夫斯基:《商业与联盟:贸易如何影响国内政治联盟》,杨毅译,上海人民出版社,2012 年。

带来的"断供"风险,不同经济类型贸易伙伴的供应在品类上会更齐全。政治类型与进口产品之间则没有必然联系,多个同种政治类型的贸易伙伴有利于巩固自身国际地位,不同政治类型的贸易伙伴可分担因国际关系等政治原因带来的"断供"风险。当一个稳定的供应渠道被中断或者受到威胁时,是否能迅速找到另一个替代渠道,从而尽可能减少甚至抵销自己可能遭受的损失,这是判断一个国家的进口是否处于安全状态的重要标准,也是贸易伙伴结构需要兼顾数量和类型的重要原因。从这个角度来说,美国整合贸易伙伴资源以拓宽进口渠道的行为,除了显著的经济意义而外,还有重要的政治安全意义。

二是美国选择进口的商品,应该蕴含有自给自足条件下要么难以获取、要么获取成本过高的生产要素。比如廉价劳动力、土地等内容。[①] 从生产要素的角度理解,国家进行贸易的一个主要目标,就是要获得自身资源禀赋难以保障的生产要素。这些要素往往要么无法获得、必须通过国家间交换才能得到,要么虽然可以获得、可是需要耗费的生产加工成本过于高昂,不如以国家间贸易的形式获取划算。由于美国最强的比较优势主要体现在知识技术领域,于是可推知,美国的贸易伙伴在选择进口商品时,将倾向于从美获取知识、技术、科技等投入成本高、回报周期长、失败风险大的生产要素。也就是说,美国与其贸易伙伴之间在生产要素的交换上存在高度互补现象。不过,这种现象并非是与生俱来的,而是美国长期塑造国际贸易价值链结构的结果。

历史上,贸易霸权国在攫取霸权地位前,都必然经历一个生产率急剧提升的阶段。然而国内市场需求在规模和数量上的增长却往往是相对滞后

---

① See Arnaud Costinot and Andrés Rodríguez – Clare, The US Gains From Trade: Valuation Using the Demand for Foreign Factor Services, *The Journal of Economic Perspectives*, Vol. 32, No. 2, 2018.

的。因此,如何化解国内日渐过剩的产能与有限市场需求之间的矛盾,便成了贸易强国迈向贸易霸权国历程上的必经难题。英国选择以帝国殖民主义的方式开拓国外市场,哪怕诉诸武力。而美国选择了调整产业结构的方式,通过重组自身资源要素禀赋结构,提升出口产品在知识技能方面的附加值,并在越来越短的产品和服务更新换代周期中逐步形成自身在知识技能方面的比较优势(comparative advantage),①再借助国际贸易产业链和价值链的自发运作机制,在与贸易伙伴间的相互需求关系上逐渐形成具有单向"一对多"辐射效应的战略地位。需求关系上的"一对多"辐射效应让美国开发知识技能的行为拥有了"一次投资、N 轮回报"的经济变现能力,带来了巨大的财富。当然,美国也会在权衡成本收益后,选择在优势互补的领域积极开展国际合作,从外界输入知识技能。不过就总体而言,还是以美国对外输出知识技能的情况为多。这种由一国向其众多贸易伙伴单方面集中输出某特定领域生产要素的现象之所以出现,主要是因为知识技能具有显著的公共产品属性。这份"特权"目前也只唯美国所特有。

具体说来,不论是像芯片这样知识富集的高科技产品,还是像大豆、小麦这样高度自动化、机械化的农产品,美国在出口产品上所附加的知识技能往往呈现出以其强大的综合国力为支撑的特点。也就是说,综合国力不及美国的国家,往往不具备生产出同品质产品的能力(高科技产品)或须付出更高代价的资源和人力成本(农产品)。尤其当某项美国出口的产品对进口方来说属于无可替代的战略必需品时,美国就成了唯一的购买选项。凭借这份特殊地位,美国不仅拥有了对这项战略必需品的定价权,甚至还拥有了额外权力,可以趁势将这样的特殊供需关系转化为外交威慑工具,以在贸易

---

① See J. Bradford Jensen, Dennis P. Quinn and Stephen Weymouth, Winners and Losers in International Trade: The Effects on US Presidential Voting, *International Organization*, Vol. 71, No. 3 2017.

行为中附加条件的方式胁迫贸易伙伴在多项涉及双多边利益的安排上屈从美国意志,从而用贸易手段达到超贸易目标。正如国内学者徐建斌和尹翔硕所言,表面上看,似乎是自由贸易扩大了收入差距,实则是由非对等的国际分工地位造成的。①

值得一提的是,拓宽进口渠道的动力源于市场逻辑效率优先的天性。为实现贸易成本最小化、利润最大化的市场目标,市场逻辑不断驱动要素的跨境优化配置,天然地具有消弭边界、扩大贸易范围的倾向。

二、国家逻辑对生产关系预期的管控

在国家逻辑主线上,美国对贸易收益的操纵行为主要体现为"规程协调",试图通过贸易依赖关系,在贸易霸权层面达到管控贸易伙伴生产关系预期的目的。"规程"指的是将工作程序贯穿一定的标准、要求和规定。具体来说,根据贸易国家间是否存在利益冲突,规程协调主要存在以下两种情况。

一是在国家间利益不冲突的情况下,美国在金融、法律等核心领域塑造跨国界的行业标准,并让贸易伙伴对美形成路径依赖。在这种情况下,"规程"指的是技术层面的行业标准与执行程序。金融与法律两大领域属于第三产业,蕴含的生产要素是知识技能,一个国家拥有的知识技能会因为交换行为产生经济收益,但是不会随交换行为而变少。简言之,在生产要素的交换过程中,知识技能具有不可流动的特性。而"现代经济中,(国家最主要的)比较优势存在于不可流动的生产领域中"②,这是因为不可流动的生产要

---

① 参见徐建斌、尹翔硕:《贸易条件恶化与比较优势战略的有效性》,《世界经济》,2002 年第 1 期。

② [美]约瑟夫·E.斯蒂格利茨:《全球化逆潮》,李杨等译,机械工业出版社,2019 年,第 370 页。

素对跨境流动的生产要素具有管束和引导作用。正因如此,不论在企业层面、行业层面还是国家层面,[①]都形成了抢占制定标准或者行业规则主导权的竞争共识,因为这是以较低成本提高价格竞争力、同时结合知识产权压制对手突破创新的有效手段。[②]

金融、法律两大领域的重要性在于它们对贸易的功能。法律是解决贸易争端、维护交换秩序的工具,代表的是市场对"过去"既已存在的交换程序和原则的信任;金融则是实现更大规模的交换、维系更长久交换关系的工具,代表的是市场对"未来"可能发生交换的领域和内容的信心。二者从这两方面形成合力,牢牢把控着国际贸易体系中资本流动的方式、方向、流量和速度。

美国之所以能够在国际范围内、又在如此重要的领域形成路径依赖,主要得益于二战刚结束时美国在金融与法律领域拥有的巨大领先优势。二战后,美国在与贸易相关的金融和法律等核心领域发达程度最高,且有久经实践检验的机构设置、原则标准和操作程序等成套经验。反观世界上大部分国家,普遍在战后迫于民生压力急于恢复第一、第二产业,无暇亦无力在第三产业,尤其是金融与法律这样与民生温饱尚有一定距离的领域进行探索和试错。所以这些国家在战后国内经济重建和对外开放的过程中,大多选择直接迁移美国现有经验,通过压缩该行业在本国国内的发展周期,实现尽快融入国际贸易体系、增加经济收益的目的。哪怕后来它们通过发展,拥有了更强大的经济实力与更稳定的社会基础,有能力有条件在金融、法律等领域开创出一套更符合自己实际情况的新规程,也多会放弃修正的权利。究其原因,国力强大后,继续沿用从美国输入的规程固然会因为与本国实际的

---

① 参见[美]彼得·A.霍尔、[美]戴维·索斯凯斯等:《资本主义的多样性:比较优势的制度基础》,王新荣译,中国人民大学出版社,2017年,第411页。

② 同上,第386页。

诸多不适应在国内层面造成损失。可是国际层面的客观事实却是美国在金融和法律等领域向世界输出的规程,已在大多数或者主要贸易国家中形成一定使用规模。如果一国坚持对这些规程进行国内适用性修订,那么势必会在规程环节产生额外国际贸易成本,不利于吸引外来投资,从而有损于该国本可以从规程一致的国际贸易关系中获得的利益。值得一提的是,特殊的历史时机赋予了美国在以金融和法律为代表的核心领域形成路径依赖的优势地位,更赋予了美国将此优势地位进一步工具化为它在贸易关系中设置政治"门槛"的特权。这里的门槛既包括法律领域以"长臂管辖"为代表的治外法权,① 还包括金融领域以资信评估为代表的准入资质评鉴资格。②

二是在国家间利益有冲突时,通过提高贸易伙伴不屈从的成本,胁迫对方屈从美国意愿。在这种情况下,"规程"指的是现有对美贸易关系对成本－利益分配格局的规定与要求。为清晰呈现双方利益冲突下的胁迫过程,并将重点放在美国采取的胁迫手段上,本书假设美国与贸易伙伴间现有的贸易关系已经是按美国意志建立起来的情况,贸易伙伴若选择保持现状就是屈从,若单方面做出政策调整就是不屈从。赫希曼对于贸易国家政策转向将带来的风险曾有过系统论述。此处以赫希曼的相关论述为线索,将美国协调国家间规程的三种主要手段归纳如下。③ 第一,提高贸易净收益。这种手段的突出特点在于,贸易伙伴对美国出口的产品具有强烈需求。这里的"强烈"既可以表现为上文所述的美国具有不可替代身份的特殊情况,还可以表现为由于时间的紧迫或数量的庞大,而对出口国的生产力有特殊要求。第二,提高不屈从将产生的国内生产成本。这里的国内成本既包括

---

① 参见强世功:《帝国的司法长臂——美国经济霸权的法律支撑》,《文化纵横》,2019 年第 4 期。
② 参见赵磊、张馨:《美国资信评估霸权背后的场域逻辑》,《当代亚太》,2019 年第 3 期。
③ See Albert O. Hirschman, *National Power and the Structure of Foreign Trade*, University of California Press, 1980, p. 73.

诸如产业结构、就业群体结构等对该进出口结构有直接影响的现实成本，也包括政策调整周期长短等间接的可预见成本。第三，用利益集团势力为对方不屈从设置国内障碍。一段稳定的贸易关系意味着在贸易各国内将形成一个与之相匹配的成本利益分配格局。若贸易伙伴单方面改变对美贸易政策，必然会遭到双方各自国内既得利益集团的抵抗，甚至会造成整个贸易成本利益分配格局的重组等情况。所以捍卫自身利益的本能，让既得利益集团具有对可能的政策转向在国内政治层面产生阻力的天然倾向，从而服务于美国胁迫贸易伙伴维持现状的目标。①

需要指出的是，虽然上述两种规程协调的关键，都是提高贸易伙伴政策转向（偏离美国设定的规程）的成本，针对的却是不同的成本来源。第一种情况，由于贸易伙伴与美国间不存在利益冲突，所以违抗成本主要源于它融入世界市场的意愿及其强烈程度。具体说来，这种违抗成本描摹的是贸易伙伴在两种状态之间的利益权衡。一是充分融入世界市场后，它将从世界贸易体系得到的收益。二是不融入或者较少融入世界市场，固守自给自足状态下它将得到的收益。如果融入世界市场将比它自给自足得到更多收益，贸易伙伴会倾向于沿用美国设定的规程。

第二种情况，由于贸易伙伴单方面改变与美贸易关系将产生国家间利益冲突，带来机会成本，所以违抗成本主要源于贸易伙伴对机会成本的承受能力。具体说来，这种违抗成本描摹的是贸易伙伴在两种状态之间的成本权衡。一是继续保持对美较低议价权地位。这赋予了美国侵犯该国贸易利益的权力空间，该国的贸易安全在一定程度上由美国的"不侵犯"予以保证。这还意味着在与美利益冲突中，该国大概率只有妥协退让一个选项。而这

---

① 参见熊炜：《失重的"压舱石"？经贸合作的"赫希曼效应"分析——以德俄关系与中德关系为比较案例》，《外交评论》，2019 年第 5 期；庞珣、陈冲：《国际金融的"赫希曼效应"》，《世界经济与政治》，2020 年第 6 期。

"别无选择"的窘境必然会让当权政府在国内民众心中留下软弱、不称职、无力维护国家正当权益的负面形象，从而对当权政府形成执政危机成本。二是单方面改变与美贸易关系，在国内进行包括资源要素与社会劳动力结构在内的一系列改革，以提高对自身贸易安全的保障能力。这样的行动显然将打破国内原有的利益分配格局，为当权政府带来不菲的执政成本。对贸易伙伴来说，屈从美国将造成软弱无能的政治形象，可能在换届选举时由于丧失了选民的信任而失利；违抗美国将遭遇利益集团的阻挠，可能让改变对美贸易关系的决策与行为举步维艰，甚至在换届选举时受到威胁。若屈从的成本大于违抗的成本，那么贸易伙伴就有足够的动机主动改变与美贸易关系。

事实上，由于屈从美国贸易意志而导致丧失选民信任的情况，仅在两国利益发生激烈且难以调和的冲突时才会出现，不冲突或小规模冲突却是贸易国家间关系的常态。所以在现实中，继续保持对美较低议价权地位可能给当权政府带来的执政成本，在力度和烈度方面都很有限，极少以动摇执政地位的形式出现。可是，只要贸易伙伴做出了单方面改变与美贸易关系的行为，则必然招致利益集团的阻力，产生实实在在的代价。所以在两种成本的权衡中，贸易伙伴较为常见的选择是，尽量避免实实在在的代价，对可能发生也可能不发生的代价心存侥幸。这在一定程度上可以解释，为什么许多国家明知自己身处贸易劣势地位，却依然在与美贸易关系中继续扮演"逆来顺受"的角色。

三、矛盾三：高贸易权力与贸易地位波动的共存

贸易权力指国家在贸易活动中不受外界胁迫、贯彻自身政策意志的能力。相应的，这是一种需要贸易伙伴配合（为了共同利益开展的合作）或屈

从(被迫牺牲自己利益的合作)的权力。贸易地位指国家在贸易制度体系中的国际地位。美国的贸易地位主要由国际组织层面的多边贸易制度、区域或双多边层面的贸易互惠协定共同支撑。由于国家政治权力需要在制度体系的环境中才能运行,而国际组织层面的多边贸易制度涉及的相关方数量更多、制度体系环境范围更广,本书据此认为,当美国对多边贸易制度的参与度高于贸易互惠协定时,它的贸易行为公信力更高,贸易地位也随之更高;反之亦然。自美国贸易霸权确立以来,美国在这两种层面贸易制度的参与度变化,造成了贸易地位的波动。如前言所述,一般情况下,"贸易权力"与"贸易地位"是互为支撑的关系,就美国而言,它的贸易权力在贸易地位的支撑下呈现从无到有、由弱到强的单线变化,贸易地位却在由弱到强之后,出现了明显的弱化迹象;而且贸易权力强大起来之后,仍能在贸易地位弱化的情况下继续延续它的强大,呈现出制度与权力的剥离现象。

美国贸易地位的波动显然是其主观政策选择的结果。美国为什么做这样的选择呢? 有学者探讨过资本主义国家选择加入多边贸易合作的动机。研究发现,对于像美国一样的资本主义国家来说,如果多边合作协议或多边贸易机制能够在具体规定的事项范围、涉及的产业类型,以及贸易伙伴的选取方面给予一个国家更充分的自主空间,并且有助于提升其对外影响力,那么这些国家加入该多边合作协议或多边贸易机制的积极性会更高,而且愿意加入的国家数量也会更多。① 除了这个对类似国家均有适用性的可能之外,就美国自身而言,显然还有经济与政治方面的考虑。

在经济层面,通常情况下,与区域或双边贸易相比,多边贸易能提供更广阔的市场,对贸易量的促进作用也更为明显。不过,有研究表明,在特定

---

① See Saadia M. Pekkanen, Mireya Solís and Saori N. Katada, Trading Gains for Control: International Trade Forums and Japanese Economic Diplomacy, *International Studies Quarterly*, Vol. 51, No. 4, 2007.

历史条件下,双边贸易协定也能发挥比多边贸易制度更强的促进作用,从而成为大多数国家的共同选择。[①] 比如,美国在20世纪20年代曾主张过多边合作性质的无条件最惠国待遇条款。到20世纪30年代经济大萧条期间,世界各国贸易往来的关税税率基本都按照双边商定的数额执行。如果将无条件最惠国待遇条款视作一个美国在多边贸易机制方面的尝试,那么这种尝试在经济大萧条期间实际上已经被双边贸易协定取代。所以就经济利益而言,美国的贸易地位波动,可能与不同贸易地位在具体情况下对贸易的促进作用不同这一特点有关。

在政治层面,美国贸易地位的波动伴随着美国霸权的相对衰落。有不少学者曾围绕"权力与制度"之间的关系,探讨过霸权在国际制度体系中的作用。代表性观点主要有霸权稳定论和制度自由主义。霸权稳定论认为,国际制度体系之所以能够正常运转,主要得益于由霸权提供并予以维系的公共产品,所以霸权是国际制度体系存在和延续的重要原因;制度自由主义认为,霸权的功能可以被替代,所以它并非国际制度体系存在和延续的必需。[②] 虽然两种理论对霸权的地位和作用有争论,却都认为霸权的衰落与制度的增多是同时期发生的现象。这一观点也在后续的政治经济学观察中再次得到了印证。[③] 此外,国际制度的变化往往滞后于国家间实际力量对比的变化。正如斯蒂芬·克拉斯纳所说,体系结构的变化与制度的变化之间有时间差,制度一旦形成,除非迫于国际体系结构与国际制度之间的不兼容

---

① See Joanne Gowa and Edward D. Mansfield, Power Politics and International Trade, *American Political Science Review*, Vol. 87, No. 2, 1993.

② 参见[美]罗伯特·基欧汉:《霸权之后——世界政治经济中的合作与纷争》,苏长和等译,上海人民出版社,2012年,第190页。

③ 参见[美]爱德华·曼斯菲尔德、[美]海伦·米尔纳:《表决、否决与国际贸易协定的政治经济学》,陈兆源译,上海人民出版社,2019年,第100页。

性,否则不会轻易改变。[1] 所以就政治收益而言,美国的贸易地位波动,可能与其试图用制度的形式将相对贸易权力优势固定下来有关。

与美国贸易地位存在波动的现象不同,美国贸易的"强权力"现象呈单线上升的趋势,即美国贸易霸权的稳定增强。美国霸权相对衰落的过程是美国调整产业结构和进出口结构的过程,也是美国在资本主义世界对贸易权力进行资源重组的过程,所以贸易霸权不仅未呈现出衰颓之势,反倒因为相应的结构调整与权力资源重组,以新的形式得到了加强。具体表现为,在多边贸易制度与国家间贸易互惠协定的天平上,当偏向于"多边贸易制度"一端时,美国贸易行为的国际公信力随之上升;当偏向于"区域或双边贸易互惠协定"一端时,美国强大的经济实力和庞大的消费市场成了它与他国继续谈判时的有力筹码。不过事实上,不论美国偏向于哪一边,不论其贸易行为是否有公信力,仅从结果来看,其他国家听从美国贸易安排的情况还是占多数,体现出它们对美国较高的贸易权力赋权。这是美国贸易"强权力"现象的一个显著特征。接下来,分别从美国及其贸易伙伴两方面视角出发,探究该现象的可能性原因。

美国方面,它比贸易伙伴更不易遭受外来威胁,贯彻自身贸易意志的能力更强。主要原因在于,虽然作为贸易霸权国,美国是自己组建的贸易联盟核心,可是它也让自己保有随时离开联盟关系、转向自给自足状态的空间。这里的"自给自足"并非指闭关自守政策下的封闭经济状态,而是指贸易需求基本上可以在脱离对外依赖的情况下得到满足的状态(self – sufficiency)。这种能力既可以源于来自国内的充分供应,也可以源于稳定且多元的外部渠道。是否具有这种能力,是一个国家是否受外界威胁的重要考量。比如,

---

① See Stephen D. Krasner, Structural Causes and Regime Consequences: Regimes as Intervening Variables, and Regimes and the Limits of Realism: Regimes as Autonomous Variables, in Stephen D. Krasner, ed., *International Regimes*, Cornell University Press, 1983.

"美国在 1971 年以前是世界上最大的石油生产国。但是此后美国的石油进口开始增长。在 1956 年和 1967 年两次中东战争中,阿拉伯国家尝试过石油禁运,但是它们的努力很轻易就被挫败了,因为美国国内可以生产足够的石油保障自己乃至欧洲的供应。然而,随着 1971 年美国开始进口石油之后,美国不再拥有在最后关头向他国供应石油以抵消石油禁运的能力"①。在这个案例中,美国石油进口的增长提高了它对外界的石油依赖,与之前自给自足时的状态相比,外界对美国可以施加的威胁效果也更明显。由于美国国内资源丰富、生产门类齐全、制造工艺发达,且国内消费市场庞大、贸易伙伴多元,与其贸易伙伴相比,自给自足的能力明显更强,也更不容易受外界威胁。

贸易伙伴方面,一般情况下,一个国家选择加入一段联盟关系可能有很多考虑,比如对方的履约能力与授信声誉,以及对彼此政策目标与具体举措沟通的真诚程度,等等;②一个国家选择终结一段联盟关系可能也有很多原因,比如为了避免与其他联盟成员之间爆发冲突等。③ 所以贸易伙伴对美国的"顺从"是有条件的,脱离与美贸易联盟的动机依然存在。比如当霸权衰落期与经济衰退的长周期重叠,对美国的大多数贸易伙伴(包括盟友国家)来说,继续听从美国的贸易秩序安排,一方面难以为自己带来实际经济收益,另一方面还需继续承担不小的政治成本。在这种情况下,它们便有动机选择脱离贸易联盟状态、甚至脱离由霸权国予以保障的自由贸易秩序,转向一种更为自主的、由区域或双边贸易互惠协定支撑的相对自给自足的贸易

---

① [美]小约瑟夫·奈、[加拿大]戴维·韦尔奇:《理解全球冲突与合作:理论与历史》,张小明译,上海人民出版社,2012 年,第 316 页。

② See Lars S. Skålnes, Grand Strategy and Foreign Economic Policy: British Grand Strategy in the 1930s, *World Politics*, Vol. 50, No. 4, 1998.

③ See Paul W. Schroeder, Alliances, 1815 - 1945: Weapons of Power and Tools of Management, in Klaus Knorr, ed., *Historical Dimensions of National Security Problems*, University Press of Kansas, 1976.

关系。[①] 从中可推知,美国将贸易伙伴留在自己贸易安排中的关键在于让它们认为,与离开联盟、自给自足相比,留在与霸权国的贸易联盟关系中显然是个成本更低、收益更高的选择。

这一目标的实现离不开美国在二战后培植起来的盟友集团。从冷战时期直至 20 世纪 90 年代初,由政治安全纽带予以保障的美国盟友集团实际上形成了"一个有效的外交沟通体系"[②],而且在世界贸易版图中所占比重甚高。美国通过让盟友国家认识到集体共享的利益,来协调盟友集团内部的政治经济资源,进而对盟友集团以外的其他贸易伙伴形成威慑,驱使它们在诸多权衡中选择"追随强者"[③]。

小　结

宏观审视美国对外贸易政策的发展轨迹,它的总体目标在于保持美国在国际贸易关系中的主导地位。该目标主要通过不断提高出口产品的附加值来实现。早在 18 世纪,亚历山大·汉密尔顿那篇有名的《关于制造业的报告》就在美国国内奠定了"工业带来的附加值远高于农业和初级产品"的认识基调。自那之后的很长一段时间内,美国都致力于发展国内工业,以进口初级产品、出口工业制成品为结构开展对外贸易,并以此作为攫取贸易收益相对优势的主要手段。[④]

到了 20 世纪 70 年代,美国开始调整进出口结构、将国内发展重心转向

---

① See Roy Kwon, Hegemonic Stability, World Cultural Diffusion, and Trade Globalization, *Sociological Forum*, Vol. 27, No. 2, 2012.

②③ [美]斯蒂芬·沃尔特:《联盟的起源》,周丕启译,上海人民出版社,2018 年,第 26 页。

④ 参见[美]罗伯特·吉尔平:《国际关系政治经济学》,杨宇光等译,上海人民出版社,2011年,第 168 页。

服务业,从此以服务业作为获取贸易收益相对优势的主要手段。[①] 此番调整的主要动力也在于服务业产品的高附加值。发展服务业,能在有效巩固工业既有优势的同时,让已经处于领先地位的现有产业凭借高知识技术含量在世界产业链中产生更多的"后向联系"[②],进而对社会劳动力素质的整体性提高等关键领域产生巨大的外溢效应,助力美国在国际贸易竞争中始终保持领先地位。从产业发展的角度,以20世纪70年代为转折点,可将美国贸易霸权分为主要依靠工业、工业转向服务业的杂糅过渡、主要依靠服务业这样三个阶段。这刚好与美国贸易霸权的历史演进过程相呼应。

不论是在市场逻辑主线上通过"资源整合"操纵生产力预期,还是在国家逻辑主线上通过"规程协调"操纵生产关系预期,美国成功的关键就在于它始终站在高附加值产业发展的潮头。正是这份独特的产业发展地位在美国与贸易伙伴间形成了独特的供需关系,巩固了美国经济实力的国际领先地位,继而赋予了美国在国际贸易谈判中更大的议价权和在国际贸易活动中更多的规则制定权,从而使美国无论是在多边贸易制度中,还是在区域或双边贸易互惠协定中皆能占据有利地位,实现贸易霸权的持续稳定增强。

---

① 参见[美]罗伯特·吉尔平:《国际关系政治经济学》,杨宇光等译,上海人民出版社,2011年,第168页。

② "后向联系"为产业经济学术语,描述的是某产业生产的产品将成为许多其他产业的生产原料,或直接进入消费环节的产业链地位。与之相对应的是"前向联系",指的是有许多其他产业生产的产品可以成为某产业生产的原料。"后向联系"与"前向联系"表征产业关联效应,产业关联效应强的企业对其他产业的生产和发展具有更强的影响力,也是国家首选的扶持对象。作者注。

第三章 酝酿中的美国贸易霸权
（1913—1947年）

干预或孤立,是美国外交政策中的古老问题。对这个问题的讨论似乎始自美国拥有了对外干涉的能力之时,而终结于太平洋战争爆发后的大讨论。也有研究认为美国在干预或孤立之间最终下定决心是在第二次世界大战结束、美国开始以实际行动负担起维系西半球以外世界运行秩序所需要的公共产品之时。因为正是从此,美国才建立起了世界范围内的霸权体系。然而不论作何选择,美国外交政策能否以预期效果反映其干预或孤立的意愿,则既囿于美国自身推进落实外交政策的能力这一客观条件,还囿于美国作为霸主对权力所辖范围的管理情况这一主观条件。

第一节 意愿踌躇中的美国贸易霸权

中国学者王立新将1913—1945年间的美国称为"踌躇的霸权"[①]。在近

---

① 王立新:《踌躇的霸权:美国崛起后的身份困惑与秩序追求(1913—1945)》,中国社会科学出版社,2015年,第5页。

乎同一时期内,美国从两次世界大战和经济大萧条中迅速崛起为世界唯一的贸易强权国家。如此志得意满的时刻,似乎不该借王立新用以形容美国在关键历史节点做"钟摆效应"的"踌躇",来形容美国贸易霸权从酝酿到崛起的状态。实则,恰恰是在这个时期内,美国的贸易经历了三次身份地位的重要转变。其间,美国的对外贸易就像整个国家所经历的那样,在国内外压力的共同作用下,终于完成了自身从贸易实力的积累到贸易权力的生成、再到贸易霸权的转变,并最终在第二次世界大战结束之际开启了贸易霸权的新征程。

一、贸易的第一次身份转变

1910年左右,美国成为工业制成品的净出口国家。当时美国尚处于工业革命带来的影响之中,正经历着由农业向制造业转型的经济结构调整。关于贸易政策的关税税率问题,国内主要存在两种产业立场。其一,农业希望政府降低关税,以自由贸易政策帮助其融入世界市场,解决其在国际市场上屡屡碰壁的困境。当时,农产品作为美国传统出口内容,在全国出口总量中所占份额较大,却由于国外殖民地贸易网络及高壁垒的关税政策导致其遭受歧视待遇。其二,制造业希望政府抬高关税壁垒,以贸易保护政策使其免受外来冲击。这一时期,美国的工业制造业尚处于由资源集约向技术集约的转型阶段。有资料显示,美国之所以能在20世纪初成为工业制成品净出口国家,主要得益于出口以资源富集为显著特征的制成品,[①]大幅拉低了

---

① See Gavin Wright, The Origins of American Industrial Success, 1879 – 1940, *American Economic Review*, Vol. 80, 1990.

出口价格,从而获得了相较于其他国家的价格优势。①

　　针对上述两种产业立场,共和党常年主张以高关税壁垒支撑国内工业制造业实现产业多样化发展,而民主党则倾向于以降低关税的自由贸易保护农业。最终,民主党在1912年总统大选中获胜,继而在次年推动国会通过了《安德伍德—西蒙斯关税法案》。该法案开始在国内征收所得税,从而"切断了保护性进口关税与政府收入需求之间"②的联系。从此,贸易不再是国家收入的主要来源,调整关税的首要考虑因素不再是政府收入需求,而是一种政策选择。这为之后贸易政治权力由国会向行政的转移做了重要准备。所以说,《安德伍德—西蒙斯关税法案》的通过标志着美国贸易的第一次身份转变。具体说来,该关税法案的主要内容及其影响体现在以下两方面。

　　一是对应税进口商品的大幅降税。通过这个法案,美国征收外来物品的平均税率从40%下调至27%,下调幅度达到三分之一左右。如此大幅下调关税的主要动因在于试图破解美国在对外贸易中屡遭歧视的困境。当时殖民地网络化贸易盛行,欧洲各国对那些既非自己殖民地、又未与自己签署贸易协定的国家,普遍施行高贸易壁垒的政策。而美国在1913年仍无意介入世界纷争,满足于对西半球的统治,所以还处于大国体系的边缘,③并因此屡屡遭受贸易歧视。通过该法案下调关税,正是美国面向贸易歧视方展现的一个姿态:主动给予他国贸易优惠,借以换取他国对自己的平等待遇。美国长期执行贸易保护高关税壁垒,此次下调关税也反映了该时期美国对于他国可能会采取反制报复措施的担心。④

① See Douglas A. Irwin, Explaining America's Surge in Manufactured Exports, 1880 – 1913, *The Review of Economics and Statistics*, Vol. 85, No. 2, 2003.

② [美]道格拉斯·欧文:《贸易的冲突:美国贸易政策200年》,余江、刁琳琳、陆殷莉译,中信出版社,2019年,第334页。

③ 参见[英]保罗·肯尼迪:《大国的兴衰(上)》,王保存等译,中信出版社,2013年,第258页。

④ See David A. Lake, Power, *Protection, and Free Trade*, Cornell University Press, 1988, p. 185.

值得一提的是,在随后爆发的第一次世界大战结束之际,美国发生了严重的通货紧缩和经济衰退。为缓解由此带来的国内压力,为了提振经济,美国在《安德伍德—西蒙斯关税法案》施行不到十年的20世纪20年代又迅速调高了关税水平,回归到了贸易保护的状态,甚至在1930年通过了著名的《霍利—斯穆特关税法案》。可是这种迅速的回归并不能说明《安德伍德—西蒙斯关税法案》的实施效果不理想。因为一战后经济衰退主要是由于"美联储禁止出口黄金并同意购买国库券为战争筹措资金,由此推动了货币扩张"[1],而非下调了关税之后的贸易政策执行效果。所以此番关税调整不是对该法案的否定,而是正常的经济调整措施。这一观点从美国同时期引入"无条件最惠国待遇条款"以保障低关税的行动中可以得到印证(下一节将详述)。

二是提议在国内开征所得税。这个内容主要产生了三重影响,分别在短期、中期和长期影响着美国贸易政策的走向。第一,以国内税收弥补了下调关税造成的损失,增加此次大幅度关税下调在国会顺利通过的胜算。第二,在第一次世界大战爆发之前,免除了政府关于战争可能会破坏进口、进而切断主要收入来源的担忧。第三,以国内税的方式为政府提供了可靠稳定且可观的收入来源,[2]由此奠定了美国经济发展主要靠国内消费拉动而非外来投资或者对外出口的基础,降低了美国对外贸易依赖,使得美国政府在未来大幅增加包括对外经济输出在内的支出成了可能。而这也是美国得以在贸易霸权建立之后的半个多世纪里、在深度依存的国家间经济关系中,仍然能保持较低对外贸易依赖度的开端。

---

① 　[美]道格拉斯·欧文:《贸易的冲突:美国贸易政策200年》,余江、刁琳琳、陆殷莉译,中信出版社,2019年,第343页。

② 　参见[美]道格拉斯·欧文:《贸易的冲突:美国贸易政策200年》,余江、刁琳琳、陆殷莉译,中信出版社,2019年,第332~333页。

二、贸易的第二次身份转变

第一次世界大战打破了战前世界的生产分工和经济力量均衡,重塑了战后贸易格局。一方面,历时数年的战时特殊供需结构和贸易封锁等经济战争手段改变了绝大多数出口产品的种类、数量和来源地。比如,谷物等粮食作物原本是俄国的主要出口产品,但在战争期间,"俄国的战前谷物出口贸易消失了,南北美洲和大洋洲的农业产量却有了巨大的增加"[1]。随着战争的结束和各国生产生活秩序的恢复,原本在战争刺激下发展起来的战时物资出口国则立马将面临生产过剩、价格下跌的困境。

另一方面,世界经济格局呈现出了碎片化状态,瓦解成各种相互竞争的小单位:一是在英联邦国家和英属殖民地范围内实行"帝国特惠制"的英镑区;二是以法国为首的金本位区;三是远东日元区;四是美元区;五是均不属于上述任何一区的苏联。[2] 至于对这种状态的理解,目前主要有权力和体系两种视角的解释。其一,来自权力视角的观点认为,主要原因是世界经济霸主在地位交接过程中出现了真空。战前经济霸主英国的实力在战争中遭到了重创,虽然有继续承担霸主责任的意愿却略显乏力;战后新秀美国虽然具备了成为新的经济霸主的能力,却还未下定决心走出经济孤立主义。这种霸权交接过程中呈现出的能力与意愿的错位现象不仅用来解释一战后世界贸易格局的碎片化状态,还被经济学家金德尔伯格归结为经济大萧条的主要原因。[3] 其二,关注国际合作机制与规则功能的学者们从体系的视角提出,正是由于老牌霸主英国的衰落,才导致了以双边和区域化贸易协定为代

---

① [英]保罗·肯尼迪:《大国的兴衰(下)》,王保存等译,中信出版社,2013 年,第 8 页。
② 参见[英]保罗·肯尼迪:《大国的兴衰(下)》,王保存等译,中信出版社,2013 年,第 11 页。
③ See Charles P. Kindleberger, *The World in Depression*, University of California Press, 1973.

表的规则的增多。① 因为在霸主实力与地位衰退的阶段,双边贸易协定比霸主领导下的多边合作更能拉动贸易量的提升。② 上述两种解释都认为霸主的衰落伴随着规则的兴起;主要分歧在于,第一种解释认为霸主的存在是世界贸易体系正常运转的重要保证,而第二种解释则不这样认为。

在战前贸易秩序遭到重塑的背景下,美国不仅是唯一一个在第一次世界大战中得以"偏安一隅"的主要经济体,还同时从出口中收获了经济层面与政治层面的相对贸易优势。

经济层面,工业发展水平和美国在同一量级的其他主要经济体大都处于战时状态,生产秩序被严重扰乱,国内生产难以满足战时物资的需求,而必须依赖主要来自美国的出口。而美国,战前的国内生产秩序不仅没有受到太大战争的冲击,反而由于战时出口量的增加而拓宽了海外市场,继而从出口中获得了更多的商业利益与技术发展空间。反过来,更精湛的生产技艺与更高效率的生产能力又继续巩固美国相对于其他工业制成品出口国的既有相对贸易优势,并逐渐在循环往复中形成了于美有利的良性循环。

政治层面,美国收获的相对贸易优势主要源于美国与他国之间的非对称贸易依赖关系。战时,他国无力自给自足,而美国除了满足自身国内需要而外、仍有余力支撑其他几个主要经济体的战时需要。如此一来,贸易依赖关系就出现了失衡:那些倚仗美国支撑战时需要的主要经济体,它们失去美国将面临的机会成本升高了,脆弱性也随之升高;美国失去这些贸易伙伴将面临的机会成本降低了,脆弱性随之降低。战后,这些在贸易往来中高度依赖美国的国家无论在经济实力、经济体量还是生产技术水平等方面,也都已

---

① 参见[美]爱德华·曼斯菲尔德、[美]海伦·米尔纳:《表决、否决与国际贸易协定的政治经济学》,陈兆源译,上海人民出版社,2019 年,第 100 页;[美]罗伯特·基欧汉:《霸权之后——世界政治经济中的合作与纷争》,苏长和等译,上海人民出版社,2012 年,第 190 页。

② See Joanne Gowa and Edward D. Mansfield, Power Politics and International Trade, *American Political Science Review*, Vol. 87, No. 2, 1993.

落后于美国。对它们而言，继续向美国开放市场，只会让自己陷入对这段贸易关系越来越深的依赖，越来越脆弱，甚至不得不在将来制定贸易政策时考虑美国的意志。在这种情况下，较弱一方无力自给自足的客观现实使其无法选择保守的贸易政策，而过高程度地开放自己的市场又极有可能只于别人有利而于己有损，所以它们倾向于通过调整自身市场对外开放的程度，将难以避免的非对称贸易依赖关系至少管控在自己制定贸易政策时无须以强国意志为主导的范围内。

第一次世界大战后留下的碎片化世界贸易格局恰恰就是这样的局面：在美国最强的情况下，与之对峙的各方，在战前的工业生产能力与经济发展水平大致与美国势均力敌。由上文的分析可知，战后，几乎所有与美国有贸易往来的国家都有动机管控市场开放的程度。然而在这各国百废待兴的时刻，美国市场仍保有较理想的购买力，是各国通过正常贸易往来、利用市场力量恢复经济重建、同时赚取美元偿还战争债务的最佳出口选择。或许正是出于这个原因，哪怕各国均有选择高关税壁垒贸易保护政策的动机，却都没有主动迈出这一步。反而第一个这么做的却是当时享有最大贸易顺差、也是世界上最大债权国的美国。美国于 1930 年出台了《霍利—斯穆特关税法案》，大幅调高关税税率，展现了要保护国内产业免遭外来进口冲击的姿态，却也让其他几个债务国对美国市场的指望落了空。各国随即便纷纷效仿，也出台高关税壁垒的贸易保护政策。这就是一战之后各国贸易政策受美国《霍利—斯穆特关税法案》影响降低各自市场开放程度的过程和原因。虽然学界关于美国 1930 年出台的《霍利—斯穆特关税法案》到底在多大程度上引发了经济大萧条尚有争议，但可以肯定的是，该法案的出台确实影响了世界上其他主要经济体贸易政策中关于市场开放程度的倾向性。这是《霍利—斯穆特关税法案》得以对其他主要经济体贸易政策产生影响的重要基础。

　　第一次世界大战完全改变了美国在整个国际贸易体系中的地位、作用和影响。这些改变均在后续的经济大萧条中得以体现,甚至被进一步放大。美国股市的崩溃开启了经济大萧条。美国在第一次世界大战中成了世界上最大的债权国,使得世界财政中心实际上从英国转移到了美国。[①] 这也是为什么学界普遍视 1929 年纽约证券市场股票价格的暴跌为经济大萧条的起点。彼时虽然英国仍然从货币、贸易等方面承担着维系国际经济秩序的责任,却被第一次世界大战削弱了其承担这些责任所必需的能力。而美国当时虽然尚未成为国际经济霸主,却已经凭借其强大的经济实力和地位拥有了对国际经济体系强大的影响力:美国股市崩盘带来的经济衰退迅速蔓延至德国、日本、英国、法国,乃至整个资本主义世界,甚至处于这些国家相应殖民地范围的第三世界国家;[②]全球贸易也急剧缩水,许多国家 1932 年的工业产量只有 1928 年产量的一半,世界贸易减少了三分之一。[③]

　　1934 年的《互惠贸易协定法案》(*Reciprocal Trade Agreements Act*,RTAA)正是在上述一战和大萧条的余波中诞生。在该法案中,国会授权总统可在美国与其他国家谈判达成的贸易协定中下调进口关税,实现了美国国内贸易政治权力从国会到白宫的转移,"赋予了行政部门前所未有的权力,改变了贸易政策的制定进程"[④]。这也意味着制定贸易政策的主体所关注的利益开始由国内转向了国际。过去,贸易政策更多地作为美国国内不同地方、产业、族群等多方利益集团的势力平衡工具。而现在,贸易政策将有机会更多地服务于国家在国际社会的战略利益与对外政策目标。所以说,这部法案

──────────
　　① 参见[英]保罗·肯尼迪:《大国的兴衰(下)》,王保存等译,中信出版社,2013 年,第 9 页。
　　② 参见方连庆、王炳元、刘金质主编:《国际关系史(现代卷)》,北京大学出版社,2001 年,第171 页。
　　③ 参见[英]保罗·肯尼迪:《大国的兴衰(下)》,王保存等译,中信出版社,2013 年,第 10 页。
　　④ [美]道格拉斯·欧文:《贸易的冲突:美国贸易政策 200 年》,余江、刁琳琳、陆殷莉译,中信出版社,2019 年,第 411 页。

是美国贸易政策史上的重大转变,①贸易从此摆脱了浓重的国内政治色彩,成为美国在国际上维护国家利益的工具,由此实现了贸易的第二次身份转变。

值得一提的是,这部法案的政治意义大于经济意义。一方面,与之前国会通过的高关税壁垒相比,行政部门获权下调的关税在幅度和覆盖面等方面毕竟有限,所以该法案并没有扭转美国贸易政策在该时期的保护主义基调。另一方面,该法案虽然以"互惠"(reciprocal)为题,却并不意味着美国由此开始以国际贸易体系中基于互惠的公共利益为决策目标,美国依然没有改变自己经济孤立主义的自利倾向。② 如果说1913年的《安德伍德—西蒙斯关税法案》只是单方面让贸易摆脱了过去主要服务于政府收入的角色、并没有为之设定新角色的话,这1934年的《互惠贸易协定法案》就完成了另一半任务:贸易成为美国维护自身国际利益的工具。

三、贸易的第三次身份转变

1947年签署的《关税及贸易总协定》(*General Agreement on Tariffs and Trade*, GATT)是在第二次世界大战结束之后,由美国与另外22个国家集体签署的多边贸易协定。它的设计初衷在于避免出现两次世界大战之间各国以邻为壑的局面。事实证明,美国领导下的《关税及贸易总协定》较好地完成了设计之初各签署国赋予它的使命:自该协定的签署直至1994年正式被世界贸易组织替代为止,它将世界主要工业发达经济体的平均关税税率从

①　See Douglas A. Irwin and Randall S. Kroszner, Interests, Institutions, and Ideology in Securing Policy Change: The Republican Conversion to Trade Liberalization after Smoot – Hawley, *Journal of Law & Economics*, Vol. 42, No. 2, 1999.

②　See David A. Lake, Power, *Protection, and Free Trade*, Cornell University Press, 1988, p. 184.

二战结束之初的近40%降至约5%的水平。① 这次多边贸易协定的签署实现了自第一次世界大战以来第一次对诸国高贸易壁垒的成功突围,继而完成了贸易在美国对外政策中的第三次身份转变:作为美国维护自身国际利益的工具,贸易的国际影响力随该协定的成功得到了有效地运用、放大与巩固。从此,《关税及贸易总协定》与国际货币基金组织、世界银行一道,成为美国建立全球经济霸权的"三位一体"重要基石。

《关税及贸易总协定》顺应了当时各国对重建战后经济的普遍愿望,这是它得以从各国高贸易壁垒的对峙中成功突围的重要原因。自第一次世界大战结束之后,到该协定签署之前,各国早已意识到以邻为壑抬高贸易壁垒的集体做法带来的危害,并在20世纪20年代、30年代多次尝试通过多边协调合作的方式降低贸易壁垒,但均告失败。② 当各国尚未从第一次世界大战的破坏中恢复元气之时,经济大萧条和第二次世界大战更深重打击又接踵而至。战后经济重建遂成为各国当务之急。通过扭转高贸易壁垒局面、以自由贸易激发市场力量推动经济重建成了普遍共识。

此外,《关税及贸易总协定》的成功还少不了布雷顿森林体系的加持。如前文所述,世界贸易格局自一战后便呈现出了以不同货币区为标志的碎片化状态,受汇率控制等贸易壁垒的影响,国家间贸易多集中在同种货币区内部,而非不同种的货币区之间。以美国为主的战后经济秩序重建者为打破这种受支付手段所限的国际贸易困境,设计了一个以美元为锚定的金汇兑本位制货币体系——布雷顿森林体系,继而支撑起了一个由更多国家组成的、倡导更低贸易壁垒的多边协定——《关税及贸易总协定》。在这些设计者眼中,一方面,自由贸易秩序的建立与维系必须由布雷顿森林体系下打

---

①② See Douglas A. Irwin,The GATT in Historical Perspective,*The American Economic Review*,Vol. 85,No. 2,Papers and Proceedings of the Hundredth and Seventh Annual Meeting of the American Economic Association Washington,DC,January 6 – 8,1995.

破汇率壁垒的货币秩序予以支撑;另一方面,自由贸易秩序将在更广大的范围内带来更繁荣的经济、更充分的就业机会,以及更稳定的社会秩序,布雷顿森林体系的平稳运行也才有了更长远的保障。

由于前文所述过程及原因,第一次世界大战和经济大萧条完全打破了战前英国领导下的全球自由贸易秩序,并使整个世界贸易格局呈现出了以高关税、进口配额、市场准入及汇率控制等贸易壁垒为主要特征的碎片化状态。这种状态导致各国经济恢复节奏极为缓慢。正是在这样的背景下,美国贸易政策实现了其国内属性和国际属性之间的此消彼长。过去,美国对外贸易政策有鲜明的国内属性,不仅政策调整始终以国内需要为导向,而且由于行政当局没有对关税税率的决定权而难以在国际贸易谈判中为美国产品争取公平贸易待遇。经济大萧条的经历证明,美国对外贸易政策的国际影响再也无法被忽视了。如今,随着《关税及贸易总协定》的成功,美国对外贸易政策彰显出了颇具影响力的国际属性。相应的,美国贸易权力也在随之增长。

第二节　能力成长中的美国贸易霸权

与美国在意愿上逐渐认识到自己贸易政策的国际属性并加以运用的转变相伴而生的,还有美国在能力维度的成长:从贸易实力的积累到贸易权力的生成,再到贸易霸权的转变。意愿与能力两个维度作为霸权的一体两翼,互为支撑。一方面,意愿上认知的改变源于体系内能力对比的变化。正是美国能力上的成长在悄然间改变了其在国际贸易体系中的地位和作用,新的地位和作用反映到美国原有对外贸易政策的实施效果上,才使决策层在效果评估环节发现了贸易政策从目标到手段等各方面与现状不符的地方,从而改变了意愿上对自己的身份认知和角色定位。从这个意义上说,意愿层面的改变滞后于能力层面的改变。另一方面,意愿上认知的改变也为国家能力的成长提供了导向。虽然就美国的情况而言,国际贸易体系内部相对力量格局的改变更多源于两次世界大战和经济大萧条带来的外部冲击,而非自身能力增长速度的超越。但体系内其他国家的贸易政策所反映的态度及其所采取的行动,同样是决定整个力量对比格局是否改变、如何改变的重要因素。可以说,意愿上对自己和他国的认知与定位决定了本国贸易政策的制定方向,而实际能力对比情况则决定了各国之间贸易政策的实施效果和博弈结果。

一、贸易实力的积累

贸易实力是经济实力在贸易领域的体现,它描述的是一个国家积累和创造物质财富的能力。其中,"积累"多有赖于贸易盈余,"创造"则有赖于该国在科学技术水平的进步(通过提高生产效能、降低生产成本、提升产品附加值,从而以更低的成本实现更高的贸易收益)。自工业革命以来,美国便开始了在经济贸易方面的实力积累。然而这种积累在漫长的时期内处于低效且有限的状态。毕竟美国作为资本主义世界的后起之秀,相较于欧洲大陆各列强而言,无论是原始资本积累还是技术水平创新都有较大差距。更何况彼时,英国领导下的世界贸易格局已在各帝国主义列强的势力斗争中渐趋固化。这也导致美国从它与列强间的贸易往来中分到的利益份额颇为有限。虽然美国的贸易实力一直在增长,甚至也已经逐渐成为与各主要经济体同一量级的竞争对手,却依然长期处于被列强压制的局面,缺少将经济资源转化为国家间贸易权力的机会。

直到两次世界大战和经济大萧条的连续冲击打破了原有的世界秩序,

历史上才第一次拉开了旧世界列强与美国之间贸易实力的差距。在 1939—1946 年间，美国实现了约 50% 的经济增长。[①] 具体说来，在本阶段，美国主要在主客观两个方向上积累了远胜于战前的贸易实力。

主观方向上，美国自身贸易实力的增长速度远胜于其他国家。这既包括经济结构从农业向工业制造业的重心转移，还包括受战时供应的刺激，美国工业制造业的生产效率和技术水平在短期内得到了迅猛提升。若参照保罗·肯尼迪在《大国的兴衰》中衡量国家现代化程度与经济实力发展水平的两个重要指标来看，此时的美国已遥遥领先于其他列强。一是国家对能源的消费能力反映整体经济建设的机械化程度。1913 年，美国现代燃料的能源消费等于英国、德国、法国、俄国和奥匈帝国的总消费量，美国生产和拥有的汽车比世界其他国家的总和还要多。[②] 二是国民收入反映财富积累情况。到 1914 年，美国国民收入不论按照绝对指数还是平均值来计算，都远远超过俄国、德国、英国和瑞士这几个当时主要的工业经济体。[③]

值得一提的是，虽然美国自二战后建立起贸易霸权以来，一直挥舞的是自由贸易的大旗，但在这贸易霸权的酝酿阶段，美国贸易实力的迅猛增长却与美国长期实行贸易保守主义政策的决策密切相关。正是在这些政策的保护下，美国工业制造业经历了从萌芽到发展、再到多样化经营的成长，主要出口的制成品也逐步实现了从资源富集型到技术富集型的转变。随着绝对贸易实力的增长，美国一方面拓宽了自己获取资源的渠道，另一方面也成为越来越多其他贸易行为体获取资源的渠道。如此便实现了贸易伙伴国数量和进出口贸易总量的双增长。

客观方向上，美国遭受两次世界大战和大萧条造成的损失远小于其他

---

① 参见［美］杰弗里·弗里登：《20 世纪全球资本主义的兴衰》，杨宇光等译，上海人民出版社，2017 年，第 240 页。

②③ 参见［英］保罗·肯尼迪：《大国的兴衰（上）》，王保存等译，中信出版社，2013 年，第 253 页。

国家。从此,美国与欧洲数个主要经济体之间的经济实力对比发生了根本性变化:"1939 年,美国经济仅是欧洲最终交战国、日本和苏联经济总规模的一半,到 1946 年,美国经济规模比所有其他国家总计还要大。1939 年德国、英国和苏联钢铁产量合计比美国多 15% 以上,到 1946 年却不足美国的一半。"①欧洲主要经济体在战前的贸易繁荣遭到巨大破坏是此番经济实力对比变化的重要原因。除了战争和经济大萧条的原因之外,还与老牌贸易霸主英国的衰落有关。第一次世界大战爆发前,欧洲各主要经济体曾出现过贸易开放度提升和贸易量增长的"繁荣"景象。而这战前呈现的贸易繁荣主要是英国在殖民地背景下撬动货币金融杠杆的结果:使大量资金以贷款形式流出欧洲,支撑起殖民地网络贸易。② 当战争来临,英国缺位下的欧洲贸易繁荣显然难以为继。

　　由此可得出两点观察结论。一是英国在经济上高度依赖国际市场。这也是以帝国主义－殖民地贸易集团为特征的"英国贸易模式"必然导致的结果。因为这种模式下,英国作为"中心—边缘"模型里的"中心",其经济持续发展的动力主要来源于对边缘地带国家的剥削。经济大萧条期间,当边缘地带国家无力继续承受剥削时,英国遭受的冲击也就显而易见地严重了。这种冲击给英国带来的损失一方面反映在暂时的经济指标上——"出口贸易下降了 50%,资本输出减少了 25%"③。另一方面则体现在长远的竞争优势上——英国原有的工业和商业优势被严重削弱。比如,第一次世界大战之后,像煤炭、纺织和机器制造等英国传统工业产业,虽然绝对产量有所提高,但它们在世界总产量中所占的相对份额却逐渐下降;如钢铁、化学、电器

---

　　① ［美］杰弗里·弗里登:《20 世纪全球资本主义的兴衰》,杨宇光等译,上海人民出版社,2017年,第 240 页。

　　② See Stephen D. Krasner, State Power and the Structure of International Trade, *World Politics*, Vol. 28, No. 3, 1976.

　　③ 方连庆、王炳元、刘金质主编:《国际关系史(现代卷)》,北京大学出版社,2001 年,第 173 页。

等新兴工业产业,英国也很快失去了早期具有领先能力的地位。[①] 1913 年,外贸在英国国民生产总值的占比高达26%,[②]而外贸在美国仅占国民生产总值的8% 左右。由此可见,一战前英国对国际市场的贸易依存度较高,而美国对世界市场的依存度较低。[③]所以英国受战争等外来冲击遭受的损失比美国更为严重。二是大量资金已在第一次世界大战爆发前流出了欧洲,这也是诸列强在战争开始后不久便不得不依赖美国的借贷才能继续战争和战后经济重建的重要原因。

二、贸易权力的生成

贸易权力存在于有贸易往来的国家(贸易行为体)间,它描述的是因贸易而产生的国家间政治赋权现象。二战后,各国面临的最紧迫需求是尽快重建战后经济,国际贸易无疑是各国获取经济重建所需原材料、同时从产品输出中积累物质财富的关键环节。可是当时,国际贸易领域面临着全球购买力赤字的严峻形势,几大主要经济体又都是美国的债务国,美国正因这些债务国无力偿债而面临债务赤字的风险。美国在战后贸易领域的绝对优势地位虽然以其既有贸易实力做基础,却更受战时安排的影响。如何在贸易领域继续保有领先地位的同时,让几大主要经济体通过充分参与国际贸易拥有偿付债务的能力? 这是时代赋予美国的考验。美国的解决方式是,将积累的贸易实力转化为对贸易伙伴国的贸易权力,从而得以在自身和贸易伙伴国的贸易政策制定过程中追求自身利益的最大化。

贸易权力的行为体,不论是赋权的一方,还是被赋权的一方,都处于与

---

① 参见[英]保罗·肯尼迪:《大国的兴衰(上)》,王保存等译,中信出版社,2013 年,第237 页。
②③ 同上,第254 页。

之有贸易联系的国家间关系网络中。以制定贸易政策为例,理想状态是行为体完全以自身利益最大化为标准制定贸易政策。然而身处国际贸易中的行为体,不可避免地与贸易伙伴国之间存在相互依赖关系,这种依赖关系使得行为体在制定贸易政策时,只能在贸易伙伴国能接受的范围内尽可能实现自身利益最大化。否则,贸易关系就有破裂的风险。由此可以推知,哪怕因此而让渡了一部分贸易政策制定的自主权,成为贸易权力关系中赋权的一方,但行为体作为理性行为体,只要它从贸易中获得的收益肯定大于其自愿让渡的权利,这样的赋权就会实现。反之亦然,一旦行为体在贸易权力关系中成为了被赋权的一方,也就拥有了影响贸易伙伴国制定政策的能力。所以说,贸易权力是个兼具对他人施加影响力和保有自身决策自主权的一体两面概念,主要表现为在贸易政策制定环节通过影响他人和尽可能不被他人影响实现自身利益的最大化。

国际贸易网络中,一个行为体可能同时既是赋权者、也是被赋权者,但是它天然地拥有成为被赋权者的动机。战后的美国不仅拥有这种动机,更具备了让自己成为被赋权者的能力。先来看美国如何提升对他国的影响力。具体说来,主要通过以下两个途径实现。

一是在贸易协议中引入"无条件最惠国待遇"条款。与之相对的是英国贸易模式中较为普遍的"有条件最惠国待遇"条款,它经常成为国家间实施歧视贸易的工具。在对英联邦国家的贸易中深受其害的美国,有针对性地提出无条件最惠国待遇,旨在推行平等市场准入、并避免引发第三方国家以不平等待遇为由报复美国。

值得一提的是美国引入无条件最惠国待遇条款的时机:第一次世界大战结束之后。之所以选择在那时引入,主要是因为当时的美国陷入了各国普遍歧视性贸易政策的排挤。第一次世界大战爆发前数十载的时间里,欧洲各国普遍采取基于歧视性贸易政策的市场开放策略。也就是说,虽然世界各国在这段时期内的市场开放程度越来越高,但是这种开放更多的是面向殖民地范围以及贸易协定国家的选择性开放。[1] 美国只有以签署贸易协定的方式才能躲开耸立的贸易壁垒。而这对三权分立的美国来说却是极为困难的。这是因为美国的行政部门作为贸易谈判和贸易协定的签署代表,实则并不掌握关税税率的调控权。美国的关税税率由国会决定且一旦决定就不轻易更改,且当时长期执行的也是保护主义倾向的贸易政策。这就导致美国在试图与他国签订贸易协定的时候,难以承诺相应程度的贸易优惠政策,更难以与不同的国家签署不同条件、不同要求、不同关税壁垒的贸易协定。[2] 因此,美国便长期处于以欧洲为核心、越来越繁荣的贸易圈之外,难以为本国产品在海外市场争取有利的准入条件。在这样的情况下,无条件最惠国待遇条款的引入极大地便利了美国通过签署国际贸易协定降低贸易壁垒,避免遭受形式、种类繁多的贸易歧视政策,也进一步密切了美国与欧洲各国的经济往来,(不论有意或无意)实现了影响力实际上的延伸与扩张。

二是利用世界上其他国家在经受两次世界大战和经济大萧条打击之后希望复制美国式成功的心理。实力是物质层面的能力,权力是关系层面的能力,实力转化为权力的最重要一环就是劝服和吸引的过程。唯有成功地劝服和吸引,才能通过经济领域中的贸易关系实现政治赋权。通过引导和劝服,使它们将美国的成功与其制度和贸易模式相联系,从而扩大美国对外影响力。按照对象的不同,劝服和吸引往往以直接和间接两种形式施加影响力。其一,直接影响的对象指与美国有贸易关系的伙伴国。美国的贸易政策直接影响对方的贸易收益,继而影响其贸易计划。其二,间接影响的对

---

① See Stephen D. Krasner, State Power and the Structure of International Trade, *World Politics*, Vol. 28, No. 3, 1976.

② 参见[美]道格拉斯·欧文:《贸易的冲突:美国贸易政策200年》,余江、刁琳琳、陆殷莉译,中信出版社,2019年,第357页。

象则有两种情况:和美国暂时没有贸易往来的国家,以及对美贸易量很小、小到就算中断与美贸易联系也不影响贸易全局的国家。

劝服和吸引之所以能够成功,首先因为国家间关系中较小较弱的那些国家习惯跟随大国脚步、复制大国成功模式的特性。"相对而言,小国资源和能力有限,利益也有限,对外政策的制定机构小,专业化程度相对低,对外交和国际事务的关注就会很有限。"①两次世界大战和经济大萧条不仅造成了全球经济的崩溃和社会、政治的动荡,更令世界上许多原本对英国领导下的资本主义发展模式和国际经济秩序坚信不疑的国家和人民开始对英国及其他一蹶不振的资本主义经济体产生了怀疑。它们不仅怀疑这些国家的经济体制是否仍然具有优越性,也怀疑这些国家对时代发展和形势变化的适应能力。由于当时正处于国际权力转移的关口,整个世界在历经重创之后都被时代推到了新的十字路口。不仅是战前就欠发达的第三世界国家,甚至战前的工业发达经济体国家也同样面临对未来道路的选择。对这些国家来说,经济实力保存较好的美国,为什么可以在这样的大灾难中成为损失最小,而且在战后成为相对经济实力最强的国家? 在对美国经济增长原因的探究过程中,美国的成功成为其他国家希望效仿和复制的对象。美国施加影响力的方式便是在诸国深挖这个问题答案的时候,将注意力引向其制度与价值观的优越性上,以发展示范的身份提升自己的国际号召力和威望。

以美国将经济学中的库兹涅茨理论政治化为对外宣传自身优越性的做法为例。二战后,经济学家西蒙·库兹涅茨(Simon Kuznets)发现美国在1913—1948年间的收入不平等突然减少,且高收入人群的收入总额在34年间骤降了近10个百分点,所涉及的财富转移数量基本相当于美国总人口中50%最穷人口总收入的一半,这在历史上第一次实现了对收入分配不平等

---

① 张清敏:《对外政策分析》,北京大学出版社,2019年,第189页。

的量化,并呈现了其随时间变化的演进过程。① 库兹涅茨由此提出,当工业化发展到"高级阶段"时,收入不平等将自动降低,并最终稳定在一个可接受的水平上,这就是所谓的资本主义"平衡增长路径"。② 值得注意的远不仅是库兹涅茨在经济上的创新与贡献,而是在当时特殊的时代背景下,这一研究成果对美国对外贸易权力的放大作用。其实,世界上主要发达经济体几乎都在同时期出现了收入不平等缩小的情况,只是幅度不如美国这么明显。该时期收入不平等在全球范围内普遍收缩的现象是系统大环境作用的结果,而非某个国家自身发展模式优越性的体现。但美国在对外宣传中往往将系统大环境的因素弱化,着力突出美国的"特殊性"。

此外,美国使用自己在贸易领域的影响力实现政治目标的行为,实际上在二战期间就已经开始了。当时,西班牙向轴心国出口重要战时资源钨矿石,触发了一场美国对西班牙的贸易危机。这场危机标志着德国影响的衰落和美国影响的崛起。从 1943 年开始,美国国务院就要求西班牙对轴心国实行钨矿石禁运。西班牙抵制美国的要求。美国削减了对西班牙的石油供应,直到迫使西班牙同意设置钨矿石出口上限才恢复石油供应水平。美国以此开始了对德国的资源孤立,以及二战后对西班牙的国际孤立。对这两个国家的孤立直到 20 世纪 50 年代初的反共浪潮才解除。③

至于美国如何尽可能不被他人影响,则首先由其自给自足的生产供应能力予以保证。这一点在命运多舛的 1913—1947 年间显得尤为重要。这样一来,美国持续向外出口产品的行为,就成了在满足国内需求基础之上的政策选择。虽然也有商业利益驱动的因素,但这种行为体现得更多的是政治

---

① See Simon Kuznets, *Shares of Upper Income Groups in Income and Savings*, National Bureau of Economic Research, 1953, pp. 12 – 18.

② [法]托马斯·皮凯蒂:《21 世纪资本论》,巴曙松等译,中信出版社,2014 年,第 11 ~ 13 页。

③ 参见[阿根廷]皮耶尔保罗·巴维里:《希特勒的影子帝国:纳粹经济学与西班牙内战》,刘波译,中信出版社,2018 年,第 283 页。

层面的考量。那就是,美国让他国在与美国建立的贸易依赖关系中脆弱性不断上升,同时自己始终处于哪怕任何时候失去这些贸易伙伴、依然不会对美国国内运转造成重大影响的优势地位,这就是贸易权力另一面的体现——自主权。美国在战后无可替代的供应方地位,以及外界各国在无法自给自足的情况下对美国产生的需求端依赖,正是在这二者的共同作用下,各国才在实际贸易行为中对美国进行了赋权。

另外,还能从贸易产品的结构变化、国家经济主要支撑力量的变化和对外贸易条款的变化三个方面观察美国如何保障并提升自身贸易自主权。首先是进出口产品结构的改变。传统上,美国多出口原材料(特别是棉花),进口成品,以出口黄金来弥补贸易亏空。但南北内战后,美国工业化的迅速发展改变了这种模式,形成了不断出口工业品,而大量进口原材料以支撑工业发展的产业格局。[①]　其次,如上文所述,贸易在美国的三次身份转变决定了美国的经济发展主要不依靠国外市场支撑的出口,而是国内消费。最后,二战结束之际,美国开始在贸易政策中增设"例外条款"。从而在美国倡导的自由贸易秩序下,优先保障美国的国内利益,避免受到体系层面带来的潜在不利影响。[②]　于是,在上述多方因素的共同作用下,美国便形成了一种较为特殊的经济结构和非对称贸易权力优势地位:较少依赖于对外贸易,较少与世界经济联为一体,倾向于保护主义(尤其是农产品)而非自由贸易,但却能从开放程度越高的市场中获益更多。

与此同时,美国自己也在向盟友的经济输出中收获了贸易收益。当时美国贸易面临两个矛盾:一是迅速成长的生产力与有限的国内市场需求之间的矛盾;二是长期贸易盈余造成的"美元过剩"与百废待兴的盟友国"美元

---

　　① 参见[英]保罗·肯尼迪:《大国的兴衰(上)》,王保存等译,中信出版社,2013 年,第 254 页。
　　② 参见[美]道格拉斯·欧文:《贸易的冲突:美国贸易政策 200 年》,余江、刁琳琳、陆殷莉译,中信出版社,2019 年,第 475 页。

短缺"之间的矛盾。美国对盟友国的单向经济输出不仅可以有效缓解这两方面矛盾,更大的贸易收益还体现在由此建立的贸易关系由于对各方意义不同,形成了于美国而言最理想的贸易权力优势地位:与美国的贸易关系对众盟友国而言几乎关乎国运,而与众盟友国的贸易关系对美国而言反倒是由自身意愿决定要不要承担的经济损失,所以在维系这段关系上,双方为之付出的努力必然有很大差别,面对美国附加的条件,众盟友国几乎没有拒绝的余地。从贸易伙伴与贸易内容的角度来看,美国与盟友国之间由此形成了"一对多"的映射式贸易关系,一方面扩大了美国在贸易对象和贸易内容两方面的"可替代选项集合",降低了美国对盟友国的贸易依赖,从而提升了美国在贸易决策中不受盟友影响的自主权;另一方面还同时压缩了盟友的"可替代选项集合",提高了盟友对美国的贸易依赖,扩大了美国对它们贸易决策的影响力。这就是一次完整的市场逻辑操纵。

三、贸易霸权的转变

继从贸易关系中获取并积累到足够的贸易权力之后,继续成长的美国与老牌贸易霸主英国之间的矛盾愈发凸显。当时的英国已经处于世界贸易体系内第二大贸易权力国的位置,美国只有获取了相对于英国的贸易权力优势,才能将自身对外影响力延伸至体系层面,同时尽可能避免来自体系层面的影响,继而顺利实现向贸易霸权的平稳过渡。

早在1894年,美国就已经成为世界工业产值第一的国家,即当时的全球第一大经济体。但美国因为国际参与而增长的货物贸易在整个国民经济中的重要分量直到第一次世界大战才开始真正显现:"美国在全球制造业生产中的比重从1913年的36%上升至1926—1929年的42%,而所有欧洲列强的比重齐齐下滑。"①随后,美国在全球的市场占有率上升,直到1929年贸易崩盘,大萧条开始。大萧条期间(1929—1932年),各国为了加强产业保护,纷纷出台了以邻为壑的高贸易壁垒政策,对外需求收缩,导致美国出口的跌幅大于进口,②迅速丢掉了大部分海外市场。虽然在美国政策调整的作用下,海外市场份额略有回升,可是全球贸易的整个多边体系已经崩溃,美国只能在诸多贸易歧视壁垒外徘徊。这种状态一直持续到二战结束。当时哪怕由于战时安排,美国成为贸易盈余大国,却依然难以将其海外市场占有率恢复到大萧条之前的水平,对外可施加的贸易影响力有限,没能实现从贸易大国到贸易霸权国的飞跃。

美国之所以在突出的经济实力加持下依然没能实现从贸易大国向贸易霸权国的飞跃,最主要的原因在于美国尚未取得相对于当时第二大贸易权力国英国的贸易优势。英国在1932年建立了一个"旨在将美国商品排挤出加拿大和英国等主要出口市场"③的"大英帝国特惠"贸易体系。"由此在大英帝国内部逐渐形成了一个自由贸易区,而对外部则实施歧视性贸易政策,通过提高关税和配额限制使外部商品难以进入。"④英国用广阔的内部市场吸引尽可能多的国家加入该贸易体系,以"帝国特惠制"为双边谈判杠杆,一方面扩大了英国在整个贸易体系覆盖范围内的贸易影响力;⑤另一方面"将

---

① 数据来源:League of Nations,1945. Industrialization and Foreign Trade. Geneva:League of Nations,p.13.转引自[美]道格拉斯·欧文:《贸易的冲突:美国贸易政策200年》,余江、刁琳琳、陆殷莉译,中信出版社,2019年,第339页。

② 参见[美]道格拉斯·欧文:《贸易的冲突:美国贸易政策200年》,余江、刁琳琳、陆殷莉译,中信出版社,2019年,第393页。

③ [美]道格拉斯·欧文:《贸易的冲突:美国贸易政策200年》,余江、刁琳琳、陆殷莉译,中信出版社,2019年,第421页。

④ 赵柯:《试论大国经济外交的战略目标——美国经济外交与大英帝国的崩溃》,《欧洲研究》,2014年第4期。

⑤ 参见胡天阳:《20世纪30年代英国"帝国特惠制"探析》,苏州大学硕士学位论文,2013年,第29~32页。

全球对美国出口的需求降至一个人为的低水平"[1]，使美国在英国和加拿大这两个最大的出口市场(美国对英国和加拿大的出口量占全国出口总量的三分之一以上)上遭到贸易歧视，[2]极大地限制了美国将战后取得的优势贸易地位转化为对外贸易影响力的能力。更有甚者，英国还利用帝国特惠制作为条件，试图劝服美国在第二次世界大战中不要保持中立，以此继续扩大两国之间贸易依赖的非对称性，确保其对美国贸易决策的影响力与干扰性。[3] 这也是旧贸易霸权英国在经济实力已然衰落的同时，仍能余威不散地阻碍美国作为新贸易霸权国崛起的重要原因。

美国及时意识到了问题的严峻性，于1934年通过了《互惠贸易协定法案》，试图以在贸易壁垒方面无差别的"最惠国待遇"为特点的多边贸易策略突围。该法案在扩大美国产品的海外市场占有率方面确实起到了一定作用：到1944年的时候，美国已经和27个国家签署了贸易协定，占美国贸易总额约三分之二的比例，且与协定签署国的出口增长率约为与非协定签署国出口增长率的2倍。[4] 除此以外，《互惠贸易协定方案》在美国贸易政策史中的重要性还体现在很多方面。其中就包括在1947年的日内瓦谈判签署的《关税与贸易总协定》(GATT，于1948年1月1日起正式实施)。

虽然《关税与贸易总协定》基本没能对英国的帝国特惠制造成实质性影

---

① ［美］本·斯泰尔：《布雷顿森林货币战：美元如何统治世界》，符荆捷、陈盈译，机械工业出版社，2014年，第114页。

② 参见［美］道格拉斯·欧文：《贸易的冲突：美国贸易政策200年》，余江、刁琳琳、陆殷莉译，中信出版社，2019年，第405页。

③ See Lars Skalnes, *When International Politics Matters: Grand Strategy and Economic Discrimination*, University of Michigan Press. 第五章转引自［美］彼得·卡赞斯坦、［美］罗伯特·基欧汉、［美］斯蒂芬·克拉斯纳编：《世界政治理论的探索与争鸣》，秦亚青、苏长和、门洪华、魏玲译，上海人民出版社，2018年，第223页。

④ See Dana E. Durand, Measurement of Effects of Reciprocal Trade Agreements, *Journal of the American Statistical Association*, Vol. 32, 1937. 转引自［美］道格拉斯·欧文：《贸易的冲突：美国贸易政策200年》，余江、刁琳琳、陆殷莉译，中信出版社，2019年，第437页。

响,却在以缔约国为首的越来越多国家间树立起了基于"非歧视原则"的贸易理念:"到 1952 年时,《关税与贸易总协定》已经有 34 个缔约国,这些国家在世界贸易中所占份额超过了 80%,而且它显然已经成为讨论国际贸易政策的主要论坛。"①此外,"1948 年底加入《关税与贸易总协定》的所有 18 个国家都来自北美、西欧、南美,或美国和英国的前殖民地"②。据此可以认为,管理国际贸易的规则最初由美国及其在西欧和拉美的一些附属国商议设定。于是,美国由此获得了从外围突破帝国特惠制封锁的合法性。

　　除了产生长远且深刻影响的《关税与贸易总协定》之外,美国在战后对英国的贷款则在短期内产生了直接效果,进一步锁定了英国难以重回世界金融中心的局面,基本排除了英国干扰美国后续塑造西欧国家之路的可能。③　虽然战后的英国实力已经大不如前,但战后的十余年间,英国数届政府一直没有放弃恢复其世界大国国际地位的努力。④　这份笃信的底气来源于英联邦国家形成的贸易集团,这个集团由锚定英镑的汇兑本位制(the Sterling System)连接成了一个相对独立于美国与欧洲其他经济体的贸易与金融实体。⑤所以美国要想顺利实现对西欧国家盟友身份的塑造,确立自己在整个资本主义世界内的霸主地位,必须赢得英国的支持。于是在英国尚未偿付第一次世界大战期间债务的情况下,美国在二战结束后仍继续向英国拨付了 40 多亿美元的贷款,并附加了两个条件。一是要求英国政府取消

---

　　①　[美]道格拉斯·欧文:《贸易的冲突:美国贸易政策 200 年》,余江、刁琳琳、陆殷莉译,中信出版社,2019 年,第 502 页。

　　②　Barton et al.,*The Evolution of the Trade Regime:Politics,Law,and Economics of the GATT and the WTO*,Princeton University Press,2006. 转引自[美]戴维·莱克:《国际关系中的等级制》,高婉妮译,上海人民出版社,2021 年,第 30 页。

　　③　参见[美]杰弗里·弗里登:《20 世纪全球资本主义的兴衰》,杨宇光等译,上海人民出版社,2017 年,第 245 页。

　　④⑤　See Stephen Blank,Britain:The Politics of Foreign Economic Policy,the Domestic Economy,and the Problem of Pluralistic Stagnation,*International Organization*,Vol. 31,No. 4,1977.

其利用帝国贸易制对美国贸易与投资设置的诸多限制;二是"坚持要求英国政府取消货币管制,使私人投资者和商人可以自由地将英镑兑换成美元"①。

基于上述长远的间接效果与短期的直接效果综合作用下,美国在多边自由贸易的潮流中取得了相对英国的贸易优势,最终成为真正的贸易霸权国。

第三节　形式摸索中的美国贸易霸权

如前文所述,美国走向贸易霸权的过程中伴随着意愿的踌躇和能力的成长。第二次世界大战结束之际,美国面临的是一个前所未有的世界:美国"一枝独秀"的经济实力和另一个超级大国苏联。不论是美国还是苏联,都不希望看到一个在对方主导下的国家集团出现。美国的绝对经济权力优势主要源自战争对其他发达经济体的破坏,这种优势会随着战后经济的复苏而逐渐衰弱。如何利用好现有条件,将这份经济优势尽可能多地转化为政治优势,并且让转化后的政治优势以尽可能低的成本维持下去? 这是时代赋予一个强大起来之后、还想一直强大下去的美国的问题。

一、美国对日本行使贸易权力

在美国贸易霸权从酝酿到成型的这个时期,美国对日本的贸易政策也发生了曲折的改变。尤其是第二次世界大战期间,美国与日本作为太平洋战争的主要对手,无论是双方正面对抗之前、之中还是之后,美国对日本的整

---

① ［美］杰弗里·弗里登:《20 世纪全球资本主义的兴衰》,杨宇光等译,上海人民出版社,2017年,第 244 页。

体政策走向都受到了贸易的重要影响。但贸易对美国外交政策的影响并非由于两国在双边贸易中对商业利益的争夺。事实上,二战初期,美日双边贸易情况不仅没有因为战争的爆发恶化,反倒因大量战时需要而有所增长。直到日本无视美国的警告,加紧对东南亚的侵略,才引发了美国的经济制裁。[①]

此外,贸易对美国对日政策的影响还体现在珍珠港事件发生之前,美国应对日本的主要手段上。[②] 美国选择用贸易而非军事等其他手段应对日本的威胁主要有两方面的原因。一是因为当时美国的关注重心在欧洲战场,并不希望将过多的政治军事力量放在日本。而且当时美国国内各方对于是否参战的问题仍在摇摆,国家对外一直展示中立姿态,不便使用军事手段。而且日本当时与美国之间的联系主要由正常贸易往来维系。相较于日本而言,欧洲数个工业经济体都是美国在两次世界大战和经济大萧条期间的借贷对象。虽然美国在太平洋战争爆发前并未表态要参战,但实际上欧洲同盟国早就与美国通过贸易、债务和跨国公司等多方面合作产生了复杂且规模不可忽视的利益重叠。所以即便当时的美国对外表现出中立的态度,却还是在轴心国对同盟国进行封锁禁运的时候,坚持以自由贸易的名义为同盟国输送战争物资。二是因为美国认为日本对美国有高度经济依赖,而且双方在各方面实力差距较大,使用经济手段足以达到目的,没有必要使用军事手段。

总的说来,在正常双边贸易中,日本向美国出口大量劳动密集型产品,对美国类似产业造成冲击,美国国内有要求日本限制出口份额的压力。但由于日本从美国进口的主要是石油与钢铁等大宗商品,且贸易需求随战争

---

① See Dorothy Borg and Shumpel Okamoto eds.,*Pearl Harbor as History*:*Japanese - American Relations*,Columbia University Press,1973,p. 372.

② 参见蔡玉民:《经济因素在美国对日政策中的作用(1937—1941)》,《世界历史》,2001年第3期。

形势的扩大有增无减,所以日本在美国国内也逐渐形成了稳定美日双边贸易的利益集团。[①] 战时状态下,相比于美日正常双边贸易中的商业利益而言,美国更关注的是日本对东南亚的觊觎。东南亚作为美国较稳定的原材料供应地,恰恰是美国无法向日本或其他任何国家让步的战略要地。二战结束之后,为了用工业基础较好的日本钳制以苏联为首的社会主义阵营,美国实施了对日经济援助计划,在极短时间内将日本从曾经在战场上与自己厮杀的对手转变为了自己亲密的盟友。接下来,将按照太平洋战争之前、之中与之后的顺序介绍美国对日本行使贸易权力的具体情况。

首先,美国与日本之间存在两种亚洲经济战略的对立,这是双方不惜摒弃正常双边贸易带来的商业利益、也互不妥协的重要原因。"美日亚洲经济战略的对立"[②]这种说法源自国内学者蔡玉民的总结。他从东南亚地区作为原材料供应地对美国与日本的重要战略意义出发,认为美国作为经济实力雄厚的贸易大国,希望在东南亚推行以市场开放与"机会平等"为特征的自由贸易秩序,由此便可借助市场的力量,获取稳定的原材料;而日本作为一个资源匮乏,严重依赖外来原材料进口和国内生产加工制成品出口的国家,则希望将东亚、东南亚均纳入其殖民体系,以更低成本和更小风险获得原材料,所以才要用非经济手段排挤其他欧美列强在东南亚的势力。

接下来,本书基于上述关于"美日亚洲经济战略的对立"的总结,对美国从东南亚获得稳定且数量可观的原材料供应这一点如何符合其国家利益做进一步阐释。具体来说,这样的供应对美国有双重意义。第一,在大萧条余波的新一轮经济衰退中,美国国内的工业制造业尚处于从资源富集向技术富集转型的阶段,当时美国国内生产所需要的橡胶和锡总量中占80%以上

---

① See Dorothy Borg and Shumpel Okamoto eds., *Pearl Harbor as History*: *Japanese – American Relations*, Columbia University Press, 1973, p. 349.

② 蔡玉民:《经济因素在美国对日政策中的作用(1937—1941)》,《世界历史》,2001 年第 3 期。

的比例来自马来西亚和荷属东印度群岛,所以东南亚稳定的原材料供应支撑着美国国内工业制造业的转型和发展。第二,在两次世界大战与经济大萧条的动荡时代,东南亚给予了美国在原材料物资供应方面的安全保障。两次世界大战之间,在绝大多数供应渠道不稳定的情况下,来自东南亚的原材料在美国进口总量中所占的份额从9%升至14.5%。[①] 东南亚的原材料供应对美国来说已经具备了战略安全意义。

其次,面对日本对其原材料供应地造成的威胁,虽然美国提出的要求基本都是政治层面的内容,但所采取的、旨在胁迫日本妥协退让的手段却基本都集中在贸易领域:美国冻结了所有日本在美国境内的资产,并对日本实行航空汽油、石油、高熔点废钢料等战争物资禁运。随后,英国、加拿大、新西兰、菲律宾和荷兰也采取了类似措施。[②] 日本是个自然资源匮乏的国家,严重依赖石油进口。日本罔顾美国的警告,一定要入侵东南亚的原因之一,就是试图通过抢占东南亚的石油资源,以降低自身对外界依赖的贸易脆弱性。自美国和几个主要国家对日本纷纷断供之后,日本的石油储备只能维持不到两年,而且前线的战争正迅速消耗着剩余的石油储备。[③] 美国对日本实施贸易制裁的初衷是想利用其对美国高度的经济依赖,迫使日本在政治上屈服。但日本给予的却不是经济和贸易上的回应,而是发动了偷袭珍珠港的军事行动,美国也予以军事反击,由此开启了太平洋战争。[④]

---

① 参见入江昭、孔华润主编:《巨大的转变:美国和东亚(1931—1949)》,复旦大学出版社,1991年,第170页。

② See Akira Iriye, *The Origins of the Second World War in Asia and the Pacific*, Routledge Press, 1987, p. 148; James William Morley eds., *The Final Confrontation: Japan's Negotiations with the United States*, 1941, Columbia University Press, 1994, p. 159.

③ 参见[英]伊恩·克肖:《命运攸关的抉择:1940—1941年间改变世界的十个决策》,顾剑译,浙江人民出版社,2017年,第318页。

④ See C. Fred Bergsten, Robert O. Keohane and Joseph S. Nye, International Economics and International Politics: A Framework for Analysis, *International Organization*, Vol. 29, No. 1, 1975.

最后,在第二次世界大战结束之后,随着社会主义在东欧,以及中国、朝鲜和越南等亚洲国家取得了胜利,防范抵御社会主义成了美国战后对外政策的首要目标。而且为美国自身提供"防渗透"安全保障的当务之急是在以苏联为首的社会主义阵营周围打造具备"防火墙"作用的战略支点。这个时候日本的地缘战略地位就得到了突显。日本的工业基础较好,也有恢复战后重建、乃至打造经济政治支点所应具备的受教育人口和社会基础。于是,随着美国对外政策目标随战争的结束发生了转移,美国占领日本的目标也发生了迅疾的转变。日本作为战败国对于美国的战略意义也发生了改变,日本在美国战略地图中的身份随之从刚刚还在战场上厮杀的对手变为了必须将其纳入全球战略布局的亲密盟友。① 这种转变反映到经济贸易领域,便是美国在战后伊始就派遣了经济专家帮日本制定战后经济复兴计划,还"取消了对日本的出口贸易管制,确定了有助于日本重返国际市场的 1 美元折合 360 日元的固定汇率"②。

二、马歇尔计划对西欧的影响

如上文所述,随着第二次世界大战对世界局势的改变,美国迫切需要在欧洲和亚洲分别打造战略支点,以防范对抗以苏联为首的社会主义阵营。西欧与美国有高度利益捆绑与高度趋同的价值观,较好的工业基础,更在二战结束之后严重依赖于美国的物资供应与经济支援,是美国的天然盟友。而战后的西欧国家又迫切需要重建国内经济,当时美国与其经济实力的巨大

---

① See Emery Reves, *The Anatomy of Peace*, Harper Press, 1946, p. 268.

② 方连庆、王炳元、刘金质主编:《国际关系史(战后卷上册)》,北京大学出版社,2001 年,第 37 页。

悬殊意味着"美国是否参与将决定复兴的速度"①。在这样的情况下,美国出台的马歇尔计划便成了美国得以塑造西欧、西欧得以尽快复兴的双赢选择。

马歇尔计划又称"欧洲复兴计划"。从经济层面来说,它是美国为解决国内生产过剩和欧洲市场"美元赤字"之间的矛盾而推出的、有附加条件的援助和贷款安排。马歇尔计划的实施周期为二战结束后的 1948—1952 年,基本解决了美国国内生产过剩和欧洲迫切需要美国物资却无支付能力之间的矛盾。

马歇尔计划的实施其实也是美国对西欧行使贸易权力的过程。以马歇尔计划在操作层面的一项基础制度"对等基金制度"为例。该制度的功能是在解决受援助国家的支付能力之前,先以援助或贷款的方式为欧洲市场的重启提供启动资金。为此,美国先是专门成立了监督马歇尔计划实施的经济合作署,由该机构与欧洲成立的欧洲经济合作组织共同制订西欧经济复兴规划,再用国会拨款向美国企业采购它认为西欧复兴的必需物资(按照规定不得采购美国认定的"紧张物资"),最后在转交物资之后计入特殊账户,待受援国从出售产品中有了收入也计入同一账户。这样的操作带来的后果,一方面是增加西欧国家对美国产品的定向采购,继而提升西欧对美国的贸易依赖;另一方面是保障了西欧国家战后经济重建所需物资的稳定供应。"对等基金制度"的效果立竿见影:"美国对西欧出口总额所占比重逐年上升,1948 年为 36.3% ,1949 年为 62.7% ,1950 年达到 73.2% "②;恢复了西欧市场的生产秩序,提高了购买力,使"西欧地区工业产量比战前上升了 35% ,农业产量比战前提高 10% "③。

---

① ［美］杰弗里·弗里登:《20 世纪全球资本主义的兴衰》,杨宇光等译,上海人民出版社,2017年,第 240 页。

② 方连庆、王炳元、刘金质主编:《国际关系史(战后卷上册)》,北京大学出版社,2001 年,第57 页。

③ 竺培芬:《马歇尔计划》,《世界历史》,1980 年第 4 期。

美国从这过程中主要收获了两方面的战略权力。一方面，美国获得了向欧洲输出产品数量及种类的选择权和决定权。美国国内在战时刺激下形成了特殊的产业结构。这样的战时产业结构虽然在战争期间通过出口获得了商业收益，但在战争结束之后，海外市场对产品的需求从数量到种类都发生了很大变化。过剩的产品面临滞销以及价格直线下降的困难。马歇尔计划的实施为这些积压的产品找到了稳定的市场渠道，平息了国内急于寻找销路将生产力变现的焦虑，也为国内恢复和平时期产业结构的调整争取了过渡时间。这就是美国在行使贸易权力过程中体现的自主。

另一方面，美国获得了参与甚至干预欧洲经济复苏规划的设计权力，有了利用欧洲市场提升美元国际地位的机会。两次世界大战和经济大萧条打破了由老牌经济霸主英国维系的金本位制货币秩序，留下了一个由各主要经济体在各自贸易势力范围内使用各自货币的割据局面。货币作为国际贸易的支付手段，由于汇率的存在而对贸易收益在国家间的分配有特殊杠杆作用，对每个国家来说都是至关重要的战略利益。货币持有国由于拥有操纵货币的权利，而成为国际贸易中占据主动权的一方。对一个国家来说，最理想的状态就是使用本国货币进行交易结算。选用他国的货币作为自身对外贸易的主要支付手段，不仅需要与货币持有国之间建立可靠的政治互信基础，更意味着对货币持有国让渡了国际贸易中一项重要的主动权。当时，各币种持有国既互不信任，也不愿以采用他国货币的方式牺牲货币这一关键战略利益，各自为营的割据局面陷入了僵局，国际贸易复苏乏力。

历经两次世界大战的洗礼，黄金作为国际上普遍承认的保价物，在当时拥有了突围各个以不同货币为标识的贸易圈的特殊能力。二战后，美国拥有的黄金储备占整个资本主义世界的三分之二。凭借这一优势，美国成了当时唯一一个有能力扩张自己货币使用范围的国家。因为在当时，美元是唯一一种能受到黄金支撑的币种。而其他货币则会由于缺少这种支撑而具有"不可兑换性"的风险,所以只能参与小范围贸易、支付和投资活动。① 但是有能力扩张货币适用范围并不意味着一定能扩张成功。除了需要具备美国这样显著的黄金储备优势外,还需要得到其他国家的同意。如前文所述货币在国际贸易中的特殊地位,在正常情况下,要在世界上其他主要经济体间征得使用美元做支付手段的同意非常困难。

于是,"以美元为结算货币"就成了马歇尔计划"有条件援助"的其中一项内容。在此之前,由于货币不畅的原因,美国与西欧各国开展的国际贸易主要局限于受援国与美国之间、受援国与受援国之间这两种双边贸易。马歇尔计划为西欧各国提供了多边支付的便利,为进一步降低贸易壁垒拓宽了空间。1950 年,欧洲支付联盟正式成立,马歇尔计划的 16 个受援国全部加入。更重要的是,由于西欧集中了当时世界上大部分主要发达经济体,西欧市场作为一个整体拥有不亚于美国市场的消费能力,所以美国此举的深远意义还在于将当时世界上最大的两个市场在实际贸易行为中的支付、流通手段统一成了美国的货币。这是布雷顿森林体系自 1944 年完成了机构和规则设置之后,得以真正落地并扎根的重要一步。而这第二种战略权力则体现了美国行使贸易权力过程中的影响力。

三、马歇尔计划对苏联的影响

马歇尔计划除了实现美国对西欧的角色塑造而外,还有另一层重大的历史意义:1947 年苏联对外政策转向的导火索,苏联由此正式步入冷战。也就是说,冷战的形成固然是众多且复杂的原因相互作用的结果,而马歇尔计

---

① 参见[美]杰弗里·弗里登:《20 世纪全球资本主义的兴衰》,杨宇光等译,上海人民出版社,2017 年,第 244 页。

划必定是其中一个原因。

需要说明的是,虽然学界普遍认可冷战开始于1947年,但是对美国和苏联来说,具体的起始时间与标志性事件却有不同。对美国来说,一般认为冷战开始于1947年3月出台的"杜鲁门主义"。1947年3月,时任美国总统杜鲁门在公开演讲时明确将"遏制共产主义"确定为美国意识形态及战后对外政策首要目标,标志着美国对外政策的重大转向,被称为"杜鲁门主义"。而对苏联来说,在杜鲁门主义出台后仍然与美国保持联系,亦对马歇尔计划所描绘的针对全欧洲的经济复兴蓝图表示过欢迎。① 直至1947年7月,苏联在外交政策中明确表态,它将带领着东欧国家一起拒绝加入马歇尔计划,这才正式步入冷战,并由此开启了"分裂的欧洲"时代。

在探究苏联的外交政策为何出现如此大的转向时,有必要对转向之前苏联与英美国家之间的关系,以及苏联与这些国家交往的主要政策目标等内容做更深入的了解。表面上,苏联的政策转向指的是对马歇尔计划从欢迎到拒绝的态度变化。实际上,这其中反映的是苏联对整个西方从认知到态度、再到行动三个层次的转向。二战期间,苏联损失了四分之一的国家财富,是同盟国中经济损失最严重的国家。② 苏联虽然不认可西方资本主义世界的运行方式,但这并不影响双方开展合作的可能性。双方合作的可能性已经在二战期间得到了证明,而且并不限于军事协作领域,更体现在贸易领域:"1935年至1939年间,苏联在美国出口贸易中所占比重不到2%,在美国进口贸易中所占比重大约1%"③;到了二战后期的1943年和1944年,来自美国和英国的进口总量在苏联国民生产总值(GNP)中的占比连续两年达到

---

① See Wilfried. Loth, *The Division of the World*, *1941 – 1955*, Routledge, 1988, chapters 6 – 7.

② See Mark M. Harrison, ed., *The Economics of World War II: Six Great Powers in International Comparison*, Cambridge, 1998, p. 297.

③ 沈志华:《美国对苏贷款问题历史考察(1943—1946)——关于美苏经济冷战起源的研究(之一)》,《俄罗斯研究》,2019年第6期。

了 10%。[1] 这足以表征苏联与英美国家之间由贸易而建立起来的依赖关系。战争结束之际，对苏联来说，若能与西方国家延续战时友谊，将是其融入世界、进一步提升国际地位和影响力的好机会。从这样的预期出发，对战后的苏联而言，美国、英国和法国等资本主义国家既是需要密切防范的对手，也是可助其一臂之力的合作伙伴。所以战后初期，苏联两项重要的对外政策目标就是，一方面借助资本主义国家的力量恢复战后重建、开展经济社会建设；另一方面防范一个西方资本主义国家集团的崛起。[2]

从这个角度便不难理解为何苏联在马歇尔计划刚出台时对其持欢迎的态度了。当时美国虽然尚未明确附加条件的具体内容，但在苏联看来，自己作为当时战后唯一一个可以与美国并称超级大国的国家，这是一个参与塑造战后欧洲的良好机会，不仅可以防止出现一个美国领导下的西方国家集团，还可以扩张自己在欧洲的势力范围。

但实际上，美国早在设计和推出马歇尔计划的时候，就没打算真正邀请苏联加入，后来在向欧洲发出邀请的时候之所以没将苏联排除在外，主要有两方面考虑。一是美国认为苏联肯定不会接受邀请加入。因为如果要将苏联列入战后大规模援助计划，国会势必要求苏联在东西方关系和立场问题上做出重大妥协，并以此为拨款条件。从之前苏联因为不愿接受类似这样的要求而拒绝加入世界银行（World Bank）的行为来看，这一次也不会例外。在美国看来，苏联在战后还在出口小麦和棉花，这至少说明苏联在食物、燃料和纤维方面基本可以自足，[3]所以对需要长期偿付且附加政治条件的经济

---

① See Mark M. Harrison, ed., *The Economics of World War II : Six Great Powers in International Comparison*, Cambridge, 1998, pp. 286 – 287.

② See Geoffrey Roberts, Moscow and the Marshall Plan : Politics, Ideology and the Onset of the Cold War, 1947, *Europe – Asia Studies*, Vol. 46, No. 8, 1994.

③ See William C. Cromwell, The Marshall Plan, Britain and the Cold War, *Review of International Studies*, Vol. 8, No. 4, 1982.

援助计划不如其他西欧国家那么热衷。二是美国想让苏联来背负拒绝一个本可以融合发展的世界经济体系的名声,从而自己占据道义制高点。

基于此,美国早在英国、法国等西欧大国内部就东欧国家加入马歇尔计划所附加的政治条件做过明确表态:从此"不在经济上完全追随苏联"①。也就是说,美国利用广大东欧国家同样有战后经济重建迫切需要的弱点,将马歇尔计划用作分裂东欧阵营、削弱苏联政治地位的经济武器。因为美国与苏联一样不希望看到战后的世界出现一个由对方领导的国家集团。如果苏联与东欧国家一并加入马歇尔计划,那它们将会和西欧那16个接受邀请的国家一道成为美国塑造的对象;如果苏联拒绝而部分东欧国家加入,那美国就实现了分裂苏联势力范围的目的;如果苏联与东欧国家都拒绝加入,那也不影响美国将工业基础较好的西欧塑造为自己坚定盟友的目标。从这个意义上来说,不论苏联做何选择,都难以阻止一个美国领导下的西方国家集团的崛起。而且这个集团的整体经济实力与地理邻近程度都让苏联产生了严重的危机感。于是在这样的不安全感驱动下,苏联开始进一步加强对东欧国家的控制力以确保自己的地位(包括阻止当时倾向于接受邀请参加马歇尔计划的波兰和捷克斯洛伐克)。②

在经历了上述过程后,苏联在1947年明确表态拒绝加入马歇尔计划,并运用政治影响力让东欧国家也拒绝加入,实际上形成了一个与西方阵营相对孤立的社会主义阵营。事实上,虽然苏联与西方大国在二战时期有密切协作的经历,但相互之间也因为意识形态层面的彼此不认同而积累了诸多不愉快。这份在合作关系中如影随形的猜疑在"杜鲁门主义"出台后进一步

①　[美]迈克尔·霍根:《世界一分为二:从布雷顿—伍兹到马歇尔计划的美国经济外交》,1987年,第28页。转引自张盛发:《苏联对马歇尔计划的判断和对策》,《东欧中亚研究》,1999年第1期。
②　See Geoffrey Roberts, Moscow and the Marshall Plan: Politics, Ideology and the Onset of the Cold War, 1947, *Europe – Asia Studies*, Vol. 46, No. 8, 1994.

加深,甚至引导苏联对西方大国与自己开展合作的意图产生了非常负面的猜想和担心。美国利用马歇尔计划分裂东欧的险恶意图恰恰印证了苏联的这份猜疑与担心。从此之后,苏联对西方大国政策及言行的解读中便再难以摆脱马歇尔计划带来的"冷战思维"阴影。在实现巩固扩大自身影响的主要战略目标的过程中,也放弃了一开始的融入战略——在融入中改造欧洲乃至世界的政治经济体系;而选择了孤立战略——彻底断绝与居心不轨的西方各大国之间的联系,不给它们破坏自己的机会。[1]

小 结

第二次世界大战结束之后,美国面临的直接经济问题是"其他国家对美国产品的巨大需求及支付能力的不足"[2]。为解决这个问题,美国选择了短期的金融援助(马歇尔计划和对英贷款)和长期的开放贸易(《关税及贸易总协定》)。[3]

1913年是第一次世界大战开始的前一年,标志着老牌经济霸主英国统治下国际贸易秩序的结束。同时在这一年,美国通过了税法改革法案,从此开启了国内关于对外贸易政策制定中对贸易身份、地位和作用的三次转变。通过第一次转变,贸易不再是国家收入的主要来源。贸易壁垒的高设置从此不再是财政问题的必选项,而是政治选择。第二次转变进一步加深了贸

---

① See Geoffrey Roberts,Moscow and the Marshall Plan:Politics,Ideology and the Onset of the Cold War,1947,*Europe – Asia Studies*,Vol. 46,No. 8,1994.

② [美]道格拉斯·欧文:《贸易的冲突:美国贸易政策200年》,余江、刁琳琳、陆殷莉译,中信出版社,2019年,第492页。

③ 参见[美]道格拉斯·欧文:《贸易的冲突:美国贸易政策200年》,余江、刁琳琳、陆殷莉译,中信出版社,2019年,第493页。

易的政治色彩。经济大萧条让美国决策者意识到了美国贸易政策的国际属性。美国纵然有庞大的市场和生产能力,却依然离不开国际市场。若倚仗自己在一战中幸免于难的经济基础,单方面抬高贸易壁垒,则势必招致他国反制,终会受到国际市场的反噬。于是以互惠贸易协定实现了国内贸易政治从立法机构向行政机构的权力转移,从此贸易成为服务于国家对外利益的工具。第三次转变便是美国对其贸易政策国际属性的利用。美国利用其贸易政策强大的外部性,将国内互惠贸易协定升级打造成了国际版的《关税及贸易总协定》,①塑造于美有利的国际贸易环境。

1947 年作为本阶段的时间节点,同样也是个被历史铭记的年份。一是二十余个国家在美国的主导下签署了多边合作协议《关税及贸易总协定》,以国际制度的形式确定且固化了美国相对于老牌经济霸主英国的相对贸易权力优势。二是美国出台马歇尔计划,开始对西欧进行改造。三是苏联与美国反目,冷战开始。

马歇尔计划就是美国倚仗自己在战后保有的绝对经济优势地位对世界进行的改造。这项改造在具体实施中产生了意想之中和意料之外的结果。在西欧,该项目如愿确立了美国在资本主义世界内的绝对领导者地位,体现为欧洲几个主要经济体对美国的深度经济依赖。然而在苏联,美国试图利用马歇尔计划分裂社会主义阵营的企图不仅没有得逞,甚至还因为引起了苏联的戒备而在无意中加快了苏联形成自己国家集团并加强对东欧控制力的步伐。

此外,美国贸易霸权的酝酿过程,不仅反映了美国对自身在国际政治经济版图中地位和作用的认知变化,还反映了美国对自身文化身份界定的变

---

① 参见[美]道格拉斯·欧文:《贸易的冲突:美国贸易政策 200 年》,余江、刁琳琳、陆殷莉译,中信出版社,2019 年,第 477 页。

化。值得注意的是,美国对自身文化身份的界定始终服务于其对外政策目标。比如,直到一战前,美国信奉的是倾向于孤立主义的"美国例外",一直强调美国文化的独特性,认为"西方"仅指西欧国家,不包括美国;"一战后,美国精英逐渐用突出美欧文化同源性和一致性的'西方文明'叙事取代'美国例外'论",用强调美欧休戚与共的"大西洋共同体"重塑了美国的文化与地缘政治身份;二战后,美国"把实施马歇尔计划和建立北约解释为保卫'西方文明'和'大西洋共同体'、从而维护美国自身文化存续与国家安全的重要步骤",打造出一个新"西方"。①

---

① 王立新:《美国国家身份的重塑与"西方"的形成》,《世界历史》,2019年第1期。

第四章 资本主义世界的美国贸易霸权
(1948—1994年)

二战结束之后,国际社会紧接着进入了冷战时期。意识形态上的两极将世界划分为两个"势力范围",苏联和美国这两个超级大国依其意识形态组织各自势力范围内的政治和经济生活。借用美国学者约翰·刘易斯·加迪斯的概括,西方范围内的国家被组织成了以美国经济资源为基础的跨国资本主义经济体系(transnational capitalist economy),并且在很大程度上按照美国的规则进行运转。[①] 与之类似,社会主义范围内的各国则被组织成了与苏联中心相联系的控制型经济体系(command economies)。[②] 所以美国贸易霸权自崛起之后,首先就在资本主义世界内部确立起来。美国在战后最主要的对外贸易政策目标是建立起自由主义的国际经济制度。[③] 这个自由主

---

① 参见[美]玛莎·芬尼莫尔:《干涉的目的:武力使用信念的变化》,袁正清等译,上海人民出版社,2009年,第115页。

② 参见[美]约翰·刘易斯·加迪斯:《遏制战略:冷战时期美国国家安全政策评析》,时殷弘译,商务印书馆,2019年,第380页。

③ See Stephen D. Krasner, US Commercial and Monetary Policy: Unravelling the Paradox of External Strength and Internal Weakness, *International Organization*, Vol. 31, No. 4, 1977.

义国际经济制度的特点是:为货物、服务、资本和知识技术的跨国界流动尽可能消除贸易壁垒,同时参与贸易行为的也是以私人主体为主,而非国有行为体,也就是说要最大限度激发资本市场的活力,尽量减少国家干预。

美国贸易霸权在冷战时期大致经历了两个阶段,每个阶段对自己盟友集团的经营各有不同的侧重。第一个阶段是美国领导下的资本主义集团迅速扩张整体绝对贸易优势的时期,目的在于以此显示资本主义阵营相对于社会主义阵营的经济优越性。第二个阶段则是美国在盟友集团内部分配相对贸易优势的时期,从此在盟友集团内部形成了相对稳固的等级结构关系。

第一节 美国贸易霸权对时代变化的适应

一般情况下,贸易国家会高度关注自己在一段贸易依赖关系中所体现的脆弱性。脆弱性指的是这段贸易依赖关系有损或断绝时,自己将为之付出的代价,即机会成本。因为一个国家的贸易依赖脆弱性越高,意味着它在制定贸易政策时对贸易伙伴的顾虑也越多。这样的现象反映到贸易权力的语境中,就是"自主权低"的表现。

美国之所以能多年安居贸易霸主之位,其中一个很重要的原因就在于它的对外贸易依赖程度长期处于较低水平。更有甚者,因为美国如此低水平对外贸易依赖的根源主要在于其国内制度安排,而非受外界影响,所以一般情况下美国无须担心自己在贸易关系中会体现出"脆弱性"。然而美国也有其不能免俗的"特殊情况"。那就是在处理它与盟友国家之间的贸易关系时,它对盟友的离心迹象尤为敏感。这种情况的特殊性在于,美国在与盟友间贸易关系中表现出来的脆弱性并非源于贸易行为,而是冷战时期的安全需要。美国对世界贸易体系的统治高度依赖盟友集团的支持,就某种程度而言,美国是在以自身在贸易关系中的脆弱性换取盟友集团对其在冷战对峙中的政治信任与支持。然而美国允许自己在贸易关系中的脆弱性提升既成事实,但盟友集团国家是否会在政治上持续予以支持却不是美国所能主导的。在这场"交换"中,美国承担着盟友集团国家只享受从对美贸易中获利的权利、却不予以相应政治支持的风险。所以美国会对联盟内部任何有"背叛"嫌疑的痕迹高度敏感,并由此产生强烈的"阻止背叛"动机,以提高盟友国家的可靠程度。[①] 就美国而言,一方面,冷战的特殊两极体系结构天然地对资本主义国家进行了安全利益的捆绑,让美国获得了天然的集团向心力;另一方面,美国通过经济援助等手段,扶持着各目标盟友从战后废墟中重新站起来,并随之成为这些目标盟友先进科学技术的主要来源地与中长期债务借贷方等。这些都是以提高盟友国家背叛成本的方式来确保其忠诚的有效手段。本节内容将按照下图呈现的三个阶段脉络展开。

表 4 - 1　美国贸易霸权对时代变化的适应

面临的挑战	应对的措施("三个贸易循环")		应对的效果
	贸易政策	多边谈判	
欧洲市场一体化	1962 贸易扩展法案	肯尼迪回合	美国应对外界的挑战
布雷顿森林体系崩溃	1974 贸易改革法案	东京回合	美国应对外界的挑战
301 条款 + 《北美自由贸易协定》	改革 GATT,成立 WTO	乌拉圭回合	外界应对美国的挑战

图表来源:作者自制

有的研究按照不同总统任职期间应对国际贸易问题作出的反应,将本阶段美国对外贸易政策中的三组"政策 + 谈判"应对措施称为"三个贸易循环",认为这三个循环最终产生了如下效果:一是美国战后经济、美国对外贸

---

① See Lars S. Skålnes, *Grand Strategy and Foreign Economic Policy: British Grand Strategy in the 1930s*, *World Politics*, Vol. 50, No. 4, 1998.

易政策以及对外政策在国际上的领导地位;二是国际贸易领域,乃至整个国际经济领域的整体进步。① 此处进一步将"三个贸易循环"所处理的问题,以及美国与外界的具体互动、相互适应过程加以细化,以希呈现出美国对不断变化的国际贸易环境的宏观适应过程与相对应的贸易政策工具所具有的时代价值。

一、贸易的"责任认知"转向

促进欧洲经济一体化是美国在战后借贷和援助计划中出于政治和经济层面的综合考虑做出的主观政策选择。一个日渐强大的、实现内部贸易自由化的西欧对美国是有利的。

首先,由于地理、历史与民族等因素的血脉相连,西欧始终面临来自苏联和东欧国家的天然渗透力量。而美国纵然也在社会文化与民族渊源上与西欧有密切关联,却始终远在大洋彼岸。于是美国担心一个经济迟迟得不到恢复、难以在物资上自给自足的、破碎的欧洲会面临被社会主义阵营同化和分裂的风险。而一个紧密联合且经济强大的欧洲则至少不会因为经济上对社会主义阵营有关键性依赖而"背叛"美国。

其次,西欧在军事安全领域严重依赖美国,美国由此对一个经济繁荣的西欧产生了绝对的信任。这份彼此信任是双方在各领域协商规则与协调利益责任分配过程中的重要基石。所以一个联合的欧洲对美国来说,更多地意味着一个广阔的海外市场、一个提升美元实际国际地位的机会,以及一个以极低成本便可以保护自己海外利益的地方。

最后,美国极力推进欧洲市场一体化还有另一层重要原因。战后初期,

---

① See C. Fred Bergsten, A Renaissance for U. S. Trade Policy? *Foreign Affairs*, Vol. 81, No. 6, 2002.

美国国内的主要焦虑在于为国内产品寻找稳定的海外销路，而非来自海外的竞争。[①] 然而美国国内关于海外竞争的担心一直没有消退过。这份担心反映到马歇尔计划中，便是哪怕明明知道一个统一的欧洲联合体将成为美国强有力的竞争对手，美国还是一直敦促西欧国家扩大彼此间贸易，甚至通过支持欧洲支付联盟成立等关键而实际的举动极力促成西欧经济一体化。美国作为政治霸主，本应有强烈动机趁加深经济贸易依赖的时机夯实自己对西欧的控制力。但如果从贸易权力的另一面——自主权——去思考，便不难理解美国这么做的原因。美国清醒地知道，马歇尔计划不过是为西欧国家的经济复苏提供了启动资金。若要西欧实现长期稳定的经济发展、成为美国强有力的盟友，要让马歇尔计划的投资得到充分的回报，就必须为西欧提供一个足够大、足够稳定以及足够开放的市场。只有这样，好不容易启动起来的经济循环才能在市场规律和力量的作用下运作下去。美国自身的市场完全符合欧洲发展的需要，可是如果完全靠美国的市场去扶持西欧，这将意味着对国内产业发展和社会稳定利益的巨大牺牲。事实上，美国确实也向西欧开放了部分市场，虽然开放程度有限，却因为是历史上第一次向欧洲开放，[②]足以显见美国意识到市场对欧洲复兴的重要性。相比于独自承担提供市场的任务所要付出的代价来说，美国更倾向于让欧洲国家相互间开放市场、自己承担发展成本作为替代选项。正是由于上述及其他可能存在的更多原因，美国以实际行动助力西欧各国组成一个内部贸易自由化大市场。

虽然美国在促成西欧市场一体化的过程中基本实现了既定政策目标，但不可否认的是，它也亲手为自己扶植了一个强劲的竞争对手。1957年，法

---

① See Douglas A. Irwin and Randall S. Kroszner, Interests, Institutions, and Ideology in Securing Policy Change: The Republican Conversion to Trade Liberalization after Smoot – Hawley, *Journal of Law & Economics*, Vol. 42, No. 2, 1999.

② 参见[美]杰弗里·弗里登：《20世纪全球资本主义的兴衰》，杨宇光等译，上海人民出版社，2017年，第246页。

国、意大利、联邦德国、比利时、卢森堡和荷兰六国签署《罗马条约》,宣告成立欧洲经济共同体(European Economic Community, EEC,以下简称"欧共体")并创建一体化的共同市场。而1960年,英国、丹麦、瑞典、挪威、奥地利、瑞士和葡萄牙这另外七个国家则成立了欧洲自由贸易联盟(European Free Trade Association, EFTA,以下简称"欧贸联"),创建了以工业品为主的自由贸易集团。两个组织都具有关税同盟的性质,成员国之间互相免除贸易壁垒,但对非成员国的产品则持不同的态度:欧共体对外实施共同的关税标准,而欧贸联保留各成员国独立制定对外关税标准的权利。二者是合作性而非竞争性的贸易安排,由一系列多边条约保证成员国相互间共享优惠贸易政策,实际上形成了西欧共同体关税同盟。在这种情况下,美国就成为两个关税同盟共同组成的庞大欧洲市场优惠政策之外的国家,将面临来自近乎是整个西欧的贸易歧视。除了出口遭到多国贸易歧视之外,美国国内市场还遭到了来自西欧国家的冲击。西欧在1946年的出口额仅与1938年持平,为80亿美元。两年后的1948年出口额翻了一番,五年后的1951年增至270亿美元。尤其在朝鲜战争期间,欧洲对美出口在战争的刺激下得到了新的增长。[①]

来自欧共体和欧贸联的联合挑战让美国国内关于贸易保护的呼声水涨船高。但是西欧对美国来说,政治盟友身份远比经济对手身份重要得多。甚至可以认为,美国正是为了让西欧能更充分地行使政治盟友职能才将其一手扶植成了自己的经济对手。毕竟,在冷战期间,美国最主要的对外政策目标便是与苏联的对峙与超越。所以当不能与之产生正面冲突的盟友给自己造成了难以忽视的经济损失时,美国选择的应对方式是:一方面出台

---

① 参见[美]杰弗里·弗里登:《20世纪全球资本主义的兴衰》,杨宇光等译,上海人民出版社,2017年,第247页。

《1962 年贸易扩展法案》，调整政府处理外来贸易冲击的方式，转移国内对西欧国家的敌意；另一方面在《关税及贸易总协定》的肯尼迪回合谈判中换用更隐蔽的贸易保护手段为自己争取利益。

首先，美国出台了《1962 年贸易扩展法案》（Trade Expansion Act, TEA）。这份法案旨在通过调整自己处理国内遭受国外竞争冲击问题时所采用的方法，将抵消这份冲击所需承担的成本从企业和社会转移到政府，从而转移国内对西欧国家的不满情绪，以及对美国设立和倡导的国际自由贸易秩序的抵触情绪，进而维系和加强西方联盟的力量和团结。[①] 如此转变标志着美国对国际市场在更大范围和更深程度上的融入，以及维护战后自己建立的自由贸易秩序的决心。

该法案是美国贸易政策在 1934 年《互惠贸易协定法案》基础上进行的重大转变。从此不再将国际贸易对国内产业造成的冲击视作外国政府的责任。新法案承认自由贸易中的关税削减将确定损害部分产业的事实，改由行政手段调节贸易给国家带来的总收益在国内的分配情况，而非通过国家间针锋相对竞相抬高关税壁垒的手段为特定产业争取利益。这样的改变具体体现在补偿那些经政府认定为确实受到国外竞争冲击的企业时，美国使用的政策手段不再是限制进口配额或者选择调高特定产业、特定产品进口关税的方法，而是来自政府的直接援助——贸易调整援助（Trade Adjustment Assistance, TAA）。通过贸易调整援助，那些受到进口冲击而失业的工人能通过职业技能的再培训，更好地适应其他产业或工种的工作。这项举措大大缓解了海外竞争带来的失业问题给企业和社会带来的压力。

其次，美国通过《关税及贸易总协定》的肯尼迪回合贸易谈判，巧妙地实

---

① 参见［美］道格拉斯·欧文：《贸易的冲突：美国贸易政策 200 年》，余江、刁琳琳、陆殷莉译，中信出版社，2019 年，第 518 页。

现了贸易保护手段的隐蔽化。肯尼迪回合谈判周期为 1964—1967 年,共有 46 个国家参与,谈判的焦点是美国与欧共体(在谈判开始之前,欧共体与欧贸联决定由欧共体作为统一代表,为两个关税同盟争取最大化利益[①])双方关于关税壁垒和非关税壁垒在税率、产业和形式等方面的讨价还价。美国关注的是欧共体的关税壁垒,而欧共体则更关注美国的非关税壁垒,双方都认为对方的贸易壁垒导致了对自己产品和企业的"不公平贸易"。最终,该谈判以各方工业品关税平均下降 35% 左右的结果落下帷幕,也对美国降低非关税壁垒做出了系列规定,大致实现了促进自由贸易的谈判初衷。

　　对美国而言,原本希望通过谈判争取西欧市场更大程度的开放,却也在同时不得不进一步向世界(主要是向西欧)开放自己的市场。然而实际情况却是,更开放的市场和更低的关税并没有转化为对美国更多的进口,工业品关税的大幅度削减也并没有明显改变美国进口结构。[②] 究其原因,主要由于美国从以下两方面将贸易保护进行了隐蔽化处理。一方面,美国在落实肯尼迪回合达成的降关税要求时,将其进行了产业、对象、内容等方面的结构重组。这样表面上美国完成了国际承诺进行了关税调整,但这份国际承诺实际上却也赋予了美国一个"匀压"的机会:将原本主要集中在特定行业、特定产品的外来竞争压力分摊到其他更强韧的产业和部门处。[③]这样一来,大大缓解了国内那些在外国竞争冲击下政治影响力日益膨胀的利益团体势力,从而为《1962 年贸易扩展法案》的有效落实进一步扫除了障碍。另一方面,美国以非关税贸易壁垒作为关税壁垒的补充和替代手段,通过加强对多种非关税壁垒的系统运用,既弥补了进一步开放市场、降低关税给国内造成

---

① See Lucia Coppolaro, In Search of Power: The European Commission in the Kennedy Round Negotiations(1963 – 1967), *Contemporary European History*, Vol. 23, No. 1, 2014.

②③ See Howard P. Marvel and Edward J. Ray, The Kennedy Round: Evidence on the Regulation of International Trade in the United States, *The American Economic Review*, Vol. 73, No. 1, 1983.

的损失,同时还为那些最容易遭受外来冲击的产业提升了保护力度。最显著的证据便是,美国自肯尼迪回合谈判之后的降关税行为不仅没有让国内产业的发展停滞或倒退,反而还实现了加速发展,而且这两者之间强烈的相关性已在前人的研究中得到了证明。[①]

综上,可以认为肯尼迪回合谈判的结果在美国贸易领域体现为:美国对国内贸易保护诉求与国际自由贸易压力的平衡。这也是为什么前文在分析美国贸易霸权时认为其限度不止受到利益的驱动与制度的制约,还应该增加权力环节的原因。因为哪怕有了利益提供动机、制度提供行为框架,到具体落实的时候,美国的权力依然能够凭借丰富的工具栏确保自身政策目标的基本实现,并且同时还可以不影响自己践行国际承诺的良好形象。

二、贸易的"处理方式"转向

1948—1973 年是布雷顿森林体系的全盛时期。它在以美国为首的资本主义阵营内部开创了一个"贸易更加自由、币值相对稳定和国际投资源源不断"[②]的经济局面,迎来了"资本主义的第二个黄金时代"[③]。以欧洲为例,没有一个欧洲国家在此期间的任何一年中出现过国内生产总值(GDP)增长率下降的迹象。[④] 相较于在老牌经济霸主英国治下"资本主义的第一个黄金时代"(19 世纪 80 年代中期至第一次世界大战之前)而言,二战后近半个世纪

---

① See Howard P. Marvel and Edward J. Ray,The Kennedy Round:Evidence on the Regulation of International Trade in the United States,*The American Economic Review*,Vol. 73,No. 1,1983.

② [美]杰弗里·弗里登:《20 世纪全球资本主义的兴衰》,杨宇光等译,上海人民出版社,2017 年,第 264 页。

③ [美]罗伯特·吉尔平:《全球资本主义的挑战》,杨宇光、杨炯译,上海人民出版社,2001 年,第 13 页。据吉尔平所述,该表述源于金融专家、经济评论家戴维·D. 黑尔(David D. Hale)。

④ See Gianni Toniolo,Europe's Golden Age,1950 – 1973:Speculations from a Long – Run Perspective,*The Economic History Review*,Vol. 51,No. 2,1998.

内的世界贸易增长速度更快:在 1914 年以前,世界贸易量每 20 ~ 25 年翻一番;在二战后的第一个 25 年里,世界贸易量则是每 10 年就翻了一番。[1] 除了整体之外,对于世界上绝大多数市场经济国家而言,贸易在国民收入中所占比重都在逐渐增加。1960 年至 1980 年间,在绝大多数经济合作与发展组织(OECD)国家中,贸易在国内生产总值中所占比例几乎翻了一倍,从最开始的平均 22.8% 增长到 41.4% 。值得注意的是,世界不同地区不均衡地分享了这一轮贸易扩张的成果,越是发达的国家,在贸易量上的增长越显著。[2]

各国之所以自愿加入布雷顿森林体系、接受美国的战后贸易设计、认可美国的国际贸易霸权地位,多是出于对美国及其设计的战后贸易秩序所能给予的客观贸易收益的需要。客观贸易收益是各国缓解民生困境、稳定国内政权这两项当务之急的必要支撑。客观贸易收益原本主要取决于自然资源禀赋和国际大分工等客观因素。可是就战后美国一家独大的贸易局面而言,经济霸主美国成了众盟友国别无选择的贸易对象,它们可获得的客观贸易收益几乎全部来源于美国的安排。从各国缺乏可替代来源的窘境便不难理解为什么它们在对美贸易中,当面临自身利益与美国利益发生冲突时,多采取退让而非争取的姿态,以实际行动认可美国在国际贸易领域的霸权地位。最著名的例子就是以 1962 年"鸡肉贸易战"为代表的美欧系列贸易争端。虽然贸易争端初期,双方都以更严苛的贸易壁垒互作回应,但欧共体还是在 1964 年的《关税与贸易总协定》肯尼迪回合贸易谈判中接受了美国的立场:在欧共体的关税税率普遍处于低水平的同时保留美国税则中的某些高税率。[3]

---

① See W. W. Rostow, *The World Economy: History and Prospect*, University of Texas Press, 1980, p.669.

② 参见[美]罗纳德·罗戈夫斯基:《商业与联盟:贸易如何影响国内政治联盟》,杨毅译,上海人民出版社,2012 年,第 97 页。

③ 参见[美]道格拉斯·欧文:《贸易的冲突:美国贸易政策 200 年》,余江、刁琳琳、陆殷莉译,中信出版社,2019 年,第 524 页。

开放经济状态下必然导致贸易政策的外部性。[①] 二战结束之初,美国拥有无可匹敌的政治和经济权力优势,并凭此对世界上其他主要资本主义经济体的贸易政策产生了极大的外部性影响,使其在自身贸易政策的制定环节必须考虑美国的贸易政策及利益偏好。查尔斯·梅尔(Charles S. Maier)的文章表明,美国的这些影响在战败的轴心国家尤为明显(联邦德国与日本)。[②] 随时间的推移,世界上几个主要工业发达经济体之间由贸易往来搭建起来了密切的依赖关系。这一方面得益于美国建立起来的战后自由贸易秩序,在政策和制度层面大大便利了双多边贸易往来;另一方面则得益于科技进步带来的包括交通、通信在内的贸易成本大幅下降,在经济层面激发了市场活跃跨境贸易的力量。不过,虽然这般更为密切的经济贸易往来与更深程度的相互依赖关系的建立离不开美国的影响,却并没有因此在各国出台贸易政策应对国际市场变化时出现唯美国之命是从的局面。因为随着贸易依赖程度的加深,各国经济得到了发展,它们摆脱受美国影响、提高贸易政策自主性的意愿和能力都得到了提高。[③]

反映到国家间权力地位和权力关系上,整个资本主义世界的经济发展可视为以美国战后绝对霸权优势地位的稀释为代价的权力分摊。在这期间,美国一边鼓励西欧经济一体化、[④]容忍日本对美国的"歧视性"贸易政策;[⑤]另一边则通过在援助及优惠贸易条件上附加政治条件的方式,努力塑

---

① 参见[美]海伦·米尔纳:《利益、制度与信息》,曲博译,上海人民出版社,2015年,第42页。

② See Charles S. Maier, The Politics of Productivity: Foundations of American International Economic Policy after World War II, *International Organization*, Vol. 31, No. 4, 1977.

③ See Peter J. Katzenstein, Domestic Structures and Strategies of Foreign Economic Policy, *International Organization*, Vol. 31, No. 4, 1977.

④ 美国促成了1950年建立欧洲支付同盟以及欧洲国家之间货币互换的决定。参见[美]罗伯特·吉尔平:《跨国公司与美国霸权》,钟飞腾译,东方出版社,2011年,第86页。

⑤ 美国不仅容忍日本对美国直接投资施加的限制,而且也容忍日本针对美国出口货物设立的贸易壁垒,而日本在美国市场的诸多行为可以被认作"倾销"。参见[美]罗伯特·吉尔平:《跨国公司与美国霸权》,钟飞腾译,东方出版社,2011年,第89页。

造目标盟友国在战后世界政治经济版图中的位置。所以说,布雷顿森林体系并非真如美国所声称的那么"自由",实则是一种国家监管下的自由贸易,更是美国有意识设计的结果。

布雷顿森林体系的维系,一方面需要各主要贸易国配合稳定各国货币相对于美元的固定汇率,另一方面则需要美国公共基金和私人资本向世界经济的持续输出,以保证各国予以配合的意愿及支持力度。[1] 这两方面维系力量的崩溃既有时代的影响,也有机制的原因。首先,石油危机冲击了各国配合稳定固定汇率的合力。到 20 世纪 60 年代中后期,各国开始在工业制造业产品的贸易政策方面出现较大分歧,这种分歧在 1973 年各国应对石油危机的政策反应中更为显著。为减少自己在危机中遭受的损失,各国在货币政策和贸易政策方面的协作配合度大不如前。此外,美国在战后对西欧国家和日本大量的贷款、援助和投资之所以能对经济复苏有如此大的助力,与美国在战后拥有世界上最多黄金储备这一事实分不开。但美元的持续输出势必会出现外国掌握的美元数量超过美国黄金储备的一天。于是布雷顿森林体系不仅随着美国权力优势的分散而逐渐衰落,同时也在加剧美国权力优势的分散。到 1973 年,美元脱离对黄金的锚定开始浮动,而各国货币相对于美元的汇率也纷纷开始由市场力量决定。这便宣告了布雷顿森林体系的崩溃。

布雷顿森林体系的崩溃给美国贸易留下了两个紧迫又棘手的问题。一是 20 世纪 70 年代初的美国开始出现贸易逆差。这被许多人视作美国相对衰落的开端。与此同时,美国国内开始反思美国资本主义世界的霸主地位是否为其带来了与之相称的利益。一方面,美国国内关于让西欧和日本等

---

[1] 参见[英]苏珊·斯特兰奇:《国家与市场(第二版)》,杨宇光等译,上海人民出版社,2019年,第 113 页。

主要经济体分担世界经济发展成本的呼声越来越高。另一方面,布雷顿森林体系时期,美国政策制定者的关注重心在于资本主义阵营整体绝对收益的增长;布雷顿森林体系崩溃后,他们的重心转向了阵营内部美国与西欧、日本等其他经济体之间相对收益的分配。

二是美国国内经济滞胀问题越来越严重。经济滞胀描述的是经济增长停滞不前与通货膨胀两个现象同时发生的状态。资本主义世界迎来第二个黄金时代与美国近二十年来持续的资本输出关系密切。可以说,该时期资本主义世界的整体繁荣主要由美国在承担公共产品的运营成本。相应地,美国本国经济的发展速度也随之放缓。到了 20 世纪 70 年代,美国经济的发展速度甚至出现了近乎停滞的趋势。布雷顿森林体系时期,美国严格使用政策工具维系美元锚定黄金的价格。但其他资本主义经济体却并没有严格按照布雷顿森林体系的要求锚定其货币相对于美元的价格,而是在它们认为必要的时候,依然将汇率作为谋取贸易优势、改善贸易条件的有力工具。这就出现了美元相对于其他币种而言的高价位情况。高价位的美元带来最直观的结果,便是美国可以用同样多的美元购买更多的海外资产和海外产品。一方面,购买海外资产的便利促进了跨国公司的扩展。另一方面,购买海外产品的便利则导致以出口为贸易导向的美国出现了进口大于出口的情况。大规模进口不仅抢占了本土产品的国内市场份额,还加深了美国对外来供应的依赖程度。萎缩的出口则削弱了本土产品的市场竞争力,使国内产业遭受了双重打击。在上述因素的作用下,美国国内的通货膨胀日益严重。

为了扭转贸易逆差和经济滞胀的困局,美国针对主要贸易伙伴国对美产品施加的贸易歧视措施,出台了《1974 年贸易改革法案》(*the Trade Reform Act of* 1974)。这部法案反映了美国应对外来贸易竞争处理方式的转变:从主要依靠多边协调降低关税壁垒,转变为了单边综合利用非关税壁垒,并凭此强迫对方单方面打开对美市场。这部法案的出台标志着美国贸易政策随其相对经济实力的衰弱发生了从"自由贸易"到"公平贸易"的目标转向。

《1974 年贸易改革法案》是美国在布雷顿森林体系崩溃后出台的一部时代特征鲜明的贸易法案。在该时代背景对"公平贸易"的强烈诉求中，有两点值得引起注意。一是美国认为自己市场的开放程度远高于其他国家，所以有权利单方面要求其他国家进一步开放市场。① 二是美国认为自己是黄金时代发展洪流中处于弱势的贸易逆差国家，所以有权利单方面要求西欧、日本等其他享有较大贸易顺差的国家针对美国的产品做出更优惠的妥协。② 在这样的观点指导下，《1974 年贸易改革法案》的第 301 节（"301"条款由此而得名）开启了饱受争议的"301"条款时代。

美国贸易政策中的"301"条款（Section 301）是一项"报复性"的法律。③ 该条款授权总统以更大的权力处理外国对美国产品实施的"不公正、不合理和歧视性"行为。具体流程为：先由具体涉事出口商提出申诉（亦可直接由总统发起动议开启调查程序），经调查属实后通过贸易谈判终止相关行为，若未能达成解决共识，则"总统有权对违规国家的出口商品征收报复性关税"④。"301"条款的渊源可追溯到《1962 年贸易扩展法案》，后于《1974 年贸易改革法案》正式成文，又经 20 世纪七八十年代《1979 年贸易协定法》《1984 年贸易与关税法》与《1988 年综合贸易与竞争法》的数次打磨与完善，最终形成了由"一般 301""特别 301"和"超级 301"组成的"美国贸易法'301'条款"。"一般 301"是针对一般性进出口行为做的概括性"301"条款

① 参见［美］道格拉斯·欧文：《贸易的冲突：美国贸易政策 200 年》，余江、刁琳琳、陆殷莉译，中信出版社，2019 年，第 546 页。

② 参见杨国华：《美国贸易法"301 条款"研究》，法律出版社，1998 年，第 92 页。

③ 同上，第 3 页。

④ ［美］道格拉斯·欧文：《贸易的冲突：美国贸易政策 200 年》，余江、刁琳琳、陆殷莉译，中信出版社，2019 年，第 550 页。

操作描述;"特别301"是针对知识产权领域做的特殊性"301"条款操作描述,主要集中在高科技(芯片、半导体等)、文化娱乐(电影、音乐等)和化工、医疗制药等行业;"超级301"则将操作的对象从具体的产品和产业转向了"重点国家"和"重点做法",将所有与美国有贸易往来的经济体都置于美国国内行政机构的监察之下。[①]

"301"条款的制定初衷是维护美国出口商享有不受外国歧视的自由贸易权利,但后续的每次修订和发展都赋予了这一法律条款更浓厚的政治色彩。比如,1974年"301"条款刚出台时,私人申诉还是启动"301"调查的重要条件。可是后来20世纪80年代的修订就将启动调查的程序扩充为:哪怕在没有出口商申诉的情况下,亦可由总统直接动议发起调查。还比如,1974年"301"条款的具体规定更倾向于一事一议的"反不公平"操作,既存的侵权事实是启动"301"调查的必要条件。待发展到20世纪80年代,"301"的规定则不仅复合了知识产权这一美国经济发展重点领域的特点,甚至还将调查对象具体到了"重点国家"与"重点行为",并将调查行为以年报的形式常规化。这样从过去以客观事实为根据到现在以主观对象为根据的转变,反映了美国国内法的域外适用从自身国际利益的维护工具到全球战略布局塑造工具的功能性变化,开启了美国由国内授权其以"受害者"身份对目标国家、目标行为开展非常规单边反击的历史。

如前文所述,"301"条款出台的初衷是为了保障美国出口商免受贸易歧视的不公平待遇。然而美国出口商遭受他国的贸易歧视由来已久,何以在20世纪70年代这个时间段出现? 前文所述的美国经济相对衰落主要是国内层面的原因,置于国际层面,则主要有以下两方面原因。一方面,该项法

---

① 参见[美]道格拉斯·欧文:《贸易的冲突:美国贸易政策200年》,余江、刁琳琳、陆殷莉译,中信出版社,2019年,第607页。

律条款的出台与美国无法在《关税及贸易总协定》框架下消除对美贸易歧视的政策限制有关。美国主导下的《关税及贸易总协定》，其设计初衷是在巩固美国作为资本主义世界唯一霸主地位的基础上发展自由贸易。后来，西欧、日本等盟友国家在经济复苏之后，对《关税及贸易总协定》中贸易争端机制和例外条款的灵活运用反倒让美国感受到了来自这些盟友的贸易挑战。[①]比如，欧共体和欧贸联作为关税同盟，一致对外抬高关税的行为显然违背《关税及贸易总协定》的无条件最惠国待遇原则，但由于其符合《关税及贸易总协定》中的例外条款，所以美国在 20 世纪 60 年代向《关税及贸易总协定》提出的申诉都纷纷败诉，让美国产生了强烈地被"不公平"对待的感觉。

另一方面，"301"条款的出台还与 1973—1979 年间进行的《关税及贸易总协定》东京回合谈判密不可分。该条款在 1974 年出台，正是立法机关赋予总统的谈判杠杆，以希在东京回合中既能"确保为美国商界争取到公正与平等贸易待遇"，还能"尽可能消除违背互惠精神的贸易壁垒与政策扭曲"。[②]虽然数次谈判皆以"自由贸易"精神为宗旨，可是此次贸易谈判依然具有其他鲜明特点。那就是各方谈判重点从关税壁垒到非关税壁垒的转变：过去，谈判多集中于关税下降的商品范围、幅度大小等内容，后来则多集中于技术性贸易壁垒、政府采购、政府补贴与反补贴、海关估价、进口许可程序和反倾销等内容。[③] 由于这些非关税壁垒难以得到充分且及时的监管与量度，所以东京回合谈判最后产生的贸易机制是一个贸易自由与贸易保护的混合体。比如，在民用航空、海关估价、进口许可程序等方面都体现了更尊重市场力量和导向作用的自由贸易精神，有助于增加贸易量；在农业及技术性贸易壁

---

① 参见杨国华：《美国贸易法"301 条款"研究》，法律出版社，1998 年，第 6 页。

② Patricia I. Hansen, Defining Unreasonableness in International Trade: Section 301 of the Trade Act of 1974, *The Yale Law Journal*, Vol. 96, No. 5, 1987.

③ 参见[美]道格拉斯·欧文：《贸易的冲突：美国贸易政策 200 年》，余江、刁琳琳、陆殷莉译，中信出版社，2019 年，第 551 页。

垒等方面则更倾向于尊重国家政府力量和导向作用的贸易保护意识,不仅于增加贸易无太大助力,甚至还有了更多的监管;至于政府采购、政府补贴与反补贴等方面措施的落实,则是自由贸易与贸易保护的混杂,虽然有助于增加贸易,但它的落实很可能却要以违背《关税及贸易总协定》的无条件最惠国待遇原则为代价。①

于是,在美国看来,"301"条款饱受他国诟病的单边主义名声远不如其作为"落实与延伸现有多边自由贸易秩序"必要手段的身份重要。"落实"针对的是类似于美国没办法通过《关税及贸易总协定》的制度框架打破西欧关税同盟贸易壁垒的困窘;"延伸"指的是通过涉事出口商的监督和申诉,实现自由贸易在每个角落每场贸易活动的延伸,确保每个产业每个产品都能享有非歧视的贸易待遇。② 基于这种认知,美国在对外贸易争端的处理方式上也逐渐从《关税及贸易总协定》的多边制度框架逐渐转向了局限于双边、区域范围内,以及单边主义色彩浓厚的非关税贸易壁垒。

总的来说,美国贸易行为看似复杂:一边挥舞着"自由贸易"的大旗,在《关税及贸易总协定》的多边协商制度框架内降低关税;另一边却在对来自更多国家、更多产业的更多商品施加复杂的非关税壁垒,阻挡它们进入美国市场。实际上,这样并驾齐驱的政策选择也是美国对国内发展与国际责任的平衡结果,核心在于维护美国自身贸易利益。战后初期,美国为了尽快以市场力量恢复盟友国家繁荣,必然要对外来产品实施低关税。设计并主导《关税及贸易总协定》的重点并非如美国所宣扬的"自由贸易"精神,而是通过多边平台提升贸易国家间的政治互信,从而以多边协商后的低关税换取

---

① See Stephen D. Krasner, The Tokyo Round: Particularistic Interests and Prospects for Stability in the Global Trading System, *International Studies Quarterly*, Vol. 23, No. 4 1979.

② See Patricia I. Hansen, Defining Unreasonableness in International Trade: Section 301 of the Trade Act of 1974, *The Yale Law Journal*, Vol. 96, No. 5, 1987.

其他国家对美产品给予同等力度的关税降幅,进而在使美国不至于因单方面降低关税而吃亏的同时,争取更优惠的贸易条件。此外,美国之所以选用非关税壁垒阻挠外国产品,则是因为非关税壁垒具有不易受监督、难以被量化,手段隐蔽但效果明显的特点。只要在不触发贸易战的安全范围内,非关税壁垒就极易成为双边贸易谈判中的筹码,让谈判对象愿意做出相应妥去消除。

三、贸易的"单边多边"转向

进入20世纪80年代以来,美国经济实力相对衰落的趋势并没有停止,主要表现为以下三个方面。一是在国际贸易影响下国内产业结构的变化。早在19世纪80年代,美国就已成为世界上最大的工业制成品生产国。[①] 自那时起,美国就成了世界上其他主要经济体发展工业制造业所需装备和技术知识的主要来源地,并且从中获得了他国对美国高度脆弱的贸易依赖关系,为自己争取到了多边贸易谈判中的有利位置。然而1983年美国从原本的制成品出口大国成为净进口大国。在1970—1990年间,制造业在美国国内生产总值中所占比重相应地从24%降至18%,[②]从此失去了世界工业制造业引擎的地位。二是受美元升值的影响,国际收支失衡状况持续恶化。在1980—1985年间,美元的实际贸易加权汇率上升了近40%。[③] 美元的持续升值进一步削弱了美国出口商品在世界市场上的竞争力,也进一步恶化了贸易逆差的幅度。三是从债权国到债务国的转变。1985年,美国正式成

---

① See Stephen D. Krasner, US Commercial and Monetary Policy: Unravelling the Paradox of External Strength and Internal Weakness, *International Organization*, Vol. 31, No. 4, 1977.

② 参见[美]道格拉斯·欧文:《贸易的冲突:美国贸易政策200年》,余江、刁琳琳、陆殿莉译,中信出版社,2019年,第564页。

③ 同上,第561页。

为净债务国。① 由于布雷顿森林体系时期的持续资金外流等原因,就经济规律而言,这样的身份转变是后布雷顿森林体系时期的必然现象。但是它产生的负面效应却并未止步于经济领域,而是以更深刻、更深远、也更消极的方式作用于美国国民的心理层面。

由于难以接受上述变化,美国国内普遍开始反思过往的贸易政策和贸易行为,并下定决心进行改革。在反思与改革中,美国迎来了 20 世纪 80 年代新一波的贸易保护浪潮。在这波浪潮中,美国贸易政策逐渐转向了双边主义与区域主义。其中,美国频繁使用"301"条款、引出多场双边贸易谈判,以及由《北美自由贸易协定》引出的区域化贸易是上述转向的标志性事件。

首先,"301"条款虽然是美国国内法,却频频被美国用作双边贸易谈判的筹码。关于美国"301"条款的工具属性及其效用研究,主要有以下四种观点。一是从美国发起"301"调查的产业分布入手,认为这是美国实施战略性贸易政策的标志。② 二是从涉及"301"调查的科技含量入手,认为这是美国由传统制造业大国向高科技大国转型升级的过程中抢占相对科技优势的手段。③ 三是结合《关税及贸易总协定》框架的制度漏洞,认为"301"条款是美国以单边形式对多边乏力的补充。④ 四是从"301"条款的单边主义性质缺乏令他国信服的合法性基础出发,认为这是美国为了给自己在国际贸易谈判中增加筹码而悬在诸贸易国家头顶的"达摩克利斯之剑"(Damocles' Sword)。⑤ 美

---

① See Patricia I. Hansen, Defining Unreasonableness in International Trade: Section 301 of the Trade Act of 1974, *The Yale Law Journal*, Vol. 96, No. 5, 1987.

② See M. Mastanduno, Setting Market Access Priorities: The Use of Super 301 in U. S. Trade with Japan, *World Economy*, Vol. 15, 1992.

③ See E. S. Krauss and S. Reich, Ideology, Interests, and the American Executive: Towards a Theory of Foreign Competition and Manufacturing Trade Policy, *International Organization*, Vol. 46, 1992.

④ See Michael P. Ryan, USTR's Implementation of 301 Policy in the Pacific, *International Studies Quarterly*, Vol. 39, No. 3, 1995.

⑤ See Krzysztof J. Pelc, Constraining Coercion? Legitimacy and Its Role in U. S. Trade Policy, 1975 – 2000, *International Organization*, Vol. 64, No. 1, 2010.

国虽然和其他国家共同参与着关于降低贸易壁垒的会议,却依然保留着单边提高关税及非关税壁垒的权利,变相地使其权力范围内可以抬高的贸易壁垒都成了其他国家需要与之协商探讨的内容。

上述观点虽然都从不同的角度对"301"条款有不同的解读,但都认为"301"条款是美国作为贸易霸权国家行使贸易权力的工具,而且都证明了"301"条款在国际贸易双边谈判中确实具有难以忽视的威慑作用。如果说权力作为一种能力,它的实现有赖于霸主对权力工具的运用,那么权力工具又靠什么发挥作用呢? 实际上,决定权力实际使用效果的因素很复杂。拥有权力与达成目标之间并没有必然关系。如果仅仅从权力拥有者的角度考察,那么很容易将权力本身的大小、性质,或者是决定权力这些属性的物质力量的强弱多少与权力的使用效果作因果联系。但是从权力承受方的角度进行考察也同样重要。因为只有得到双方的"认可",权力才会存在。权力承受方的"认可"所呈现出的形式,往往便是它们对权力的感知是否足以使其屈从。①

从权力承受方的角度来说,"301"条款虽然饱受诟病,但每次使用时还是能让对象国以及其他非涉事国家如鲠在喉。主要原因在于它能时刻让其他国家感知到威胁。这就是"301"条款作为贸易权力工具发挥作用的力量源泉。一般情况下,一个国家只要被美国发起"301"调查,那它很快就会面临两项选择:要么撤销对美产品的"不公平"贸易壁垒,要么接受美国经济制裁。而拥有强大经济实力的美国发起的经济制裁不仅会让受制裁国失去对美贸易的商业利益所得,还会因为其他国家迫于美国经济制裁指令的压力而遭到国际上的孤立。所以一旦面临这两项选择,大多数国家都将在对美

---

① See Krzysztof J. Pelc, Constraining Coercion? Legitimacy and Its Role in U. S. Trade Policy, 1975 – 2000, *International Organization*, Vol. 64, No. 1, 2010.

贸易壁垒赚得的商业福利和美国经济制裁之间权衡利弊得失,非常谨慎地考虑以本国的经济实力与现有贸易伙伴政治关系的牢靠程度能否承担得起遭受美国经济制裁的相应成本。大多数情况下,美国双边贸易的谈判对象都会选择牺牲商业利益,对美妥协,降低贸易壁垒。

由于权力承受方的选择直接决定了"301"条款的威慑作用是否生效、间接决定了美国的贸易权力是否实现,所以美国在实施"301"条款的过程中对调查对象的选择也是确保其成功率的重要保障。美国历史上多次发起"301"调查的对象多选择了那些与自己具有巨大经济实力差距的国家(日本、韩国、巴西等①)。与欧共体等能凭借其市场规模和经济体量与美国在贸易谈判中讨价还价的情况不同,这些被发起"301"调查的国家对美国贸易权力的感知更甚,它们更倾向于屈从美国的政策意志,在贸易壁垒问题上做出退让。接连得到对方的妥协退让成就了"301"条款高比例的成功率,也让其他尚未被"调查"的类似国家如坐针毡。尤其在超级"301"条款出台后,美国彻底将全世界几乎所有的国家都置于了其监管之下。因为美国拥有世界上最庞大的市场、并且在众多领域都具有强劲的生产能力与工艺(不论科技含量多少),所以几乎世界上所有经济体都或多或少、或直接或间接地与美国有贸易关系。而是否"公平"的判断准绳又只捏在美国一方手里——由美国国内决定什么时候、对谁发起"301"调查。一旦被列入了由美国贸易代表办公室(USTR)每年提交的"重点国家"名单和"重点做法"清单两份报告,就会连申诉的机会都没有,直接面对美国抛出的"降低贸易壁垒还是接受经济制裁"选项。由此可见,"301"条款绝非美国出于国内贸易保护浪潮压力或国外竞争对手贸易歧视压力下一时兴起的应激性反应,而是系统的、有意识的

---

① 参见[美]道格拉斯·欧文:《贸易的冲突:美国贸易政策 200 年》,余江、刁琳琳、陆殷莉译,中信出版社,2019 年,第 601 页。

制度设计与政治工具。

综上,"301"条款凭借其强大的"贸易霸权感知力",成了美国贸易霸权颇具代表性的政策工具。它的效用主要体现在以下两个方面。一是"301"条款在双边贸易谈判中成了美国有力的谈判筹码。美国在该条款赋予的"不公平贸易政策受害者"掩护下,单边要求对方对美进一步开放市场而不用做对等优惠待遇的让步。二是它承载着战略性贸易政策目标,成为美国雕塑进出口结构的工具,进而对贸易伙伴国、产业、科技含量等重点内容实现精准选择。这两点就是美国明知用"301"条款干涉他国贸易政策有悖于其一直树立的自由贸易国际形象,却依然我行我素的重要原因。

其次,《北美自由贸易协定》(*North American Free Trade Agreement*,NAFTA)是美国区域主义转向的代表性贸易协定,标志着美国从全球贸易向区域贸易的收缩。从地域上看,该协定反映了美国传统文化思维中介于自由贸易与经济孤立主义(北美地区)之间的"钟摆效应"。从时间上看,当时的美国正面临来自欧共体的贸易壁垒挑战,该协定不排除为美国试图形成与之抗衡的地区性关税联盟的努力。虽然这份协定以降低甚至消除国家间贸易壁垒为特征,而且自签署生效后也确实对提升北美地区三国间往来的贸易总量有明显作用,可是就此番自由贸易安排所产生的政治经济福利在三国之间的分配情况而言,它给美国带来的政治收益远大于经济收益。[①] 既有研究显示,《北美自由贸易协定》给美国实际经济收入带来的增长不到 0.1%,[②]甚至还因包括劳动力在内的生产要素自由流动而使美国在劳动密集型产业流失了更多的就业岗位,或者直接促使部分美国企业将整个工厂搬迁到了成本较低的加拿大和墨西哥。由此可以认为,《北美贸易协定》不仅没有为

---

①② See Paul Krugman,The Uncomfortable Truth about NAFTA:It's Foreign Policy,Stupid,*Foreign Affairs*,Vol. 72,No. 5,1993.

美国带来明显的商业利益,甚至还对现有美国经济的发展造成了一定损害。

　　美国之所以没能从协定的签署中获得与另外两个缔约方等量的经济福利,主要原因在于美国与加拿大,以及美国与墨西哥之间存在严重的非对称贸易依赖关系。这种严重的非对称性由经济实力的巨大差异决定,对美国来说是难以改变的结构性天然缺陷。比如,加拿大与美国的非对称贸易依赖关系主要表现在贸易(贸易占国民财富的比重)与市场(对美国市场的高度依赖)两方面。一是加拿大的市场开放程度比美国高,经济发展对国际贸易的依赖性比美国强。比如,1982 年,加拿大的外贸占国民生产总值(GNP)的比例为 30%,而美国只占 7%。二是美国在美加贸易关系中的脆弱性更低,在双边贸易谈判中更占据主动。对加拿大来说,近 70% 的出口产品都要到美国,更有超过 70% 的进口源自美国;而对美国来说,出口中有近 15% 的产品到加拿大,而进口中仅有 15%—20% 来自加拿大。① 再比如,墨西哥的国内生产总值还不到美国的 4%。对美国来说,墨西哥既不可能成为主要出口市场,也不可能成为主要进口来源。② 由此可见,美国加入《北美自由贸易协定》的主要动机并不在于商业利益。

　　既然如此,那么美国选择加入《北美自由贸易协定》的主要动机是什么呢? 三个国家当中,美国拥有绝对的经济优势,在贸易依赖关系中的脆弱性也最低,完全有能力主导协定的设计和制定环节,并迫使另外两个国家屈服。正如特朗普政府时期"重新签署"的《美国—墨西哥—加拿大协定》那样。更何况 1994 年签署《北美自由贸易协定》时,三国间的力量对比较特朗普政府时期而言更为悬殊。所以为什么美国当时没有像特朗普政府这样迫使加拿

①　See Sidney Weintraub, U. S. – Canada Free Trade: What's in It for the U. S.? *Journal of Inter-american Studies and World Affairs*, Vol. 26, No. 2, 1984.

②　See Paul Krugman, The Uncomfortable Truth about NAFTA: It's Foreign Policy, Stupid, *Foreign Affairs*, Vol. 72, No. 5, 1993.

大和墨西哥屈从呢？下文结合当时的时代背景探索上述两个问题的答案。

《北美自由贸易协定》形成于20世纪80年代中期至20世纪90年代初。这个时期的美国不论是自身国内还是在国际社会上都面临着严峻的挑战。

在国内层面，美国自身正在经历着从传统工业制造业向服务业转型升级的经济重心转移。这期间，美国国内一边在承受布雷顿森林体系崩溃带来的国际经济冲击，一边在承担经济重心转移的调整成本。

在国际层面，美国在贸易问题上主要面临来自西欧的挑战。《关税及贸易总协定》虽然由美国主导设计，但在这时期爆发的数次美欧经济摩擦中，西欧都显示出了对多边贸易规则愈发灵活与成熟的运用。在数次对垒中没能占到便宜的美国开始意识到，继续倚仗《关税及贸易总协定》维系自己在贸易领域的霸权地位是不够的，必须有补充手段。

"301"条款无疑是其中一个补充手段。美国在明知用国内法干涉他国贸易政策的行为缺乏国际公信力与合法性的情况下，依然在多个场合使用"301"条款，明显有悖于美国最初设计《关税及贸易总协定》的初衷：意图使《关税及贸易总协定》成为自己巩固贸易霸权地位、便利行使贸易霸权的合法性基础。在与其他国家的利益竞争面前，美国毫不犹豫地撕下了它一直声称的"自由贸易"虚假面具。

另一个重要的补充手段则是对《关税及贸易总协定》进行改革。此时，世界上其他主要经济体纷纷恢复元气。美国需要面对的现实是，它已经失去了战争带来的绝对经济权力优势，难以再像二战刚结束时那样，可以直接将自己的意志贯彻到国际贸易规则的设计与主导各环节。可是《关税及贸易总协定》业已成为当时世界上最权威的多边平台。对美国来说，另起炉灶的成本和风险都太高昂，也不是当时国内经济增长逐渐滞缓的它有能力做到的事。倒是可以利用美国在多边贸易中的现有地位推动《关税及贸易总协定》朝着于己有利的方向改革。为了实现这个目标，美国需要一个有力的杠杆,以在《关税及贸易总协定》改革谈判中调动其他国家服从美国的意愿。

《北美自由贸易协定》就是那个杠杆。20 世纪 80 年代中后期至 20 世纪 90 年代初恰好是《关税及贸易总协定》的乌拉圭回合谈判时间,而《北美自由贸易协定》恰好是在 20 世纪 90 年代初签署生效。也就是说,几乎在同一时期内,美国一边参与多边自由贸易谈判,一边签署了地区贸易一体化特征明显的《北美自由贸易协定》。不论这一行为是刻意安排还是时机巧合,但是至少从其产生的实际效果来看,它都为美国在乌拉圭回合的多边谈判中增加了不少底气与筹码:让其他参与谈判的国家看到美国除了亲手打造起来的《关税及贸易总协定》多边平台而外,还有非常可观的双边贸易和区域贸易做可替代选项;让其他参与谈判的国家看到美国建立并运营区域贸易的决心与能力;让其他参与谈判的国家担心美国从此放弃多边贸易而彻底转向双边贸易和区域贸易。

这种担心主要源于美国对"301"条款的使用和《北美自由贸易协定》的生效。美国在 1970—1990 年间曾多次使用"301"条款。虽然从此之后在很长一段时间里,"301"条款都陷入了沉寂。哪怕基于"301"调查的日常双边贸易谈判断断续续时有发生,却也都没有在实际上造成剑拔弩张的僵持局面。但事实证明,"301"条款的集中使用至少让其他国家相信,美国确实具备转向贸易单边主义的能力,形成实际威慑。更有甚者,美国还在对日贸易战中展现出了步步紧逼的气势,在面对西欧的贸易挑战时签署了一项显然无法使其在经济上获益的地区自由贸易协定——《北美自由贸易协定》。如此种种,美国都在向各国展示自己可以脱离多边贸易的能力。

《关税及贸易总协定》中的其他国家之所以那么担心美国背弃多边贸易,主要因为各国自战后以来,已经习惯于享受自由贸易带来的发展福利,也深知当前国际贸易秩序的正常运转离不开美国凭其强大经济实力提供国际公共产品的支持,遂难以面对一个与之不同的世界,更难以面对一个手握

"301"条款与区域关税联盟有恃无恐而四处出击的美国。概括地说,这一时期,美国与外界之间的贸易关系很微妙。一方面,美国对外界的贸易依存度较低。虽然很重视国际市场,却也一直都保有自给自足的能力,所以在贸易政策的制定环节基本能够自主。但其他国家由于缺乏可替代选项而对美国,尤其是《关税及贸易总协定》搭建起的多边贸易平台依赖性较强。这种不对称的贸易依赖状态也是美国敢于展示自己背弃多边主义能力的底气。另一方面,外界对美国的贸易依赖不仅仅体现在贸易总量上,还体现在市场、科学技术、制作工艺等决定经济发展方向的关键要素上。虽然各国在经济复苏后频频燃起本国贸易利益优先的意识,多次采取对美贸易歧视的动作,但更担心自己对美国在多方面的贸易依赖将成为遭受美国单边贸易制裁的把柄,所以更希望把美国留在多边制度框架内接受国际契约的约束。[1]

正是在这样微妙关系的驱使下,美国如愿获得了其他国家的支持,在乌拉圭回合贸易谈判中取得了丰硕的改革成果。由此,《关税及贸易总协定》正式退出舞台,开启了世界贸易组织(WTO)的时代。乌拉圭回合谈判的持续周期为1986—1994年,它将《关税及贸易总协定》中的互惠规则延伸到了服务等新兴贸易领域,首次强化了与贸易相关的知识产权保护,完善了争端解决机制,并成立了世界贸易组织。[2]

第二节 美国贸易霸权对盟友变化的适应

美国对其盟友集团的管理通过在联盟内部分配贸易权力资源的方式实

---

① See C. Fred Bergsten, A Renaissance for U. S. Trade Policy? *Foreign Affairs*, Vol. 81, No. 6, 2002.

② 参见[美]道格拉斯·欧文:《贸易的冲突:美国贸易政策200年》,余江、刁琳琳、陆殷莉译,中信出版社,2019年,第642页。

现。管理的目标在于确保自己始终处于能对其他盟国的贸易政策施加影响的地位,同时通过联盟内部结构的调整和固化,避免自己与盟友之间可能发生的利益冲突。[1]

一、美国的相对衰落及其原因

自 1971 年美国首次出现国际收支逆差起,关于美国相对衰落的讨论就未曾停止。二战刚结束时,美国对诸多国家的影响突出体现在对外政策(包括贸易政策)的制定环节。随着战后经济的复苏,美国因两次世界大战而形成的绝对优势地位已不复存在:战后数十年间,一向以贸易强国自居的美国,现在也开始出现了贸易逆差;数次石油危机的爆发;日本经济的赶超与欧共体在贸易问题上与美国的对垒,诸多迹象似乎都是美国衰落的证据。[2]但即便如此,美国的经济实力依然让其他主要经济体难以望其项背。[3] 所以美国这样虽然已过全盛之年、却依然稳坐霸主地位的特殊现象,便被描述为"相对衰落"。

虽然学界普遍认可"相对衰落"的表述,但是在"相对"的理解上,却随学者选取的标准不一而各有不同。有的研究立足冷战时期的两极体系结构,认为美国衰落的参照物是苏联、衰落的内容是传统优势领域的发展形势。苏联的传统优势体现在军事和工业领域,而美国的传统优势领域是经济。当苏联的传统优势领域在原有基础上继续扩张时,美国的传统优势却渐渐

[1] See Lars S. Skålnes, Grand Strategy and Foreign Economic Policy: British Grand Strategy in the 1930s, *World Politics*, Vol. 50, No. 4, 1998.

[2] See Peter J. Katzenstein, Domestic Structures and Strategies of Foreign Economic Policy, *International Organization*, Vol. 31, No. 4, 1977.

[3] See C. F. Doran, *Systems in Crisis: New Imperatives of High Politics at Century's End*, Cambridge University Press, 1991.

衰落。这样的观点往往将美国传统优势的衰落与美国在两极对峙中巩固盟友、争取中立国家的行为相联系。有的研究立足美国与其扶植的盟友国家间力量对比变化,认为美国衰落的参照物是其盟友国家、衰落的内容是经济增长的数量和质量。比如,理查德·哈斯认为,美国的相对衰落主要由于美国自身的"作为与不作为":"作为"指的是美国对盟友国家的扶植加快了世界上其他权力中心的崛起,"不作为"指的是任由盟友国家经济发展的形势削弱了自己相对于这些权力中心的地位。[①] 有的研究立足美国在整个资本主义阵营中霸主地位的"名"与"实",认为美国衰落的参照物是自己在资本主义阵营中的霸主地位、衰落的内容是兑现国际承诺和提供公共产品的能力。也就是说,美国的国际地位超过了其对外输出经济福利的能力,逐渐出现了"名"不副"实"的现象。此外,还有研究专注于美国自身在历史纵向上的比较,认为美国衰落的参照物是二战刚结束时全盛时期的自己。

接下来,以美国从债权国到债务国身份的转变,以及布雷顿森林体系的解体这两个最为显著的变化为缩影,展现美国相对衰落的发生、发展过程。

首先是美国从债权国到债务国身份转变的意义。世界上其他主要经济体大多在战时向美国借贷了钱物。一战结束时,美国成了世界上最大的债权国。该地位在后续的经济大萧条与二战中得到了进一步的巩固。[②] 到二战结束时,美国不仅仍然是世界上最大的债权国,更因此成为国际社会中一支极有潜力的霸权力量。因为作为债权国,美国有权就各国偿债的时间、内容和方式提要求。尤其在二战刚结束时,各国无力偿债的窘境更赋予了美国从经济层面跨越到政治层面提附加条件的机会。这为它获得其他国家的

---

① 参见[美]理查德·哈斯:《外交政策始于国内:办好美国国内的事》,胡利平、王淮海译,上海人民出版社,2015 年,第 12 页。

② See Stephen D. Krasner, US Commercial and Monetary Policy: Unravelling the Paradox of External Strength and Internal Weakness, *International Organization*, Vol. 31, No. 4, 1977.

认可与支持、得以按自身意愿塑造战后世界贸易格局创造了条件。

然而在不到半个世纪的时间内,美国就从世界上最大的债权国变为了净债务国:1985 年,美国正式成为净债务国;自 20 世纪 80 年代以来,以及 2001 年以后,美国成为一个纯债务国。① 值得注意的是,虽然成为净债务国之后,美国显然不再具有向盟友国家在经济层面,乃至政治层面提要求的权力,可是它对战后国际经济格局的塑造已经基本完成,而且新的债务国身份还进一步捆绑了美国与盟友国家之间的利益。究其原因,主要有以下两方面。一方面与美元的国际地位有关。布雷顿森林体系运行期间,美国资本持续外流,支撑起了资本主义阵营整体的经济繁荣,形成了美元在国际贸易领域普遍作为支付手段的实际地位。然而自布雷顿森林体系倒塌之后,各个从对美贸易顺差中获取了大量美元的国家纷纷选择将这些美元用来购置美国资产,强化了美国与盟友国家间经济层面的捆绑。另一方面则与美国选择用国际借贷应对国际收支失衡的方式有关。当美国面临严重的国际收支失衡时,它拒绝提高国内税收以实现收支平衡,而是选择从国外借贷。与此同时,大多数国家对美国经济及其发展前景十分看好,愿意借钱给美国。这种借贷除了展现它们对美国经济的信心之外,还是一种鲜明的政治表态:美国的繁荣与这些国家的利益密切相关。这些国家在对美借贷的数量达到一定程度之后,反倒对美国经济的发展产生了脆弱性,借贷的动机从一开始对美经济的信心转变为了发展利益深度捆绑后对美国偿债能力不足的担心。②

为什么同样作为债权国,盟友国家却不似美国当时那般,拥有对美国提要求的权力呢? 主要区别在于是否有可替代选项。战后的美国是几乎所有

---

① See Patricia I. Hansen,Defining Unreasonableness in International Trade:Section 301 of the Trade Act of 1974,*The Yale Law Journal*,Vol. 96,No. 5,1987.

② 参见[美]小约瑟夫·奈、[加拿大]戴维·韦尔奇:《理解全球冲突与合作:理论与历史》,张小明译,上海人民出版社,2012 年,第 311 页。

盟友国家共同的债权国,盟友国家除了听从美国的安排之外别无选择。20世纪70年代,当盟友国家成为美国的债权国时,这种身份却并非为某个单一国家所特有,而是多个盟友国家所共有。若想要对美国提要求,除非所有债权国统一行动,否则难以让美国服从。由于各国持有的美国债务数量不同、与美亲疏远近关系不一、对外政策目标和国家利益各异,这种统一行动几乎不可能实现。

其次是布雷顿森林体系解体的必然性。布雷顿森林体系是一种内嵌了国家自主权的自由主义市场秩序:兼具了国际市场的流动性与国家的自主性——保留了参与国际市场的国家以国内手段调节国际收支的权利。但是随着一个国家对国际市场融入程度的加深,它用以平衡自己国际收支的国内补偿机制会逐渐失灵。当国际收支失衡达到一定程度,国家自身将不再具备足够的补偿与平衡能力。为了维系布雷顿森林体系的运转,这些国家国际收支再平衡的责任就转嫁到了美国身上。该责任随时间与国家数量的累积而不断变多,直至超越美国的负载能力,让布雷顿森林体系宣告解体。

至于对美国相对衰落的原因分析,则也由于对"美国衰落的是什么"这一问题的不同理解而有不同解读。其中与贸易密切相关的解释可以按照权力与体系两种视角分为以下两类。从权力视角来看,美国的衰落指的是与其他国家间相对权力优势的衰落。彼时美国与世界上其他国家之间强势的实力对比源于"战争福利"。它们之间的差距必然随其他国家的战后重建而逐渐缩小。所以从这个角度来说,美国的"衰落"从二战之后就开始了,只是到了20世纪七八十年代才随着贸易赤字、经济滞胀和净债务国身份等变化更明显地暴露出来。美国与其他国家之间的实力差距虽然缩小了,却并不妨碍它凭借既有实力基础依然在军事、经济和软实力资源等方面占据主导地位。① 从体系的视角来看,美国的衰落指的是 20 世纪七八十年代,美国在为国际自由贸易秩序提供公共产品方面暴露出来的"实力与地位不匹配"现象:"美国全球利益和它所承担的义务总和,已远远超过它能同时保卫(其政治、经济与军事)的能力。"② 就贸易领域而言,布雷顿森林体系的崩溃和《关税及贸易总协定》退出历史舞台就是明显的标志性事件。

上述两种视角分别从相对权力优势的缩小和公共产品供给乏力两方面解释了美国的相对衰落现象。具体到贸易领域,由于战后资本主义阵营的贸易繁荣多得益于美国建立并支持下的自由贸易秩序,所以与美国相对衰落更密切相关的话题是,因美国的相对衰落导致的国际贸易权力格局变化会对现有世界贸易秩序产生什么样的影响? 如果仅从单个视角得出答案,则两个答案都各有局限性。权力的视角倾向于认为,处于全盛时期的美国选择了自由贸易作为统治秩序,其中一个主要原因是该秩序有利于美国自身经济利益的增长以及其权力优势的巩固。③ 可是这个回答难以解释为什么美国原本可观的权力优势在自己经营的国际贸易秩序中不仅没有进一步扩大,反倒逐渐丧失的现象。而体系的视角则可以弥补这个漏洞,它认为美国的权力优势在美国为整个体系提供公共产品的过程中被消耗,而其他国家则因为不用承担这样的成本,所以发展速度比美国更快,从而缩小了与美国之间的差距。④ 不过,来自体系视角的答案却难以解释为什么一直处于权力对比上风的美国,在明明可以选择单边主义(这样便不用承担权力优势被消耗的成本)的情况下,却依然选择了多边主义。而且事实上,自二战结束以来,乃至布雷顿森林体系崩溃和《关税及贸易总协定》失灵,虽然美国也曾

---

① 参见[美]约瑟夫·奈:《美国世纪结束了吗?》,邵杜罔译,北京联合出版公司,2016 年,第146 页。

② [英]保罗·肯尼迪:《大国的兴衰(下)》,王保存等译,中信出版社,2013 年,第256 页。

③④ See Stephen D. Krasner, US Commercial and Monetary Policy: Unravelling the Paradox of External Strength and Internal Weakness, *International Organization*, Vol. 31, No. 4, 1977.

多次表现出双边贸易谈判和区域化关税集团的政策转向,却还总是在最关键的历史节点选择了以国际制度为基础的多边合作。

综合上述对美国相对衰落的描述,以及来自权力与体系两种视角的原因解释,按照美国贸易霸权国家和市场两条逻辑主线,对美国相对衰落在贸易领域的表现及其原因做如下描述与分析。

一是在市场逻辑上,彼时美国国内正经历着产业结构调整与发展方向的变革。这种调整与变革在国际贸易行为的两端皆有体现。体现在美国一端的是出口结构的变化:农业和工业制造业已经逐渐失去了以往的绝对优势地位,但是服务业却是个崛起中的巨人。[①] 体现在其他主要经济体一端的是与美进出口关系的变化:在农产品和工业制成品上,它们与美国的贸易关系从战后的对美进口依赖为主转变为了现在的对美出口输出为主。对这些经济体而言,在对美进口依赖为主的阶段,来自美国的产品和技术供给最为重要;在对美出口输出为主的时期,则是持续开放的美国市场最为重要。在这过渡期内,经济层面的增长势必难以保持之前的势头,但并不意味着政治层面的权力必然衰减。

当然,美国之所以进行国内产业结构调整,免不了也受其他国家竞争影响的原因。不过可以确定的是,美国进行产业结构调整的时候尚占据着国际贸易主导地位,而且庞大的美国市场对其竞争对手而言意味着巨大的客观贸易收益,这两点在无形中都提高了其他经济体对美国的敏感性贸易依赖。美国国内的产业调整直接改变了自己的出口结构、间接改变了其他主要经济体对美国的最核心关切(由产品和技术供给变为了持续开放的美国市场)。美国市场由此成为美国塑造且固化其他主要经济体产业结构的有

---

① See Michael P. Ryan, USTR's Implementation of 301 Policy in the Pacific, *International Studies Quarterly*, Vol. 39, No. 3, 1995.

力杠杆。换言之,美国用自己本可获得的客观贸易收益为代价,从战后经济重建到如今的产业结构调整,将其对盟友国家的影响力以另一种方式进行了延续与扩大。

二是在国家逻辑上,由于其他主要经济体战后经济的增长与维系皆源于美国提供的秩序,它们被牢牢锁进了一段单方面高度脆弱的贸易依赖关系中,更难以违抗美国意志。[①] 其他主要经济体对美贸易依赖关系脆弱性逐渐升高的同时,国家间贸易实力差距也在逐渐缩小。二战刚结束时,美国经济在世界范围内处于一种"无可匹敌"的状态:它拥有比其他所有国家都要大得多的市场规模与繁荣得多的经济基础;它在几乎所有的经济领域都享有绝对的主导地位(从原材料到农产品到工业制成品再到资本)。[②] 后来在美国的支持下,整个资本主义阵营在战后迎来了经济发展的黄金时代。但是具体到发展福利在国家间的分配而言,美国在经济增长的速度和增量等方面就不如其盟友国家了。甚至还由于常年承担整个资本主义阵营经济繁荣的发展成本而进一步消耗了既有经济基础,使美国自己出现了经济衰退的迹象。

值得注意的是,对发展福利的不平等分配是美国的主观选择,而非受经济规律引导。第一,经济上,美国始终具有随时改变分配格局的实力与手段。这一点在其出台"301"条款、转向区域主义自由贸易的行动中得到了印证。第二,政治上,美国更倾向于依靠多边机制维系其贸易霸权统治,以此在实现自己对外政策目标时获得盟友支持,同时分担统治成本。这一点在其与欧共体发生贸易争端后多次试图启动《关税及贸易总协定》争端解决机

---

① See Stephen D. Krasner, US Commercial and Monetary Policy: Unravelling the Paradox of External Strength and Internal Weakness, *International Organization*, Vol. 31, No. 4, 1977; Stephen D. Krasner, State Power and the Structure of International Trade, *World Politics*, Vol. 28, No. 3, 1976.

② See Stephen D. Krasner, US Commercial and Monetary Policy: Unravelling the Paradox of External Strength and Internal Weakness, *International Organization*, Vol. 31, No. 4, 1977.

制的努力,以及哪怕已经展现出了转向双边和区域贸易的能力,却依旧执着于改革《关税及贸易总协定》、成立世界贸易组织的行为中得到了体现。第三,两极格局中,美国在冷战期间始终将其与苏联的对抗置于其他一切政策目标之上,在这一时期美国对外做出的几乎所有主要决策中,确实也逃不开与苏联对抗的影子。这种为达目的不计成本与代价的思维方式,也是造成美国相对衰落的重要原因。比如,冷战时期让美国深陷泥沼的朝鲜战争和越南战争就是很好的例证。美国积极参战的态度与其在太平洋战争爆发之前奉行"孤立主义"的艰难踌躇形成了鲜明对比。二战期间,虽然同盟国与自己有利益捆绑,但不论同盟国所处形势有多险峻,美国也只是从侧面予以支持,并不正面参战。直到后来日本偷袭了珍珠港、太平洋战争爆发,美国才下定决心参战。可以说那时直到付出了鲜血的代价,美国才做出了参战的决定。可是到了朝鲜战争和越南战争时期,美国并没有受到类似于珍珠港事件那样来自外界的挑衅,却依然指派大批军力、耗费大量财力和时间投入战斗。其间,美国不仅要承担自身军队的费用,甚至还要为韩国、泰国、菲律宾那些小型盟友国家的参战支付报酬,声称这些亚洲国家需要付钱与动员才会投入"抵御共产主义"的战斗,美国为其支付参战报酬是为了"帮助"它们。[1] 结果是,美国不仅没有赢得战争,还为旷日持久的战争支付了巨额代价。这代价不仅仅是对经济和军事力量的消耗,更严重的是让国内国际民众对美国决策者沉迷于抗苏意识形态斗争而罔顾国内民生发展、干涉他国内政的质疑与批评。

国际贸易史上,每个霸主自盛极一时之后,都不可避免地面临力量衰落问题。而美国的独特之处不仅在于衰落周期的漫长,更在于它自二战结束起开始衰落的近半个世纪内一直处于美苏对峙这样一个特殊的国际政治格

①　See Robert O. Keohane, The Big Influence of Small Allies, *Foreign Policy*, No. 2, 1971.

局中。于是,遏制苏联这一首要的美国战后对外政策目标,才催生了美国对日本和西欧的特殊扶持现象。实际上,美国的相对衰落过程既是美国在资本主义世界内对权力资源的重新分配,也是美国相对权力优势在形式和功能上的变形与延续。这便是面对来自盟友国家日益严峻的挑战时,美国所做出的主动调适及该调适产生的结果。

二、美国对日本的战略平衡

如前文所述,在与以苏联为首的社会主义阵营的对峙中,美国选择了日本作为在亚洲的战略支点,并对这个二战期间在战场上互相厮杀的敌人在战后进行了亲密盟友的改造。具体到贸易领域,美国对日本的改造主要涉及两个不同阶段的力量平衡:"整合"与"规锁"。整合指的是战后初期,美国将日本纳入欧美自由贸易体系以助力其战后经济重建的过程,这是美国贸易霸权的市场逻辑在国家间关系上的反映;而规锁指的是后布雷顿森林体系时期,美国将日本的发展限制在自己为之设立的角色范围内的过程,这是美国贸易霸权的国家逻辑在国家间关系上的反映。

美国对日本"整合"的结果,就是在战后让日本通过充分参与资本主义阵营内的国际贸易尽快恢复了经济繁荣。对待战后满目疮痍的日本,美国选择了与重建西欧同样的思路:将日本纳入欧美自由贸易体系,并为之提供启动资金,然后借用市场力量让其靠自己的努力实现经济发展。与西欧不同的是,日本在战后面临严峻的外交形势。不仅亚洲各国出于悲痛的被侵略历史而不愿接纳日本,而且战后的西欧各国也普遍不愿意接纳日本进入欧美经济贸易圈,纷纷对日本出口的产品采取贸易歧视的态度。

如果这个僵局无法破解,而美国又一定要保住日本这个盟友,那就只有一种选择:由美国向日本做出单方面的、更大程度上的市场开放,并在一些日本对美采取不公平贸易的行为上予以更大程度和更多数量的退让。[①] 事实上,美国在一定程度上确实也这么做了。比如,日本电视机产业在战后的崛起就主要得益于此:美国以牺牲自己相对产业优势为代价,默许了日本在电视机行业多次对美不公平贸易行为。结果是日本彩色电视机的产量在1966—1970 年间增长了 12 倍,美国是这些增长的主要出口地。除了数量之外,日本向美国出口的电视机还以极低的价格在美国国内大范围倾销,导致美国电视机行业几乎崩溃,在 21 家美国的电视机公司倒闭之后,不得已进行了全产业重组。[②]

以美国市场支撑日本战后经济重建无疑将加重美国的发展负担,意味着美国将以牺牲自己国内发展利益作为扶持日本的代价,意味着美国相对于西欧的贸易权力优势将缩小,因为西欧无须为日本的重建承担任何成本。这明显是美国不愿看到的。于是美国从 1949 年起,就开始劝说西欧诸国给予日本贸易最惠国待遇。这种劝说不仅持续到 1955 年日本正式成为《关税及贸易总协定》的缔约国,甚至一直延续到 20 世纪 60 年代中期为止。当时,美国正试图说服日本所有的主要贸易伙伴不再继续引用《关税及贸易总协定》的特殊条款对日本施以变相的贸易歧视。[③] 此外,美国在西欧推行马歇尔计划的过程中,将降低或取消对日贸易歧视作为继续提供项目贷款的附加条件之一,以此胁迫西欧市场的大门向日本打开,并成功地将日本正式纳入了欧美自由贸易版图,解除了自己单方面承担日本战后经济重建成本的状况。有学者将美国与日本在贸易领域内的利益契合关系形容为“自由世

　　① 参见[美]罗伯特·基欧汉:《霸权之后——世界政治经济中的合作与纷争》,苏长和等译,上海人民出版社,2012 年,第 148 页。
　　② 参见[日]山村光三:《警惕:日本的产业政策》,[美]保罗·克鲁格曼主编:《战略性贸易与国际经济》,中信出版社,2016 年,第 215～219 页。
　　③ 参见[美]罗伯特·基欧汉:《霸权之后——世界政治经济中的合作与纷争》,苏长和等译,上海人民出版社,2012 年,第 147 页。

界的利益"①,因为将日本融入欧美政治经济圈符合美国从自身设立的战后秩序中获取利益的设想。

在美国的战后整合政策下,日本的经济迎来了巨大的发展,也成为美国在贸易领域"最顺从"的盟友。日本与西欧虽然同为美国最亲密的盟友,也都出于对美国高度的安全依赖而颇显顺从,但是二者在顺从的程度上却有着很大区别。与西欧日渐强大起来之后频频与美国发生贸易争端不同,日本对美国在贸易领域的诸多要求表现出近乎绝对的顺从。比如,在纺织品贸易争端中,美国要求日本主动限制出口;在以半导体为代表的高科技领域贸易争端中,美国要求日本国内市场对美国芯片的消费必须达到规定份额;在布雷顿森林体系崩溃期间,为避免自己深陷经济滞胀、美元高汇率和国际收支逆差三大泥沼,美国逼迫包括日本在内的数个主要经济体将本国货币按美国规定好的比例升值……美日贸易摩擦不论从牵涉范围、产品领域还是时间周期来看,都是一场旷日持久的深度较量。但是哪怕日本在双边协商中明确表达过反对意见,最后协商的结果在确定和执行环节基本体现的还是美国的意志。

这种顺从的态度或许可以从战后特殊的美日安全与外交依赖中得到解释。② 可是日本的顺从不仅仅是美国独享的特权,它有时还会对西欧的几个主要经济体也表现出顺从的态度,哪怕它们之间并没有如日美安全同盟般的特殊关系。③ 更引人注意的是,这份顺从并非是日本迫于强制力下的屈服,而是日本在明明有能力拒绝的情况下做出的政治选择。日本拒绝西欧

① Gardner Paterson, *Discrimination in International Trade*, *The Policy Issues*, Princeton University Press,1966,p.271.

② 参见部振廷等:《美国反攻日本——美国反攻日本市场的战略》,中国物资出版社,1997年,第51页。

③ See Kent E. Calder, Japanese Foreign Economic Policy Formation: Explaining the Reactive State, *World Politics*, Vol.40, No.4,1988.

国家的能力主要体现在以下两个方面。第一,日本拒绝的能力源于其战后突显出的地缘战略地位。在资本主义阵营中,日本与美国、西欧共同组成了与社会主义阵营相对峙的战略大三角。尤其在冷战期间,日本明显是资本主义阵营重要的经济和意识形态地缘战略资源。这一身份让日本成为美国与西欧不敢失去的盟友,亦即日本在经济等领域拒绝美国和西欧的政治资本。第二,日本在战后经济重建中积累了足以拒绝来自西欧甚至是美国部分要求的能力。凭借这份能力,日本完全可以在一定程度上以自身战略目标为先,而摆脱单纯以配角身份自居的状态。然而日本虽然明知自己对于美国的价值,也拥有了反抗的能力,却并没有将这种价值与能力转为忤逆美国或者完全拒绝西欧的资本。这是为什么呢?

究其原因,表面是因为日本对美国的严重非对称依赖(资金、市场和外交支持),而这种严重非对称依赖又是源于日本的主客观处境(自然资源匮乏、外交孤立,以及日本企业的发展具有高度股本债务比的特点,这种模式要求必须有持续且稳定的资金流供给)。[①] 美国冷战期间一直是日本最主要的贸易伙伴、外来投资国家以及知识技术来源地,更是日本在战后从国际社会外交孤立中破冰的重要利器。所以在战后初期,对于一蹶不振又四面楚歌的日本而言,维系好美日关系是日本最主要的对外政策目标。哪怕这份维系的努力需要以经济贸易中的商业利益为代价,或者需要以日本国内凭高科技立国、强国、兴国的国民经济计划陷入停滞为代价,都在所不惜。与此同时,日本也清醒地知道,一方面在日美贸易依赖关系中,自己始终处于脆弱性较高的那一方,正是这种低议价权地位决定了每次贸易争端的败局;另一方面美国对日本的单向输血与扶持只是战后特殊情况下的暂时行为,

---

① See Kent E. Calder, Japanese Foreign Economic Policy Formation: Explaining the Reactive State, *World Politics*, Vol. 40, No. 4, 1988.

并不会长久。所以能力见长的日本需要寻找市场规模和经济体量与美国可相匹敌的其他贸易伙伴,从而在国家逻辑上降低自己对美贸易依赖的脆弱性,提高自身贸易政策的自主权。这个动机为日本对西欧几个主要经济体在贸易争端中同样展现出顺从姿态的行为提供了可能性解释。

不过,由于西欧同时还是美国的亲密战略盟友,也和美国在贸易争端中曾经形成对日合力,并非是日本为了降低对美脆弱性贸易依赖的首选。在这样的形势下,日本主要的贸易政策转向目标其实是亚洲:"1993 年,日本对东亚的贸易顺差为 569 亿美元,第一次超过了日本对美国的顺差 508 亿美元,表明了日本外贸战略方向的实质性转移的决心。"①日本作为一个自然资源匮乏的国家,其贸易结构的显著特点,是严重依赖原材料进口和制成品出口。美国钳制日本贸易的主要节点就在于操控日本的制成品出口渠道、数量和价格。之所以选择亚洲作为其贸易政策调整后的重心,一方面因为亚洲是日本最主要的原材料来源地;另一方面则因为到 20 世纪 80 年代亚洲涌现出了一批新兴市场国家,能就近为日本提供广阔的制成品出口市场。日本将贸易重点转向了亚洲等明显想降低对美贸易依赖脆弱性的行为,却让美国感受到了来自日本的挑战和压力。

由此,美国对日贸易政策的主基调也从过去的"整合"变为"规锁"。这种"规锁"首先反映在对亚洲的贸易权力上。美国深知日本融入亚洲贸易的行为会淡化战后美国在亚洲的存在感,对此并不乐见,于是试图将日本在亚洲的贸易势力"规锁"在美国允许的范围内。一是亚洲不仅是日本的主要原材料来源,也是美国主要的原材料供应地。亚洲供应的商品不仅包含橡胶等一般物资,还包括石油等核心战略物资。当年太平洋战争爆发的一个重

---

① 郜振廷等:《美国反攻日本——美国反攻日本市场的战略》,中国物资出版社,1997 年,第 39 页。

要原因就在于美日双方对亚洲的抢夺(尤其是东亚和东南亚)。彼时与如今的区别在于,二战时期的双方缺乏起码的政治互信,乃至于对彼此间传递的外交信号从可信度及内容的解读等方面都存在诸多敌意揣测。而如今两国不仅是基于共同安全的亲密盟友,还在两国多频次多领域的利益冲突中磨炼了充分的默契。所以这次日本在亚洲的势力延伸,虽然是日本尝试稀释美国对其控制力的战略选择,却在实际推行的过程中仍然脱离不了美国的规锁。二是如果日本通过扩大面向亚洲的贸易,成功降低了对美贸易依赖的脆弱性,那么美国工具栏中原本对挟制日本颇有效果的许多政策工具便都要失灵了。这也是美国难以袖手旁观的重要原因。

除了将贸易势力向亚洲延伸之外,日本国内实行以政商密切合作关系为特征的市场经济体制也让美国感受到了威胁,也是美国予以"规锁"的另一个重要方面。日本实行的市场经济体制指的是政府通过市场力量刺激企业形成自生力量、达成各自目标。事实证明,日本模式确实有利于以低成本撬动企业,实现高标准发展。比如,计算机行业在 20 世纪七八十年代作为颇有前景的新兴产业,是包括美国、西欧和日本都希望抢占产业发展优势的兵家必争之地。美国拥有世界上最大的计算机市场,最优秀的科研技术人员,以及来自国防部的重金资助,在这所有的支持下一直保持着远超世界其他国家的绝对优势。而日本,既没有来自国防部门的资金资助,也没有那么训练有素的科学家,却还是在全球计算机行业中占有了一席之地——有三家主要的计算机企业以及许多小规模的公司都来自日本,日本多个企业是美国和西欧计算机企业的主要零配件供应商。①

日本市场经济体制下,国内政策重点在于引导不同的企业各得其所。

---

① See Marie Anchordoguy, Mastering the market: Japanese government targeting of the computer industry, *International Organization*, Vol. 42, No. 3, 1988.

相比之下,美国的国内政策关注点则基于竞争思维,试图为不同的企业尽可能营造"机会公平"的竞争环境。所以美国的国内贸易政策关注点在于约束和规范垄断、寡头、卡特尔等影响绝大多数公司自由竞争的行为。此外,美国还将其对国内治理的心得迁移到了国际贸易体系的层面,以"机会公平"的名义为其干涉他国贸易政策、强迫他国降低对美贸易壁垒等违反自由贸易精神和《关税及贸易总协定》原则的行为辩解。①

虽然日本是在美国扶持下成长起来的资本主义发达经济体,也在与美利益冲突时频频退让,但不论是日本产品对美国国内产业的冲击,不论是日本在亚洲贸易势力的延伸,还是日本比美国更高效率的政商合作型市场经济体制,都在屡次贸易交锋中让美国实实在在感受到了来自日本的威胁。所以对美国来说,将日本的发展方向和规模规锁进一个让美国放心的范围内很有必要。

除了必要性之外,至于具体的"规锁"措施,美国在对日贸易战中,除了前文所述诸多案例中涉及的政策工具之外,与西欧国家的联合往往成为确保这些政策工具取得目标效果的"安全网"。虽然亚洲新兴市场国家开始兴起,但是美国与西欧依然是日本最主要的两个贸易伙伴,而且二者各自的内部产业都遭受到了来自日本的出口冲击。所以在美国对日使用各种政策工具的同时,再联合西欧国家一起发起对日经济制裁,基本就成了逼其就范的最后一根稻草。著名的《广场协议》就是一个美欧联合逼日本就范的例子。在该协议中,美国给世界上数个主要经济体规定了货币升值标准。其中,美国给日本定的货币升值标准最不合理。但其他西欧各国已经在该谈判之前,便以各种渠道与美国就相关标准与操作达成过谅解。所以虽然它们与

---

① See Marie Anchordoguy, Mastering the market: Japanese government targeting of the computer industry, *International Organization*, Vol. 42, No. 3, 1988.

日本同为美国提要求的对象,但是美国给西欧各国定的标准尚在那些国家可接受范围之内,却没有给日本以同等的待遇。最后再以其他国家纷纷签字为由,逼迫日本就范。

三、美国对西欧的战略平衡

在与社会主义阵营的对峙中,西欧是美国在欧洲选取的战略支点,它与日本一样接受着美国对自己的战后改造。虽然西欧与日本同为美国盟友,但是在对待美国的态度上,西欧国家就不如日本般顺从了。正如前文已详述过的例子,西欧国家实现市场一体化之后,通过对《关税及贸易总协定》相关规则的熟练运用,名正言顺地用集体贸易壁垒将美国排除到了西欧一体化大市场之外。而且西欧国家在重大贸易问题上也并没有完全服从美国的安排。比如,法国在 20 世纪五六十年代就曾背离美国要求,公开追求新重商主义性质的汇率政策,在于己有利的时机选择性地降低汇率,以获取贸易竞争优势。这并不符合当时布雷顿森林体系关于各国汇率锚定美元的要求。

与之形成鲜明对比的是,日本曾在 20 世纪 30 年代为了同样的原因做了同样的事情——刻意降低汇率、为自己争取贸易优势。但二战后,哪怕日本面临严重的国际收支赤字,哪怕日本明知自己对外界的贸易依赖具备极危险的高度脆弱性,却仍然亦步亦趋地跟随美国的脚步,调动政策工具坚持不让日元贬值,独自承受着因此带来的损失和风险。甚至直到布雷顿森林崩溃前,美国已露颓势,西欧几大主要经济体为防止受到来自货币波动的过度冲击纷纷增加黄金储备,日本也还是没有这么做。[1]

---

[1]　See Kent E. Calder, Japanese Foreign Economic Policy Formation: Explaining the Reactive State, *World Politics*, Vol. 40, No. 4, 1988.

由此可见,西欧国家对美国的服从更多是基于共同利益的妥协,而非似日本般源自严重的非对称贸易依赖。这些不同也决定了美国将用不同的手段对待日本和西欧这两个盟友,以期达到相同的效果:既能充分地笼络,也能放心地防止其背叛。

美国对西欧国家采取的具体改造在宏观上依然体现为"整合"与"规锁"的战略平衡,但在具体的操作手段上则有很大区别。就美国对西欧贸易力量的"整合"而言,1946—1958 年间,美国给予欧洲的政府贷款和援助净额就高达 250 亿美元。[①] 美国的塑造力量便随着一个个承载着这些启动资金的项目,将原本四分五裂的西欧国家逐步引向了支付联盟和市场一体化。

"规锁"的原因在于,一个缺乏有力制衡的、越来越繁荣的西欧却是有损于美国利益的。因为这意味着美国对西欧诸国原有控制力的稀释和分散,还意味着今后西欧的意志将越来越成为美国制定贸易政策,乃至整个对外政策目标不得不考虑的对象。在马歇尔计划时期,由于美欧间在政治与安全层面有深度利益捆绑,所以对美国来说,一个繁荣的西欧可能带来的威胁仅仅是一个担心。而随着西欧国家凭借市场一体化的优势,出乎美国意料之外地单方面降低了对美贸易依赖关系的脆弱性,提高了贸易政策的自主权,那份担心就变成了现实。这显然不是美国愿意看到的。由此,美国针锋相对地构建起了以《北美自由贸易协定》和美洲自由贸易区为主要内容的西半球区域贸易联盟,作为牵制与制约西欧的重要砝码。

《北美自由贸易协定》指的是由美国、加拿大与墨西哥三方组成的区域自由贸易联盟。北美区域化贸易与西欧区域化贸易的共同点在于,都是国家间开展的贸易合作,而且虽然相关协定表面上约束的是缔约国,但实际上

---

① 参见[英]苏珊·斯特兰奇:《国家与市场(第二版)》,杨宇光等译,上海人民出版社,2019年,第 111 页。

就美国与加拿大,法国与德国、英国等缔约国的经济体量与贸易规模而言,不论协定做何种规定,都必然会对第三方国家乃至更多国家的贸易情况及贸易政策产生外部性影响。这两个区域化贸易之间的重大区别则在于,具体政策制定环节对其外部性波及范围的先后排序。北美区域化贸易主要考虑的是贸易政策调整对彼此产生的影响。这主要因为《北美自由贸易协定》仅涉及三个国家,且三国之中显然以最强大的美国为核心,协定主要体现的是美国的意志。相比之下,西欧区域化贸易的情况就要复杂得多。由于牵涉到的国家数量多、范围广、经济制度类型多样,所以相关贸易政策在制定环节优先考虑的是对第三方国家产生的影响而非当事国本身。[①] 这也是为什么欧共体和欧贸联哪怕已经实现了高度的关税联盟,在国际多边谈判中也呈现出一致对美的态度,但是区域融合程度却始终不如美国、加拿大与墨西哥般高的重要原因。

美洲自由贸易区的设想自1994年正式提出以来,从倡议到推进再到运行的全环节全过程,美国始终占据核心主导地位。这不仅仅因为美国是该自贸区范围内最强大的国家,也不仅仅因为美国的经济体量和贸易规模,更因为美洲自由贸易区被美国视作制衡西欧共同体的重要工具。所以从一开始,美国便在《北美自由贸易协定》的基础上,与希望拉拢的其他美洲国家逐个以双边贸易谈判的方式推进美洲自由贸易区,而非多边协商平台。[②] 由于美国是西半球唯一一个有实力与地位挨个与其他西半球国家谈判并签署贸易协定的国家,所以这样推进区域自贸区的方式也在无形中进一步巩固了美国在西半球的相对贸易权力优势,同时为自己在最终美洲自由贸易区的

---

①　See Sidney Weintraub, U. S. – Canada Free Trade: What's in It for the U. S. ? *Journal of Interamerican Studies and World Affairs*, Vol. 26, No. 2, 1984.

②③　See Christopher M. Bruner, Hemispheric Integration and the Politics of Regionalism: The Free Trade Area of the Americas(FTAA), *The University of Miami Inter – American Law Review*, Vol. 33, No. 1, 2002.

具体谈判中争取到了非常有力的谈判杠杆。③

第三节　美国贸易霸权对发展变化的适应

对比《关税及贸易总协定》(GATT)和国际贸易组织(WTO)成立这两次国际范围内贸易制度的发展后发现,前者更多地反映了大国的意志,而后者则对发展中国家有了不少让步。① 这主要是因为《关税及贸易总协定》在制定和签署时仅作为一份临时性的贸易条款,并没有成立相应的多边平台实体和机制。加之当时已经进入冷战时期,《关税及贸易总协定》的适用范围主要限于以美国为首的资本主义阵营,所以必然以美国的意志为转移。而世界贸易组织的成立则是美国贸易霸权随着冷战的结束走出资本主义阵营、走向全世界的起点。站在这个时代赋予的新起点,美国延续其依靠多边合作机制统治国际贸易体系的方式。不同的是,美国已经在这一阶段内完成了对盟友的经济扶助和与盟友间的权力资源分配,并在盟友内部形成了相对稳定的等级秩序。所以当美国带着新生的世界贸易组织走向世界的时候,并不是以其一国的身份,而是一个较为稳固且彼此熟悉、配合默契且以美国为中心的盟友集团身份。

一、从资本主义市场到世界市场

整个冷战时期,经济一直都是美国最具优势的武器。凭借这个武器,美

---

① 参见[美]罗伯特·基欧汉:《霸权之后——世界政治经济中的合作与纷争》,苏长和等译,上海人民出版社,2012年,第146页。

国在两极对峙体系中打造出了一个经济繁荣的资本主义世界。当时的世界贸易主要有两个特点。一是按参与国际贸易活动范围的不同，全世界的国家大致可分为三个群体：以苏联为主的社会主义阵营、以美国为主的资本主义阵营，以及广大的第三世界国家和中立国家。两大阵营之间几乎没有贸易往来，却都与第三世界国家和中立国家有贸易往来。二是资本主义阵营虽然无法在国家数量上代表世界贸易，却是绝大部分国际贸易量和贸易额的来源，以及由此产生的财富聚集地。

后冷战时期，世界贸易面临的最大变化，就是三个群体之间的界限被打破，另外两个群体的国家纷纷融入由原来资本主义国家阵营构建起来的"全球市场"。随着参与方数量的增长，市场的运作模式、各方对成本和利益的分配格局等方方面面的内容必然也发生了变化。与此同时，结合正在兴起的信息技术革命背景，经济发达的资本主义经济体纷纷决定要将经济重心从工业制造业转移到服务业。于是，苏联解体和信息技术革命便为以美国为首的资本主义国家提供了一个重塑世界贸易格局的机会：在产业重心转移的过程中，形成并固化发达国家与发展中国家的分工。这个机会看似突然且不易成真，实则由于美国在冷战期间的两个行为已具备了变为现实的可能性。

首先，在率领盟友国家塑造世界贸易格局之前，美国已在冷战期间完成了对资本主义阵营内部的格局塑造。到了冷战后期，美国盟友国家在贸易领域面临的主要矛盾是自身贸易实力上升的事实与对美贸易依赖的高度脆弱性之间的矛盾。

一方面，得益于美国的扶持，盟友国不仅战后经济窘境得到了充分缓解，与美国之间的经济实力差距也呈现出了逐步缩小的趋势。这变化在美国三大传统贸易保护产业——钢铁、汽车和纺织——体现得尤为明显。与西欧、日本在这三个产业上迅速占领国际市场的蓬勃生机形成强烈反差的是,美国的这三个产业在 20 世纪 80 年代全都出现了发展衰退甚至停滞的现象:与 1973 年度的峰值相比,1983、1984 年度的产量中,钢铁生产下降了35%,汽车生产下降了22%,纺织生产下降了7%。①

另一方面,盟友国在战后的经济发展严重依赖于美国庞大的消费市场与知识技术输出,自身国内的产业结构布局甚至亦受美国市场与知识技术输出的塑造力影响,难以承受对美贸易关系破裂可能带来的损失,于是哪怕经济实力有所增长,依然无法降低对美贸易依赖的脆弱性。日本就是众盟友国中的一个典型例子。日本与美国爆发的系列贸易争端领域之广、力度之大,几乎贯穿了后布雷顿森林体系至乌拉圭回合谈判结束的二十年。学者山村光三将置身于贸易战的日本描述为一个患了"脆弱恐惧症"的贸易国:"尽管已经获得了高速增长,日本经济实际上依然很脆弱,一旦拥有资源和(或)市场的外国排斥日本,日本经济就会出现剧烈的动荡和下滑。"②随着盟友国家自身贸易实力的增强意味着提高贸易政策自主性能力的增强,本应更有能力降低对美贸易依赖的脆弱性,但事实上这样的脆弱性却并未降低。由此可见,盟友国家对美贸易依赖的高度脆弱性并不完全是美国运用政策工具的后果,也是盟友国家在冷战局势下做出的主观选择。

美国及其盟友国家间发生贸易冲突的大背景,是资本主义世界客观贸易收益整体快速增长时期遗留下来的政治遗产——基于成本与利益分配格局的非对称贸易依赖关系。如前文所述,战后初期美国对外贸易的战略重点是实现整个资本主义世界客观贸易收益的快速增长。为实现该目标,不惜由美国自己承担主要的发展成本,由盟友国家分取较多的发展利益,以培

---

① 参见[美]威廉·克莱因:《美国的贸易和产业政策:纺织、钢铁和汽车产业的经验》,[美]保罗·克鲁格曼主编:《战略性贸易与国际经济》,中信出版社,2016 年,第 255 页。

② [日]山村光三:《警惕:日本的产业政策》,[美]保罗·克鲁格曼主编:《战略性贸易与国际经济》,中信出版社,2016 年,第 222 页。

养盟友国家后续自我发展的动力。这种失衡的成本与利益分配格局是美国政策工具的主观调控,有悖于理性行为体"趋利避害"的本性,仅在特殊阶段、应特殊战略需要而由美国一力维持。也就是说,盟友国家的发展繁荣离不开美国,但美国却有充分的动机随时终止承担过多发展成本的现行政策。双方对彼此的贸易依赖关系长期处于严重的非对称状态。碍于此,盟友国在贸易决策中不免对美国多有顾虑,美国则将这种心理进一步工具化为了威慑手段,用撤回给予盟友国的诸多贸易好处为威胁,甚至用中断与对方的贸易往来相威胁,迫使对方在双方贸易利益冲突时屈从于自己。到冷战后期,日本和西欧已经成长为在经济实力与贸易规模方面能够与自己比肩的经济体。通过与日本和西欧两大重要盟友之间数次贸易争端的交锋,美国充实了制衡二者的政策工具与着力点,进一步厘清并固化了三方之间"美国支配—日本和西欧从属"的关系,为美国贸易霸权在后冷战时期向世界范围的延伸做好了准备。

随着冷战结束,两极体系无意中给予美国的"好处"——资本主义国家对美国的向心力——消失了,美国对外政策中结交盟国和吸引中立国的紧迫性也随之消失。这种向心力是上文所述成本利益分配格局失衡状态长期存在的重要原因。冷战期间,美国争取尽可能多的国家加入资本主义阵营这一行为,其背后的驱动力是这些国家存在投奔另一方(苏联)的可能性。由于这样的可能性,美国不惜以牺牲国内发展所需商业利益为代价,积极扶持盟友的经济发展,为自己打造政治筹码。也因为这个可能性选项的存在,美国的盟友国获得了在经济与发展方面的对美议价权。此外,两极体系影响下的对美向心力还是美国与盟友国家默契地将贸易争端控制在"不伤和气"范围内的重要动因。不论是美国还是盟友国家,它们之所以在数次贸易争端中均选择了退让和妥协,主要原因就是苏联阵营的存在让它们达成了安全利益高于经济利益的共识。所以随着冷战的结束,对美向心力彻底消失之后,美国贸易霸权就体现出了和整个美国霸权体系相一致的特点:以自身利益为先的单边主义。① 而单边主义色彩浓厚的权力现象则导致美国在世界范围内逐渐失去了其他国家对美国,以及对美国对外政策目标的支持。②

其次,美国在冷战期间努力吸引其他国家加入自己阵营的过程中,已经为将第三世界国家和中立国家整合进自己领导下的自由贸易秩序做好了准备。

一方面是打造世界经济的新增长点。在美国的鼓励和支持下,这些国家通过更好地整合自己的人力、财政和技术资源提高了生产力,逐步实现了经济繁荣。20 世纪 70 年代至 90 年代初的亚洲涌现出众多新兴市场国家,表现出强劲的经济发展势头,就是最好的例证。不过,在此期间不止有这些国家的崛起,还有不少"富可敌国"的跨国公司和其他拥有辐射当地贸易政策影响力的经济实体也纷纷崛起,它们蓬勃发展的势头基本不受外部干扰。这些新形势下的新变化都给传统的民族国家带来了新挑战。但即便如此,美国经济仍在持续增长并稳居世界第一。只不过,随着其他国家(具有起点低的优势)的逐渐成长壮大,美国相对于其他国家的优势地位不可避免地开始日益下降。③ 据此,吉尔平认为,20 世纪 70 年代资本主义国家间频繁爆发的经济冲突与旧工业核心(美国)丧失了工业领导权有关。④

另一方面是以整合进"世界市场"为由,对社会主义阵营国家进行资本主义改造。1981 年美国在国际机构中促成出台了一个简单而被普遍应用的行动方案,即"结构调整方案"(Structure Adjustment Programme, SAP)。这个

---

① See Naill Ferguson, *Colossus:The Price of American Empire*, Penguin Press, 2004, pp. 14 – 19.

② 参见[美]约翰·刘易斯·加迪斯:《遏制战略:冷战时期美国国家安全政策评析》,时殷弘译,商务印书馆,2019 年,第 380 页。

③ 参见[美]理查德·哈斯:《外交政策始于国内:办好美国国内的事》,胡利平、王淮海译,上海人民出版社,2015 年,第 11 页。

④ 参见[美]罗伯特·吉尔平:《跨国公司与美国霸权》,钟飞腾译,东方出版社,2011 年,第 57 页。

方案首先运用于那些被认为"处在危机之中"的第三世界国家,强迫第三世界国家多维度地围绕新情况进行调整。20世纪80年代末期,结构调整方案被用在东部集团国家(苏联东欧国家)身上,"帮助"它们迅速转变为"规范"的资本主义。①

二、从"自由贸易"到"公平贸易"

在正式展开论述之前,有必要先对"公平贸易"(fair trade)和"自由贸易"(free trade)这两个密切相关的核心概念做简要界定与区分。为避免混乱,此处借用西方政治经济理论分析中对"公平贸易"的理解,将其界定为基于互惠(reciprocity)原则下相互承担对等权利与义务的贸易,强调的是贸易行为体之间权利与义务的对等关系。"自由贸易"指的是一个行为体同时具备加入世界市场的意愿与能力的状态,强调的是行为体自身对贸易模式的选择。只有同时具备了意愿与能力两方面的条件,一个国家的贸易政策才会体现出自由贸易的目标。比如,有的发展中国家有参加国际贸易的强烈意愿,却因无法承担融入之后将带来的国内政策改革成本而放弃,这便是只有意愿而无能力的情况。还比如,有的发达国家完全可以承担融入世界市场所需调整成本,却出于保护国内产业免受外来竞争冲击的考虑而拒绝参加,这就是只有能力而无意愿的情况。"自由贸易"强调在贸易活动中较少国家/政府干预的成分,而更多依靠市场力量运作和经济规律运行的贸易,与国家主导下的封闭市场相对。

厘清了这两个概念之间的区别之后,还需说明二者之间的联系。首先,

①　参见[埃及]萨米尔·阿明:《全球化时代的资本主义:对当代社会的管理》,丁开杰等译,中国人民大学出版社,2013年,第12页。

"公平贸易"和"自由贸易"体现的都是处于开放贸易状态下的行为体所持的不同政策目标。也就是说,开放贸易为国家间贸易的发生提供了前提环境。其次,"公平贸易"与"自由贸易"描述的是不同维度的贸易政策目标,所以二者之间不必然是互斥关系。具体说来,前者强调不同行为体间政策规定下的权利义务对等待遇,后者强调同一行为体内部国家力量与市场力量的消长变化。换言之,自由贸易秩序下,国际贸易活动可能是权利与义务相对称的公平贸易,也可能是不对称的不公平贸易;公平贸易原则指导下,国际贸易活动可能同时是国家间贸易壁垒很低、国家/政府干预很少的自由贸易,也有可能是只有依靠国家政策工具调节方能保持国家间权利义务对等平衡的保守主义贸易。

冷战期间,美国贸易政策发生了从"自由贸易"到"公平贸易"的目标转向。最能体现美国战后"自由贸易"政策目标的例子便是美国主导下设计并制定的《关税及贸易总协定》。到了 1985 年 9 月,时任总统里根将"自由且公平"(free but fair)描述为美国贸易政策的原则,并要求美国贸易代表办公室通过积极运用"301"条款,以自由且公平贸易促进美国出口。从此,美国贸易政策的核心是"公平"而不是"自由",倡导自由贸易的前提是公平贸易。① 在此基础上,美国出台的《1988 年综合贸易和竞争法案》还进一步要求财政部长每半年对美国的主要贸易伙伴提供汇率政策报告,研究"这些国家是否为了避免有效调整国际收支平衡或在国际贸易中获得不公平的竞争优势,而操纵基本币与美元之间的汇率"②,正式将"公平贸易"的意志落实为了国内法律法规的实体。美国此番贸易政策目标转向,其背后的原因纷繁复杂,既有时代背景的因素,也有美国与盟友国家间贸易互动结果的因素。

---

① 参见张丽娟:《美国贸易政策的政治经济学》,经济科学出版社,2017 年,第 168 页。
② [美]道格拉斯·欧文:《贸易的冲突:美国贸易政策 200 年》,余江、刁琳琳、陆殷莉译,中信出版社,2019 年,第 699 页。

然而不论是"自由贸易"还是"公平贸易",都集中反映了美国对周围环境与形势的判断、对自身利益最集中的诉求,以及基于该判断、奔着该诉求去改造世界的努力。由此出发,本书接下来尝试为这一重大转变提供三种可能性解释。

首先,美国贸易政策从"自由贸易"到"公平贸易"转向的思想根源可追溯到美国以企业为中心的经济发展模式。这样的经济模式"强调全球范围内的自由贸易和不受约束的竞争"①。美国国内关于政府政策与市场竞争之间关系的研究中,决策者主要关注点在于政策如何规范市场。他们制定政策的目标是为所有市场行为的参与者创造"机会公平"的竞争环境,避免出现市场垄断、价格垄断、以及其他以公司间合作的形式(公司兼并与并购)干扰正常竞争秩序的行为。② 这种经济模式的特点在美国与其他资本主义发达经济体的政策比较中更为明显。美国以企业为中心,关注的是经济竞争的规则设置。而日本则被概括为"政商关系"(Government – Business Relations)主导下的市场经济,则更关注于为激励公司在不同领域"各得其所"、赢得竞争而创造各种市场激励目标。③ 政府干涉的目的不是管理和规范市场,而是将市场用作刺激企业为国家创造财富的工具。从这个角度来理解,战后初期,美国贸易政策的目标设定为"自由贸易"符合当时美国消化国内战时积压库存、国内跨国公司借助高价位美元大肆扩张海外业务的利益需要;冷战中后期,美国将贸易政策的目标重新设定为了"公平贸易",同样符合当时美国抗争来自盟友国家对美贸易歧视的利益需要。

其次,美国贸易政策从"自由贸易"到"公平贸易"的目标转向还可从国

---

① ［美］兹比格纽·布热津斯基:《大棋局:美国的首要地位及其地缘战略》,中国国际问题研究所译,上海人民出版社,2007年,第23页。

② See William Shepherd, *The Treatment of Market Power*, Columbia University Press, 1975, p. 291.

③ See Chalmers Johnson, *MITI and the Japanese Miracle*, Stanford University Press, 1982, p. 19.

内利益集团随国际经济环境变化的"破旧立新"得到解释。随着 20 世纪 80 年代美国国际收支赤字的持续增加,美国国内关于贸易政策的原则性争论不再只是传统的自由主义与保护主义之争,而是发生了如下变化。一是国际经济环境的新变化打破了以自由贸易为单一政策目标时的传统旧秩序。由于国家政治体制的原因,美国贸易政策史同样绕不开干预/孤立这个钟摆效应,具体表现为在自由贸易与保守主义贸易之间的摇摆。这反映了美国国内左右贸易政策制定的两股主要势力对自由贸易分别持支持与反对的不同态度。随国际经济环境发生的三大新变化(大型跨国公司的兴起、美国及其盟友之间的关系调整、世界主要经济体产业结构调整),这两股主要势力各自内部也因不同利益群体对诸多问题的不同看法而分裂。二是分裂后的各支零碎力量又因新的利益而聚集,重组形成了两支新的联盟势力。国际经济环境的新变化,让贸易政策在自由贸易与保护主义贸易传统二分法的基础上,又增加了公平贸易和战略性贸易两种分流,并各自凝聚起了新的支持力量。[①]

最后,美国贸易政策从"自由贸易"到"公平贸易"的目标转向,为美国单方面打开外国市场提供了国内法律层面的合法性。正如美国实现"公平贸易"的有力工具"301"条款所体现的单边主义那样,不论是"自由贸易"还是"公平贸易",美国都牢牢将评价是否自由、是否公平的"仲裁权"掌握在自己手里。美国虽然牵头设计了《关税及贸易总协定》以及后来的世界贸易组织这样的多边协商平台,也发挥其主导地位在相关章程中体现了"自由"与"公平"的原则和精神,却并没有利用这个多边平台为"自由"与"公平"提供具有公信力的判断、评价及衡量标准,而是基于国内单方面的申诉、国内机构

---

① See Stanley D. Nollen and Dennis P. Quinn, Free Trade, Fair Trade, Strategic Trade, and Protectionism in the U. S. Congress, 1987 - 88, *International Organization*, Vol. 48, No. 3, 1994.

的调查和认证,对贸易伙伴发起具备胁迫性质的双边贸易谈判。这样的行为极易引发外国的反制措施。当双方的针锋相对激化到了一定程度,就成了贸易战。具体说来,美国以"公平贸易"为由引发贸易战的情况及其背后的原因主要有以下两种类型。

第一,以布雷顿森林体系的崩溃为转折点,战后的美国经历了从"以贸易换外交"到"以外交换贸易"的过程。后布雷顿森林体系时期,美国面对的主要贸易矛盾是国际贸易在本国经济中越来越重要的地位与自身国际贸易优势逐渐丧失的现实之间的矛盾。一方面,国际贸易在决定美国世界经济地位方面的作用越来越重要:"1960—1980 年,进出口占美国制造业增加值的比重增长了一倍多,这种变化并不仅仅局限在量上,说明了国际因素对美国的重要性发生了质的变化。"[1]另一方面,随着 1971 年商品贸易逆差记录的出现,美国在国际上的相对贸易优势的颓势初现。国内舆论继而将高失业率等国内经济问题归咎于外国竞争,[2]导致美国对盟友的贸易战略认知发生了改变,认为其对盟友长达几十年的单向优厚贸易政策所带来的政治收益已经不足以弥补其背后付出的经济成本了,[3]于是开始转入"战略性贸易政策",这种贸易政策以国家干预性扶持具有战略性重大意义产业为特征,与之前倡导尽量以市场为主导、弱化国家成分的"自由贸易"大不相同。战略性贸易政策的实施,目的在于将尽可能多的"额外利润从竞争对手那里转移给美国厂商"[4]。解决这个矛盾就是美国本阶段的贸易诉求,而以西欧和

① [美]保罗·克鲁格曼:《导论:贸易政策的新思路》,保罗·克鲁格曼主编:《战略性贸易与国际经济》,中信出版社,2016 年,第 7 页。

② 参见[美]道格拉斯·欧文:《贸易的冲突:美国贸易政策 200 年》,余江、刁琳琳、陆殷莉译,中信出版社,2019 年,第 537 页。

③ 参见[美]罗伯特·吉尔平:《跨国公司与美国霸权》,钟飞腾译,东方出版社,2011 年,第 202 页。

④ [美]吉恩·格罗斯曼:《战略性出口:一个评论》,[美]保罗·克鲁格曼主编:《战略性贸易与国际经济》,中信出版社,2016 年,第 73 页。

日本为代表的盟友则作为美国设定的贸易竞争对手,从此与美国进入了一个贸易战频发的阶段。

以美日芯片贸易战为例。自20世纪70年代中期起,日本便决心培植以半导体为代表的高技术产业,并经过十余年的努力,在"存储器等集成电路半导体技术方面超过了作为晶体管、集成电路诞生地的美国,引发了激烈的日美半导体贸易摩擦"[1]。美国在两次《日美半导体协议》中对日本提出了一系列蛮横要求:包括半导体存储器的日常生产经营必须在美国政府的监管下才可进行、向美国开放知识产权和专利、人为规定美国半导体在日本国内市场份额等。[2] 囿于日本在贸易方面的"脆弱恐惧症",这场高技术产业战争最终以日本的妥协退让收场。

第二,美国为确保战略性贸易策略的成效,需要在不提供对等优惠条件的同时胁迫对方单方面向美国打开市场。此时,"不公平贸易"受害者的形象就是一块很好的敲门砖,也是其不提供对等优惠条件的借口。20世纪70年代,美国开始实行战略性贸易策略:通过对各产业的评估,筛选出有战略意义(它的发展将带动更多产业的发展,或者这个产业是至关重要无可取代的枢纽等原因)或对国家的安全和发展具有中长期意义的产业,再用政府政策以发放补贴等贸易保护措施为企业在国际社会中创造相对竞争优势。美国虽然在贸易战中批评欧洲发放补贴,批评日本施行的是以政商关系为核心的市场经济,认为由于这些对手的"不公平"行为阻碍了贸易的"自由"。然而美国对其认为具有战略性意义的行业也有常规发放的补贴,同时美国政府也在部分重点行业与商界保持着密切的合作,比如军工产业。[3]

---

① 冯昭奎:《日本半导体产业发展与日美半导体贸易摩擦》,《日本研究》,2018年第3期。

② 参见冯昭奎:《日本半导体产业发展与日美半导体贸易摩擦》,《日本研究》,2018年第3期。

③ Marie Anchordoguy, Mastering the market: Japanese government targeting of the computer industry, *International Organization*, Vol. 42, No. 3, 1988, p. 538.

　　美国发起贸易战最常用的理由是自己遭到了不公平贸易的对待:指责对方滥用反倾销政策对自身内部企业发放补贴或抬高对美贸易壁垒(比如西欧),指责对方不向自己的制成品开放市场(比如日本),指责对方长期对美贸易顺差抢走了工作岗位(比如中国),等等。这些理由和指责往往不单独出现,而是混杂在一起综合使用。虽然在一般情况下,美国发起贸易战的对象不一样、时间不一样、具体情况也会有差别,但是美方指责对方的罪名以及发起贸易战的借口却大抵都是不公平贸易。值得注意的是,政治关系亲疏远近并不是美国发动贸易战的主要考虑因素。比如,西欧、日本和中国都曾是美国与其爆发贸易冲突的对象,但明显三者对美国的政治意义并不一样:西欧和日本是它一手扶起来的盟国,中国是冷战结束之后新全球化贸易秩序中崛起的新对手。

　　从贸易依赖关系来看,贸易战是一种明显的挑衅。而且贸易战往往都发生在贸易关系尤为密切,甚至是贸易依赖程度较高的国家之间。这是因为基于一般贸易依赖关系的指责和打击,无法对彼此造成太严重的损害,也都达不到贸易战的激烈程度。一个国家发起贸易战之前,以下两方面的后续效应是必须预先考虑的内容。一是贸易战将带来的经济后果。一旦发起攻势打击与自己依赖程度很高的贸易伙伴,那么打击之前,一方面需得为自己确保可替代的进口来源和可替代的出口渠道,提高自身议价权、降低贸易关系被迫中断时国内供应链风险;另一方面还得大规模封堵对方及时找到可替代选项的可能性,降低对方议价权、提高贸易关系被迫中断时对方国内供应链风险。二是贸易战将带来的政治后果。发起贸易战的国家一方面指责对方对自己有明显的歧视与不公平待遇;另一方面却也动用国家机器选择性地干预市场运作——对对方实施经济制裁或者人为抬高贸易壁垒,即也对对方实施贸易歧视与不公平待遇。这样一来,可预见的后果中不仅包括对方的抗议与反制,影响民间交往、公众舆论与国际形象,甚至还有可能对对象国制定对己政策的政策方向和目标定位造成影响。

综上，发起贸易战是一个国家的主观选择，是国家间挑衅行为。要使其取得预想的效果，必须至少满足以下三个条件：一是对方要对自己依赖程度高（数量、种类和质量）；二是自己对对方的依赖程度低（有可替代选项）；三是通过减少对方的可替代选项而确保对方对自己的单向高依赖。

三、从工业制造业到服务业

随着战后经济的发展，国家间经济实力对比发生了巨大变化，各个国家的贸易情况也发生了相应的改变。首先，来看以美国为首的资本主义世界。伴随着信息技术革命的兴起，美国的经济发展和贸易重点开始从传统优势产业的工业制造业转向新兴产业服务业，西欧各主要经济体和日本也紧随其后，由此开启了资本主义世界宏观经济结构调整时期。美国是典型的自由市场型经济发展模式，政府对市场实施的管理基于市场自身规律而展开。在此番产业转向中，产业发展和经济结构的调整成本主要由私人企业和社会来承担。而像德国和日本这样紧随其后进行相应改革和调整的盟友国家则是典型的政府与商界密切合作型市场经济管理模式，主要由政府和社会来承担结构调整的成本。鉴此，虽然资本主义世界主要经济体都在进行结构调整，但美国由于起步早、政府负担小，所以它的结构调整不仅速度快而且还更彻底。调整后的资本主义世界国家抢占了以高科学技术含量为特征的服务业高地，出口的内容以高附加值的服务业产品为主、复合了科学种养殖技术的工农业产品为辅，普通的自然资源消耗型与技术含量较低的劳动力资源消耗型的工农业产品则主要依靠来自广大发展中国家的进口。

其次，来看广大发展中国家贸易情况的改变。与发达国家在后布雷顿森林体系时期纷纷调整经济结构、稳定经济、恢复增长的情况不同，发展中国家在欧美日等国家做经济结构调整的 20 世纪 70 至 90 年代迎来了经济发展的小高峰。自 1965 年起,发展中国家在国际贸易中的份额增长很快。在美国等先进工业国从工业品出口转向服务出口的同时,工业品在发展中国家对外贸易中的比例开始上升。它们的工业化发展和美国等老工业国家向服务业转移经济重心有密切的关系。正是由于发达国家纷纷转向由信息技术革命引领的、具有更高附加值的服务业,这才导致了世界工业的重新布局。全球经济这种大范围大规模重组消耗的经济成本很高,在国家间政策的协调上也有诸多困难,会在国际社会中产生获益较多且消耗较少的赢家和与之情况相反的输家。① 由此带来的结果不仅是工业在全球范围内的重新布局,而且还重塑了不同国家在国际供应链和价值链上的位置与相互间关系。

值得注意的是,美国早在 20 世纪 70 年代初就做好了准备,迎接这场全球贸易结构的重组。其中最有代表性的政策工具就是美国在《1974 年贸易改革法案》中出台的针对发展中国家的普遍优惠制(Generalized System of Preferences,GSP)。该制度针对来自特定发展中国家的特定商品,给予无差别、非歧视且非互惠的贸易待遇。表面上看,这是美国自由贸易秩序从资本主义世界外溢到发展中国家的新发展,是美国向发展中国家打开自己市场、分享发展红利的举措。但其实该制度针对特定国家、特定商品的前提已经显然违反了《关税及贸易总协定》中的"非歧视"原则。而且在后续的实际执行过程中,美国也对该制度采取选择性遵守与执行的态度。所以普遍优惠制实则是美国拉拢发展中国家,同时用贸易区分敌友亲疏的政策工具。给予此项优惠可以作为美国对特定国家政治示好的经济信号;对方明明符合条件,美国却故意选择不执行,也可视作双方关系走弱的前兆。更重要的

---

① 参见[美]罗伯特·吉尔平:《全球资本主义的挑战》,杨宇光、杨炯译,上海人民出版社,2001年,第 23 页。

是,美国的此项政策不仅让发展中国家分享美国市场带来的经济福利——客观贸易收益,同时也以稳定的需求与较高的利润在这些对象国内部形成了稳定的产业链布局——主观贸易收益,从而形成对美高度贸易依赖,以至于在制定对外贸易政策时必须考虑美国给予的优惠政策是否延续的问题。

20 世纪 70 年代初,美国面临着布雷顿森林体系崩溃后的经济滞胀、高企不下的失业率以及与西欧、日本等盟友国家摩擦不断的进出口贸易等问题。而且新兴市场国家为主的后起之秀在传统基础工业产业上的发展也给美国带来了不小挑战。美国同这些国家之间在传统工业制造业生产中的劳动力工资标准差别很大,以至于无法通过改良技术、提高效率等方式抵销工资差赋予新兴工业化国家的竞争优势。[1] 这也是美国顺应信息技术革命浪潮,做出产业结构调整的重大决定的原因之一。与其他所有国家相比,不论是它想拉拢的盟友国家还是它视之为敌人的苏联阵营,美国贸易的两个突出特点就是:有庞大市场支撑下的经济规模,以及高度发达的知识技术水平。正是这两个特征决定了美国倾向于在战后选择建立一个自由贸易秩序,因为这样的秩序一方面有利于美国在保有这两个特点的同时,实现经济的持续增长;另一方面有利于美国以这两个特点为筹码,为自己争取国家间双多边贸易谈判中的有利位置。[2]

小　结

美国贸易政策在上一阶段产生的效果在本阶段得到了充分显现。上阶

---

① 参见[英]保罗·肯尼迪:《大国的兴衰(下)》,王保存等译,中信出版社,2013 年,第 266 页。

② See Stephen D. Krasner, US Commercial and Monetary Policy: Unravelling the Paradox of External Strength and Internal Weakness, *International Organization*, Vol. 31, No. 4, 1977.

段以《关税及贸易总协定》的签署生效作为美国贸易霸权的确立标志而结束,本阶段聚焦的则是美国贸易霸权的运转与调适,并以世界贸易组织取代《关税及贸易总协定》登上历史舞台而结束。

《关税及贸易总协定》是美国正式迈出统治世界贸易的第一步,也代表了美国对自身贸易发展所需外部环境的期待。然而虽然该协定从协商到签署都基于多边合作,却依然在实际执行中体现出了作为美国维系国际贸易秩序的工具属性。美国作为当时世界上最大的出口国,几乎主导了《关税及贸易总协定》的规则设计与具体制定环节。可以认为,这份协议就算没有完全反映主导方美国一国的利益与意志,至少也不会有悖于美国的利益与意志。但是就算是这样一份符合其利益的协定,美国在实际执行时仍然没有悉数执行,而是选择性执行。比如,20 世纪 50 年代,美国在与日本有贸易争端的时候,就绕过了《关税及贸易总协定》中关于争端解决的规则和程序,并违反了该协定中关于非歧视贸易政策的规则。[1] 从而可以看出,包括《关税及贸易总协定》在内的多边贸易协定,反映的是美国对世界贸易体系的预期,这份预期以不损害美国利益为基础。当遇到不符合预期的情况,那么《关税及贸易总协定》中与自身利益相抵触的规章制度、原则和仲裁决定,美国是不会遵守的。

世界贸易组织取代《关税及贸易总协定》登上历史舞台,既有其历史必然性,更离不开美国贸易霸权的主观操纵。历史必然性体现在以下三点。一是从多边合作的贸易协定到正式的多边协商平台实体,本就是国际贸易发展的必然趋势,体现了时代的进步。二是《关税及贸易总协定》的缔约国以资本主义经济体为主,更多体现的是冷战时期以美国为首的资本主义阵

---

① See Jock A. Finlayson and Mark W. Zacher, The GATT and the Regulation of Trade Barriers: Regime Dynamics and Functions, in Krasner, ed., *International Regimes*, 1983.

营的意志与利益。随着冷战的结束,广大原社会主义阵营的国家、第三世界国家和中立国家纷纷开启了对资本主义经济体的大规模贸易。用增加了这些国家意见与声音的世界贸易组织取代原有的国际贸易秩序章程,体现了世界贸易的新格局新气象。三是《关税及贸易总协定》各缔约国之间的贸易实力对比在数十年战后重建的过程中已有了巨大变化,远非制定之初那般。在这样的实力对比变化下,各国摆脱对美国的附庸、保持贸易政策自主性的意识与能力都有了明显提高。最明显的证据就是,《关税及贸易总协定》在规则设计环节曾以贸易争端解决机制为一大亮点,但这机制也随着国家间贸易实力对比的变化而逐渐失灵。在贸易争端无法得到有效解决的情况下,国际贸易逐渐从多边合作的盛况逐渐出现了转向双边主义和区域主义的趋势。所以用世界贸易组织替换《关税及贸易总协定》也是对贸易权力新格局的反映与适应,从而让多边贸易合作的良好传统在后冷战时代得以延续。

美国推动设立国际贸易制度与国际机构的动力在于两方面。一是分担国际领导责任。二战结束后,在贸易领域只有美国有能力承担起国际领导责任。若完全由自己承担,势必将拖累国内经济社会发展。二是消纳战时国内过剩产能。当时全球连续遭受两次世界大战和大萧条的重创,购买力几近丧失,负债累累,而美国的工业生产系统基本没有受到太大影响,反倒还因为战时供给的原因,扩大了生产规模,导致战后生产能力远远过剩,所以急于寻求一个稳妥的办法确保其能享有较稳定的海外市场供出口。①

美国的主观操纵体现在它直面自身相对衰落的问题,用政策工具锁定与其他盟友国家间的统治－支配关系。虽然美国和其他国家间的相对贸易权力有所缩小,但由于当时的一家独大是特殊历史时期的特殊现象,本就不

---

① 参见熊良福主编:《当代美国对外贸易研究》,武汉大学出版社,1997 年,第 41 页。

可能一直维系下去,所以美国经济实力的相对衰落是正常现象。而且这种衰落其实自战后美国的相对权力优势到达顶峰时便已经开始了。但这并不影响它继续在国际经济领域占据主导地位的事实。美国的贸易保护主要集中在那些面对外来竞争时特别脆弱的产业,比如纺织品、钢铁、家电和汽车。[1] 这也是美国与盟友国家集中爆发贸易争端的产业。

美国之所以能够在迎接来自盟友国家的贸易争端和贸易实力挑战的同时,还能筑牢资本主义贸易国家阵营、在政策协调方面保有长期的默契,主要有以下三个原因。

一是美国作为主导者的强制力及其有力工具栏。美国在软硬兼施、协调与制衡盟友国家的过程中建立起了丰富的工具栏。这些政策工具都具备强制盟友国家屈服的力量,往往只是它们的存在本身就已经形成了足够的威慑;当它们真正付诸使用,则往往意味着对象国将付出更多的代价,所以在实际贸易活动中没必要经常被使用。[2]

二是资本主义贸易国之间相互捆绑了共同利益。[3]资本主义贸易国之间的共同利益,一方面体现在布雷顿森林体系崩溃后,如何继续向社会主义阵营与其他中立国家证明资本主义关于经济繁荣的优越性。要是美国没有及时从 20 世纪 70 年代布雷顿森林体系崩溃的废墟中迅速调转方向,稳住经济,继续在 80 年代实现有活力的经济增长,那么可能产生两个严重的后果。一是美国将难以继续拨款支持军事科学技术的发展,继而会让苏联认为美国已经衰落到无法继续进行军备竞赛的地步了,从而威胁到美国在西方资本主义阵营的地位。二是对正在进行经济改革的东欧国家、拉丁美洲国家

---

① See David A. Lake, Beneath the Commerce of Nations: A Theory of International Economic Structures, *International Studies Quarterly*, Vol. 28, 1984.

②③ See Michael Mastanduno, Trade as a Strategic Weapon: American and Alliance Export Control Policy in the Early Postwar Period, *International Organization*, Vol. 42, No. 1, 1988.

以及其他第三世界国家和中立国来说,美国式的市场资本主义也将失去原本的吸引力。① 另一方面体现在资本主义贸易国间的贸易依赖关系。虽然美国无法阻挡自己的相对贸易权势"泯与众人"的历史趋势,但它通过制衡日本和西欧这两个主要贸易伙伴,形成了美元的实际广泛结算,有效扩张了自己的贸易权力范围,在经济领域赢得了多国对美国领导地位的赋权。这是为什么哪怕相对贸易权力减少,也不影响美国对盟友国家支配地位的重要原因。从前,支配力量由盟友国家需要美国帮助的供需关系决定(敏感性–利益的增量);现在,支配力量则由盟友国家无法承担离开美国的脆弱性贸易依赖关系决定(脆弱性–机会成本)。

三是"美国实力的确切水平并不重要,而重要的是它发挥作用的方式"②。只有当美国和苏联之间的相对实力发生巨大变化的时候,盟友国家才会改变联盟选择。也就是说,除非美苏两个超级大国之间的均衡状态出现了严重失衡,而且美国处于明显弱势,否则美国基于盟友集团对国际贸易秩序的统治就将保持相对稳定。

---

① See Robert D. Hormats, The Roots of American Power, *Foreign Affairs*, Vol. 70, No. 3, 1991.
② [美]斯蒂芬·沃尔特:《联盟的起源》,周丕启译,上海人民出版社,2018 年,第 284 页。

第五章　世界范围内的美国贸易霸权
（1995—2020年）

信息技术革命与苏联解体,共同减缓了美国的相对衰落速度。[1] 1995—2020年,国际政治经济形势的显著变化是新全球化的开始,这一轮的全球化以美国为首的盟友集团为主导。在这一时期内,以美国为中心的盟友体系再出发,以扩大市场、规锁与发展中国家间科学技术水平落差等方式,增加盟友体系的总体贸易利益,并最终在全球范围内瓜分贸易/利益。

第一节　新全球化秩序下的美国贸易霸权

"全球化"（globalization）描述的是世界各国间相互依存的状态,而非"普世化"（universality）、"同质化"（homogenization）或者"均等化"（equity）。全

---

[1]　See Patrick James and Michael Lusztig, The US Power Cycle, Expected Utility, and the Probable Future of the FTAA, *International Political Science Review*, Vol. 24, No. 1, 2003.

球化带来了更自由的贸易秩序,但也确实导致了社会群体两极分化[1]与财富不平等分配的问题,[2]还产生了许多看似矛盾的现象。比如,经济制裁与贸易禁运等与全球化"逆风而行"的手段日益成为国家间相互施加贸易权力、表明态度立场的有力工具。但这种看似矛盾的现象在历史上早已有之。比如,19世纪常被誉为比21世纪更自由的全球化时期,但那"更自由的全球化"却并没有以更密切的贸易联系保障世界和平与经济繁荣,而是依然没能阻止两次世界大战和经济大萧条的发生。[3]

一、新全球化贸易秩序之"新"

关于"全球化贸易秩序"的概念探讨,始于布雷顿森林体系崩溃之后。[4]布雷顿森林体系虽然常被用作国家间降低贸易壁垒的政策协调工具,但其设计之初的主要目的还是在于促进国家财富的积累,并以此最终实现资本主义阵营财富总量的增长。布雷顿森林体系的历史惯性突出体现在,哪怕该体系已经不复存在,世界几大主要经济体还是继续将贸易政策用作积累国家财富和社会福利的工具。正因如此,"后布雷顿森林体系时期"这个对国际贸易秩序有深远影响的时代才被赋予了一个专门性名字"全球化"(Globalization)。

全球化贸易秩序描述的是经由国家间协商和政策协调实现的、以市场力量为主的跨国界贸易。只有对外开放的国家才能参与全球化贸易秩序,而全球化贸易秩序会在运行中进一步促进国家的对外开放。所以说,国家

---

① See Dani Rodrik, *Has Globalization Gone Too Far*? Institute for International Economics, 1997, p.2.

②③ 参见[美]小约瑟夫·奈、[加拿大]戴维·韦尔奇:《理解全球冲突与合作:理论与历史》,张小明译,上海人民出版社,2012年,第291页。

④ See Michael Lang, Globalization and Its History, *The Journal of Modern History*, Vol. 78, No. 4, 2006.

的对外开放状态不仅是全球化贸易秩序的前提条件,更是必然结果。此外,国家对外开放与经济增长之间存在显著的正相关性,即国家的对外开放有利于其国内经济增长,反之亦然。这一点已经在经济学领域反复得到了证实。从这个角度理解,全球化贸易秩序对国家对外开放的促进作用亦将促进经济的增长。

值得一提的是,这种"国家间政策协调—国家对外开放—自由贸易—经济增长"的模式首先在布雷顿森林体系时期取得成功。布雷顿森林体系用黄金和美元将资本主义贸易国家的贸易利益捆绑、《关税及贸易总协定》提供了国家间政策协调的多边平台,二者协同作用强化了资本主义阵营内部的政治互信与贸易利益捆绑。这是该模式取得成功的关键。这种成功不仅带来了贸易国自身和资本主义阵营整体的经济繁荣,更深远的影响在于让各国看到了经济增长的两股重要力量:充分的政策协调(国家层面)与自由贸易(市场层面)的协同作用。而且在全球化贸易秩序开始运行之后,这两股力量并非必然由布雷顿森林体系维持,却离不开贸易政策的多边协调。所以全球化贸易秩序虽然自战后布雷顿森林体系时期始、却并未随该体系的崩溃而终结,而且一直没有缺少多边协商平台,当《关税及贸易总协定》退出历史舞台后,世界贸易组织又应时出现。

此外,以贸易促发展的模式并非二战后美国的创新。早在 1850—1913 年世界经济霸主英国治下时,就曾经出现过。只不过,当时的贸易多集中在殖民地国家与殖民者国家之间,以剥削殖民地国家为主,促进的是殖民者国家的发展。在《关税及贸易总协定》时期,以贸易促发展的模式再次出现,不过此时的贸易多集中在资本主义国家间,且呈现出以美国为核心的"一对多"辐射状,促进的是资本主义阵营内部各国和阵营整体的发展。到 20 世纪 90 年代初苏联解体之后,随着世界贸易组织的成立,几乎世界上所有国家都被陆续整合进了美国设计的世界贸易秩序,一个由世界上绝大部分国家和行为体参与的、不同于殖民地国家 – 殖民者国家贸易关系、也不再仅服务于资本主义阵营的贸易秩序出现了。因为这些新的特征，所以被称为"新全球化贸易秩序"。

现将三大特征详述如下。特点一，参与主体数量与类型之"新"，体现了时代特征。该贸易秩序的参与方从数量和类型上几乎涵盖了世界上所有的经济体。此处的经济体不止强调国别维度的数量众多，还强调了跨国公司等超国家经济行为体维度的类型多样。特点二，贸易国家间关系之"新"，有别于殖民地国家 – 殖民者国家贸易关系。英国治下的全球化贸易秩序参与方主要是殖民国家及其势力范围，且贸易模式常常体现为不同殖民集团之间贸易与同一殖民集团之内贸易的两条平行线。特点三，贸易模式之"新"，有别于美国治下的第一个全球化贸易秩序（《关税及贸易总协定》时期）。在《关税及贸易总协定》期间，贸易秩序的参与方主要是冷战期间的资本主义阵营国家，贸易模式常体现为以美国为核心的"一对多"辐射。

接下来，本书将新全球化贸易秩序与历史上两个"旧"全球化贸易秩序做比较，尝试回答为什么本书认为新全球化贸易秩序对美国贸易霸权走出资本主义阵营、走向世界有重要意义。第一组与英国治下全球化贸易秩序作比较；第二组则是美国治下两次全球化贸易秩序作比较。

第一组是新全球化贸易秩序与英国治下全球化贸易秩序的比较。第一次世界大战之前，世界经济体系在霸主英国的领导下，维持着较稳定的货币与贸易秩序。当时，英国基于金本位制度的货币流通秩序，极力确保海上航行与商业往来的自由，为世界贸易提供了一个巨大的、开放的市场。这种状态自 19 世纪英国成为世界上最大的经济体起，直至 1932 年为止。1932 年，英国的经济实力在第一次世界大战和大萧条的连番打击下受到严重削弱，已经无力支撑起国际经济体系。[①]

　　与《关税及贸易总协定》时期美国领导下的全球化贸易秩序相比,英国治下的全球化有以下三个突出特点。一是没有多边协调机制与平台,各国间贸易的开展主要基于以"最惠国待遇"条款为特征的双边贸易协定。该条款包括"有条件"最惠国待遇和"无条件"最惠国待遇两种形式。其中,有条件最惠国待遇更为普遍。因为它在实际操作中为主体国保留了更多自主空间,便于针对不同贸易伙伴、不同贸易内容调整关税。有条件最惠国待遇也因此变相成为实施贸易歧视的有效工具。二是在全球范围内实现了比布雷顿森林体系时期更普遍、更低贸易壁垒和更少国家干预的贸易流通。[②] 三是最自由的贸易多发生于由帝国主义国家及其殖民地组成的贸易集团内部,国家间双边贸易协定在实际执行中多表现为贸易集团间的贸易。由于第二次世界大战后期的"帝国特惠制"大致保留了上述特征,所以英国治下的全球化贸易秩序在部分文献中被称为英国贸易模式。

　　与世界贸易组织时期美国领导下的全球化贸易秩序相比,英国治下的贸易秩序也有突出特点。约瑟夫·奈曾做过经典的比较。此处借用他的两个观点阐述两个霸主统治下不同全球化的区别。一是"美国比帝国巅峰时期的英国拥有更多的权力资源,但是,从控制其他国家的行为这个意义上说,美国所拥有的权力比英国小"[③]。二是 21 世纪美国治下的全球化与 19 世纪英国治下的全球化相比,最明显的区别在于,英国治下的全球化以"欧洲帝国主义为全球化的主要政治结构",而美国因为对其他国家缺乏足够的

---

　　① 参见[美]小约瑟夫·奈、[加拿大]戴维·韦尔奇:《理解全球冲突与合作:理论与历史》,张小明译,上海人民出版社,2012 年,第 307 页。

　　② See Douglas A. Irwin, The GATT in Historical Perspective, *The American Economic Review*, Vol. 85, No. 2, Papers and Proceedings of the Hundredth and Seventh Annual Meeting of the American Economic Association Washington, DC, January 6 – 8, 1995.

　　③ [美]小约瑟夫·奈、[加拿大]戴维·韦尔奇:《理解全球冲突与合作:理论与历史》,张小明译,上海人民出版社,2012 年,第 388 页。

控制力而无法称其为帝国,转而得益于因信息技术革命而变得低廉了的交通与信息费用,使社会文化和思想意识成了全球化的新特点。①

第二组是美国治下两个自由贸易秩序的比较。"第一个秩序"指的是二战结束后《关税及贸易总协定》时期的全球化贸易秩序,"第二个秩序"指的是冷战结束后世界贸易组织时期的全球化贸易秩序(新全球化贸易秩序)。与英国治下贸易秩序的极大区别在于,美国治下的两个贸易秩序都在霸主国提供的公共产品中增加了多边的内容。接下来分别从维系机制和国家参与度阐述两个不同时期美国治下贸易秩序的区别。

首先,两个秩序的维系机制不同。第一个秩序由《关税及贸易总协定》维系,它只是个多边贸易协定;而第二个秩序则由世界贸易组织维系,它是个有固定章程与规则的国际合作实体,除了《关税及贸易总协定》所能提供的内容之外,还为各国提供了多边协商的平台、升级了贸易争端协调机制,并对从《关税及贸易总协定》继承的内容进行了符合时代变迁的适时修改与补充。自由贸易对美国的意义在于,美国自身经济实力相较于其他国家而言处于绝对强大的优势地位。在这样的情况下,世界贸易市场越开放,则越有利于使财富和其他优势资源在市场力量的作用下向美国一方富集,从而在自由贸易中不断累积相对于其他贸易伙伴的贸易权力优势。②

其次,国家参与度不同。自美国霸权建立以来(以《关税及贸易总协定》签署生效为标志),虽然一直主打"自由贸易"的大旗,却还是分别以二战结束和冷战结束两个时间节点为起点,各自开启了两个有区别的全球贸易秩序。第一个秩序给予各贸易参与方充分的自主决断权,约翰·鲁杰(John

---

① 参见[美]小约瑟夫·奈、[加拿大]戴维·韦尔奇:《理解全球冲突与合作:理论与历史》,张小明译,上海人民出版社,2012年,第294页。

② See Stephen D. Krasner, State Power and the Structure of International Trade, *World Politics*, Vol. 28, No. 3, 1976.

Ruggie)称之为"内嵌式自由主义的折中"①,意即在接受市场占主导地位的同时,保留政府监管和引导的职能空间,以确保各方在贸易活动中得以实施各自认为合适的国内政策和贸易措施。第二个秩序倡导的则是无差别自由贸易,旨在尽可能消弭因国界而造成的贸易壁垒。② 在这两轮自由贸易秩序中,美国从前一种秩序积累经济收益,形成贸易权力,再在第二种秩序中调整优化自身的出口结构(提高基于科学与技术的内生比较优势,弱化基于自然资源禀赋的外生比较优势)。由此,美国在全球自由贸易总体绝对收益不断增长的同时,隐蔽地扩大了以自己为核心的盟友国家集团与发展中国家之间的贸易条件差距。表面上,美国在自由贸易中常年因贸易逆差而承受损失;但实际上,美国却在两轮自由贸易秩序中,培植起了对国际大分工格局的实际主导权力。这种表面上因贸易遭受商业利益损失、实际上却酝酿着对贸易伙伴国贸易权力的特殊现象,也是美国所特有的,再次印证了美国贸易霸权的特殊性。

二、美国对外贸易关系之"新"

冷战结束后,随着原社会主义阵营国家、第三世界国家及中立国家纷纷加入世界贸易体系,美国的对外贸易关系也发生了新的变化。之前,美国对外贸易关系主要面向其盟友国家,基本以发达经济体为主。现在则不仅要处理与盟友国家的贸易关系,还需要处理与发展中国家的贸易关系。它们与盟友国家的最大不同既体现在经济层面的发展阶段和发达程度上,更体

---

① John Gerard Ruggie, International Regimes, Transactions, and Change: Embedded Liberalism in the Post - War Economic Order, *International Organization* Vol. 36, 1992.

② 参见[美]乔纳森·科什纳:《金融危机后的美国权力》,江涛、白云真译,上海人民出版社,2016 年,第 4~5 页。

现在政治层面的亲疏远近上。

　　首先,美国需要继续处理与盟友国家间的贸易关系。上文已详述过美国对日本和西欧这两大亲密盟友的扶持与制衡。此处主要阐述美国为了实现制衡效果所付出的代价。第一,美国为了实现对西欧国家组成的欧共体的制衡,和加拿大、墨西哥签订了《北美自由贸易协定》(NAFTA),形成了以美国为核心的北美自由贸易区。这是一个对内降低贸易壁垒、对外抬高贸易壁垒的协定。对美国来说,它便利了美国公司整合资源、开拓市场、开展跨境活动。对墨西哥和加拿大来说,它让两国的产品更容易进入美国市场,提高了对美出口能力。然而由该协定带来的利益在美加墨三方间的分配并不均衡。对美国来说,它提高了美国受外界影响的敏感性与脆弱性;对另外两国来说,它减轻了它们对美国贸易依赖的非对称性程度。总的来说,该协议让美国牺牲了贸易带来的部分商业福利,承担起了对美洲更多的贸易责任。比如因为这个协议,美国虽然获得了更优惠快捷的对墨西哥出口渠道,但也为墨西哥承担了部分经济义务。1994 年,墨西哥比索汇率大幅度下跌。"克林顿政府在 1995 年初向墨西哥紧急提供数十亿美元的援助,以支持日益贬值的墨西哥货币。当时,美国国会正陷于有关增加国内服务支出(如医疗保险)问题的僵局之中,但即使面对国内反对的力量,美国行政当局依然认为必须出面挽救比索。"①前文述及《北美自由贸易协定》时便强调,美国用之向参与多边贸易谈判的其他国家宣示自己背弃多边贸易、转向区域和双边贸易的能力,以换取更高的议价权。这里的分析则重点述及美国为实现胁迫他国的政治目标而付出的贸易代价。

　　第三,美国与盟友国家在标准制定和市场准入条件方面呈现出多样性

---

　　①　[美]小约瑟夫·奈、[加拿大]戴维·韦尔奇:《理解全球冲突与合作:理论与历史》,张小明译,上海人民出版社,2012 年,第 307 页。

的特点。标准制定指的是贸易产品的制作规范。市场准入指的是贸易国家间对彼此标准的认可以及现有标准的对接兼容。国际贸易活动中,获得贸易伙伴国标准制定机构的承认很重要,主要的原因就在于为自身出口的贸易产品获取市场准入的权利。标准制定之所以重要,不仅在于进出口环节的市场准入,还在于如果一个国家自身的产品生产标准能被更多其他国家认可与接受,那么它将节省出更多成本用于提高产品质量和技术研发,而非为了不妨碍进出口贸易将大批量产品回炉重造。比如,德国企业高度重视标准制定与协调环节,将标准视作彼此间,以及与外国企业深入合作的基础。在这样的原则指导下,德国企业在跨国标准的制定和协商方面在世界上遥遥领先:先利用德国在欧洲的贸易影响力,将德国的国家标准逐步推广到欧洲范围成为欧洲标准,再继续利用欧洲在世界的贸易影响力,将该标准逐渐推广到国际范围使之成为国际标准。这些标准在国际贸易中,反过来与德国国内专业性更强、生产效率更高、生产成本更低的生产技艺和硬件设施紧密结合,让德国在质量战略的竞争中有了先发优势。

此外,不同国家由于制度环境的不同,不仅对"标准"重要性的认识有差异,确定"标准"的方式往往也不一样。比如,英美是自由市场经济的代表,强调依靠市场竞争来确定标准,而德国、日本则属于政府与商界协调型的市场经济,确定标准的方式是政府与商界之间协商后的妥协结果。具体说来,日本的企业追求灵活的批量生产,[①]惯于依靠"自下而上"的企业间协调方式确定生产标准,

其次,美国还需处理与发展中国家间的贸易关系。具体而言,美国需要处理好两方面的不对等贸易关系。第一,美国与发展中国家在多边制度层

---

① 参见[美]彼得·A.霍尔、[美]戴维·索斯凯斯等:《资本主义的多样性:比较优势的制度基础》,王新荣译,中国人民大学出版社,2017 年,第 410 页。

面的贸易依赖并不对等。这是因为多边贸易体系对富裕国家与贫困国家使用不同的规则。比如,在世界贸易组织的多边协商机制中,便有针对发展中国家的"特殊和差别待遇条款"(Special and Differential Treatment Provisions, SDT)。它要求发达国家在对待发展中国家时使用比其他成员国更为优惠的政策,[1]主要考虑到发达国家与发展中国家承担发展成本的能力不同。该条款对同处贸易活动中的各方提出了不同要求,看似不平等,但其实它正是使各方在贸易活动中不因承担发展成本的能力不同而处于强烈不对等地位的政策工具。只有附加了这样的条款,发展中国家才能在贸易中获得与发达国家同等的获利空间,从而实现更公平的贸易。也因为此,发展中国家在贸易中往往比发达国家更依赖来自多边贸易体系的保护,并希望发达国家留在多边贸易体系内受规则约束。任何迹象若显示出发达国家有放弃多边贸易的意愿或行为,都可以在一定程度上形成对发展中国家的威慑。

第二,美国与发展中国家在发展需要方面的相互依赖关系也不对等。美国等发达经济体纷纷在冷战期间实现了经济结构调整,将贸易优势从传统的工业制造业转向了高附加值的服务业。同时发展中国家在传统工业上的发展也有了明显进步,成为美国等发达经济体主要的工业制成品来源地。它们逐渐形成了类似中心－外围理论描述的供应链关系。该理论关于国际贸易的研究证明,由于中心国家会利用其与外围国家之间的经济联系对外围国家进行政治层面的剥削和利用,所以在相关分析中对国家身份与关系的定位很重要。[2] 具体怎样进行政治剥削和利用呢?传统观点认为,中心国家对外围国家的剥削主要是经济层面的。但实际上中心国家会在外围国家

---

① 参见[美]约瑟夫·E.斯蒂格利茨、[美]安德鲁·查尔顿:《国际间的权衡交易:贸易如何促进发展》,沈小寅译,中国人民大学出版社,2013年,第69页。

② See Mikhail Balaev, The Effects of International Trade on Democracy: A Panel Study of the Post - Soviet WorldSystem, *Sociological Perspectives*, Vol. 52, No. 3, 2009.

进行持续的投资,帮助其发展经济,从而提升外围国家对中心国家的经济依赖程度,实现政治层面的剥削,而非经济层面。[①] 事实上,在美国及其盟友国家通过投资给发展中国家创造的经济收益中,大部分还是通过国际贸易回流进了美国及其盟友的市场,发展中国家实际上从中受益有限。

三、美国贸易霸权特点之"新"

新全球化贸易秩序下,美国重塑了自己对外贸易关系的结构,相应的调整也赋予了美国贸易霸权新的特点。

一是权力的进一步分散形成了新的国家间贸易依赖关系。在新全球化秩序下,全球化和技术两大因素加剧了权力的分散。全球化对美国贸易霸权的分散作用及其原因主要体现在以下两个方面。一方面,全球化降低了货物、人员、信息的跨国界流动成本,每个贸易行为体可以用全球化之前同样的成本完成更多的事情、实现更大更多甚至更好的效果。这意味着对每个行为体的间接赋能,[②]使参与国际贸易的各方迅速积累财富、增长贸易权力成为可能。另一方面,由于参与全球化贸易秩序的各方具体情况不同,美国在制定对外贸易政策时难以像冷战期间那般集中力量。全球化类似于非极化的贸易格局,也使美国在应对来自区域和全球等不同层面的贸易挑战时,更难制定出行之有效的集体对策。随着各方拥有的实际贸易权力不断增多、试图对外施加自身影响的意愿愈强,使各方达成共识并使各种多边平台机构切实发挥作用的难度也越大。全球贸易谈判多哈回合未能达成协议

---

① See Mikhail Balaev, The Effects of International Trade on Democracy: A Panel Study of the Post - Soviet WorldSystem, *Sociological Perspectives*, Vol. 52, No. 3, 2009.

② 参见[美]理查德·哈斯:《外交政策始于国内:办好美国国内的事》,胡利平、王淮海译,上海人民出版社,2015 年,第 6 页。

即是例证。①

技术的扩散加速了美国贸易权力的分散。随着分工的不同,技术甚至使美国贸易权力分散的方式和整体的权力格局变得渐趋复杂。这样的情况不仅发生在盟友集团内部,还发生在世界范围内。工业制造业的重心自发达国家转移至发展中国家的直接后果就是,发达国家必然要从发展中国家进口大量的制造业商品,必然要向它们输出服务。这样一来,发达国家形成了对发展中国家制造商品的依赖,发展中国家形成了对发达国家服务的依赖。此外,美国自20世纪70年代起在世界经济体系中出现相对实力的衰落以后,难以回到战后一枝独秀的霸主状态。然而美国一直倚靠以盟友国家集团为主的多边支持,这是美国能够在相对实力衰弱之后还继续保持较高贸易地位的组织保障。美国需要学会,如何在一个不断涌现出越来越多实力、地位与自己比肩的对手的世界里生活。②

二是为了适应权力日渐分散的国际贸易体系,美国打造了"一体两翼"的区域经济集团作为它行使贸易霸权的战略支点。"一体两翼"指的是美国在全球范围内的贸易势力布局。"一体"指以美国为核心的美洲贸易集团;"两翼"分别指以西欧国家为主的北大西洋贸易集团和以日本为主的亚太地区贸易集团。③

美国打造这"一体两翼"三大区域性贸易集团的方式是分别与该区域内主要经济体签署双边贸易协定。由此,美国凭借"一对多"映射的双边贸易依赖获取了区域内多边谈判杠杆优势,继而巩固自己在相应区域内的贸易

---

① 参见[美]理查德·哈斯:《外交政策始于国内:办好美国国内的事》,胡利平、王淮海译,上海人民出版社,2015年,第8页。

② See David A. Lake, Beneath the Commerce of Nations: A Theory of International Economic Structures, *International Studies Quarterly*, Vol. 28, 1984.

③ 参见部振廷等:《美国反攻日本——美国反攻日本市场的战略》,中国物资出版社,1997年,第42页。

霸权。比如,2002—2007年的6年间,美国与新加坡、智利、澳大利亚、摩洛哥、巴林、阿曼、秘鲁、韩国、哥伦比亚、巴拿马和五个中美洲国家签订了贸易协定(即《美国—多米尼加—中美洲自由贸易协定》,CAFTA-DR)。

对美国而言,这些协定能够为美国带来的商业利益极小。① 就2001—2008年与美国签订贸易协定的国家而言,它们在美国贸易总额中所占比例不足5%。② 美国签订如此多的小型自由贸易协定,意味着它在以巨大的政治代价收获些许经济收益。③ 因为这些协定让美国以国际契约的形式与上述国家间形成了贸易依赖关系。这样一来,哪怕对方的经济体量很小,但它贸易政策的变化也会对美国贸易造成确定的外部性影响。不过,这种确定的外部性影响只要不是多个国家同时爆发,单个或小范围的小经济体量国家对美国的影响就极为有限。这就是为什么美国选择了以"一对多"双边贸易谈判这样看似"低效率"的方式与这些国家逐一谈判而非区域内一次多边协商谈判来推进区域化贸易区建设的重要考虑。因为分别谈判不仅可以避免多边协商中因个别国家的不妥协而导致谈判难以推进的情况,还可以将可能集中爆发的外部性影响持续管控在分散的较低水平,从而确保自身较低的对外贸易依赖程度,获得贸易权力中的自主权。

对这些与美国签署贸易协定的国家而言,它们希望通过贸易协定锁定本国国内的经济改革方向(如降低贸易壁垒),并确保本国产品顺利进入美国市场的渠道与待遇。只有拥有了稳定的市场,才能引来更多外国投资建设本国国内产业,从而增强自身贸易实力,降低对美贸易依赖的脆弱性。然而美国"一对多"分别签署贸易协定的做法往往对来自特定行业的特定产品

---

① 参见[美]道格拉斯·欧文:《贸易的冲突:美国贸易政策200年》,余江、刁琳琳、陆殿莉译,中信出版社,2019年,第676页。

② 同上,第682页。

③ 同上,第683页。

做出个性化规定,通过管控这些国家分享到的对美出口福利来确保它们对美贸易依赖,具有持续的脆弱性。比如,美国与秘鲁的贸易协定中涉及普遍优惠制的内容。据该制度,秘鲁对美出口的所有品类几乎都享受免税待遇,但能够享受这种待遇的出口数量不得超过一定限额。这就限制了这些部门在秘鲁的生产规模,以及相关产业所能获得的国内外投资。而墨西哥等其他国家与美国签署的贸易协定中就没有类似的出口壁垒。①

第二节　全球化经济结构中的美国贸易霸权

美国贸易霸权的一大特点在于它对国际贸易体系的统治方式,不是凭一己之力强制所有贸易伙伴,而是基于盟友集团的赋权与支持,再以国际贸易制度加以协调各方行动的所谓"多边主义"②。正如美国学者戴维·莱克对政治权威的理解:"政治权威从来都不是某个统治者与某单独被统治者之间的二元关系,它源自于一个将权利授予统治者的集体",由于集体赋权行为,服从具有了更显著的"正当性",否则"从任何特定个体的立场来看",服从都是"强制性"的。③ 这也是美国维系战后自由贸易秩序有效运转,同时还能始终确保自身在体系中相对于其他贸易行为体具有权力优势的原因所

---

① 参见[美]道格拉斯·欧文:《贸易的冲突:美国贸易政策200年》,余江、刁琳琳、陆殷莉译,中信出版社,2019年,第676~677页。
② 作者注:本书认为美国倡导的多边主义是以美国为核心、美国盟友为主要参与者的国家间合作,试图维系的也是资本主义发达经济体的利益,并非真正意义上的多边主义。真正意义上的多边主义应该指能代表绝大多数加入全球化贸易秩序的国家,乃至行为体意志的合作。文中为表述方便,将超过两个国家或行为体的国际合作(大于等于三方)称为"多边",但并不表示对美国声称的多边主义的认同。特此说明。
③ 参见[美]戴维·莱克:《国际关系中的等级制》,高婉妮译,上海人民出版社,2021年,第20页。

在。也因为如此,美国贸易政策工具栏中那些单边主义色彩最浓厚的选项,它们的价值并不在于高频率的使用,而是作为多边贸易机制的补充,为贸易实力相对衰落中的美国争取高议价权的工具。毕竟,"凭代价高昂的单边行动并不能实现国内政策与国际资本流动的脱钩,这产生了国际政策协调的必要"[1]。所以说,多边贸易合作是美国维系贸易霸权的政治选择。

一、亚洲金融危机的获益者

1997年亚洲金融危机起于泰国,迅速蔓延到包括韩国、印度尼西亚、菲律宾和马来西亚在内的亚洲地区,继而席卷到包括巴西在内的拉丁美洲新兴市场国家,并最终于1999年造成了世界经济总量五分之二陷入衰退的境况。值得注意的是,这场危机中,国内生产总值滑坡的现象主要集中于发展中国家,[2]而美国则因为吸收了大部分在危机中从亚洲抽逃的资金而成为这场金融危机中的最大赢家。

关于美国成为亚洲金融危机获益者的现象有诸多研究成果。有的从制度层面将原因归咎于国际金融结构漏洞或亚洲国家本身的制度设计;[3]有的从货币金融角度将原因归咎于日本金融机构投资者等非国家经济行为体在引流跨国界资金流中的作用;[4]有的从发达国家与发展中国家在全球经济结构中的位置对比出发,认为主要因为美国不仅经济发达、稳定性较好,而且

---

① [美]赫尔曼·M.施瓦茨:《国家与市场:全球经济的兴起》,徐佳译,江苏人民出版社,2008年,第297页。

② See Rudiger Dornbusch, Yung Chul Park and Stijn Claessens, Contagion: Understanding How It Spreads, *The World Bank Research Observer*, Vol.15, No.2, 2000.

③ 参见康灿雄:《裙带资本主义:韩国和菲律宾的腐败与发展》,李巍、石岩、王寅译,上海人民出版社,2017年,第154页。

④ See Michael R. King, Who Triggered the Asian Financial Crisis? *Review of International Political Economy*, Vol.8, No.3, 2001.

还具有较低的外来投资壁垒,对抽逃亚洲的资金形成了吸引;[1]还有的研究联系1994年拉丁美洲爆发的金融危机,认为不论导致危机的原因何在,重要的是研究并控制住危机的传导机制。[2]

然而由于亚洲金融危机的当事国大多是当时基于进出口贸易实现"亚洲奇迹"的新兴国家,所以有必要从贸易的角度探究美国成为这场危机获益者现象背后的原因。

首先,受进出口贸易支撑的"亚洲奇迹"是美国在市场逻辑主线上行使贸易霸权的结果。一方面,美国的经济结构调整促成亚洲新兴市场国家实现了出口导向型贸易拉动下的经济增长。"亚洲的发展体现为迅速的工业制造业现代化和大量增长强劲的出口导向国的出现。"[3]20世纪70年代,以美国为首的资本主义国家在工业制造业上的传统优势逐渐丧失,开始将经济重心转向处于全球价值链更高位置的服务业。亚洲的新兴市场国家这才获得了庞大且稳定的工业制成品出口市场,以及由该市场反向驱动的国内外投资和产业聚集,间接繁荣国内经济、促进工业制造业发展。另一方面,进口是亚洲新兴市场国家从美国等发达经济体获得知识技术的主要渠道。进口提高生产效率的效应大于出口:一是进口给当地生产者带来竞争压力;二是可以"获得进口来源地和其他国家凝聚在进口产品上的技术收益"[4]。

其次,提高其他国家对美贸易依赖是美国在国家逻辑主线上行使贸易霸权的目标。一方面,美国与亚洲地区密切的贸易往来是后冷战时期美国

---

① See David D. Hale, Dodging the Bullet: This Time: The Asian Crisis and U. S. Economic Growth during 1998, *The Brookings Review*, Vol. 16, No. 3, 1998.

② See Rudiger Dornbusch, Yung Chul Park and Stijn Claessens, Contagion: Understanding How It Spreads, *The World Bank Research Observer*, Vol. 15, No. 2, 2000.

③ [美]约瑟夫·E.斯蒂格利茨、[美]沙希德·尤素福编:《东亚奇迹的反思》,王玉清、朱文晖等译,中国人民大学出版社,2013年,第26页。

④ 康灿雄:《裙带资本主义:韩国和菲律宾的腐败与发展》,李巍、石岩、王寅译,上海人民出版社,2017年,第154页。

战略支点从单个国家日本向区域国家集团转变的标志。如前文所述,美国与日本在 20 世纪 70 年代至 90 年代间爆发了密集的贸易争端,日本开始将贸易重心转向亚洲。为制衡日本,同时也为抓住凭借大量廉价劳动力和自然资源储备而具备发展工业制造业巨大潜力的亚洲新兴市场国家,美国开始借助东南亚国家联盟（简称“东盟”, ASEAN）、亚太经济合作组织（APEC）、“跨太平洋伙伴关系”（TPP）谈判等多边平台,以亚洲主要贸易伙伴的身份积极介入亚洲贸易事宜。从这个角度来看,美国在与亚洲的贸易往来中提高了亚洲各国对美贸易依赖的敏感性,继而提升了自己对亚洲贸易政策的影响力。

另一方面,美国完成经济结构调整之后,亚洲地区成为世界上主要的工业制成品制造商和供应地,必然在美国庞大的制成品消费市场占据一席之地。由此,美国便通过向亚洲开放自己的市场形成了非对称贸易依赖关系。如上文所述,开放的美国市场通过引导塑造亚洲国家工业制造业的产业布局,间接成为亚洲在 20 世纪 90 年代吸引来自世界各地投资的主要动力。而美国则因为亚洲进口在其总进口额中所占比例甚小,尚不足以对美国整体经济造成威胁,从而在政策制定和决策中基本不受亚洲贸易政策的干扰,保持着较高的贸易权力自主性。

二、世界金融危机的缓冲器

2008 年,以美国投资银行雷曼兄弟宣布破产、金融市场暂时停止正常运转为标志,世界开始了自 20 世纪 30 年代经济大萧条（the Great Depression）以来最严重的一次经济衰退（the Great Recession）。这次经济衰退的严重性更甚于当年的经济大萧条。一方面,由于国家间经济相互依存度更高、形式更复杂,所以衰退覆盖的领域更广、传播速度更快。不仅包括因企业倒闭、工人失业而导致的经济产出下降,以及随购买力下降而下降的世界贸易,还包括股票债券等金融产品以及跨国公司等对外直接投资形式的财富损失。另一方面,由于发达经济体普遍出现经济金融化现象,且长期缺乏及时有效的政府监管,所以此次世界金融危机中受冲击最大的并非以往抗冲击能力较弱的发展中国家,而是发达经济体中最脆弱的那些债务国。比如希腊、葡萄牙和冰岛。

虽然世界金融危机经常被类比于 20 世纪 30 年代的经济大萧条,但是在此次危机爆发后,并未产生如经济大萧条时期那般各国纷纷出台政策筑高贸易壁垒的现象。既有研究中,占据主流地位的解释认为,在美国倡导下成立的世界贸易组织(WTO)和双多边特惠贸易协定(PTA)提高了各个国家单方面提高贸易壁垒的政治成本,从而限制了各个国家的贸易政策空间。可是,绝大多数发展中国家和新兴市场国家因为贸易协定中多对它们保留贸易特惠条款,所以在当时其实并不受这种多边规则的限制。不过,就算不受限制,这些国家也没有提高贸易壁垒。由此推之,世界金融危机中各国并未纷纷抬高贸易壁垒的现象背后,固然有多边规则制约的因素,但不是全部。没有抬高贸易壁垒既是受多边规则约束的结果,更是各个国家自己做出的政策选择。具体来说,是否抬高贸易壁垒主要与当事国对国际价值链的参与程度有关。[1] 参与国际价值链的国家在制定贸易政策时,必然顾及到其他贸易伙伴的反应。国际价值链上利益的捆绑约束了国家的政策选择,进而在大范围的经济危机爆发时相互克制,没有竞相抬高贸易壁垒。

综合传统观点中关于多边协商平台作用的讨论,以及国际价值链对各国利益的实际捆绑可推知,2008 年金融危机爆发后,世界之所以没有陷入 20

---

[1]　See Kishore Gawande, Bernard Hoekman and Yue Cui, Global Supply Chains and Trade Policy Responses to the 2008 Crisis, *The World Bank Economic Review*, Vol. 29, No. 1, 2015.

世纪 30 年代经济大萧条时期各国"以邻为壑"的贸易乱局,主要得益于美国战后设计的多边协商平台以及自由贸易秩序。这两个关键因素通过让参与国际贸易的经济体深度融合进全球产业链和价值链,形成了实际上主客观贸易收益的捆绑,完全改变了这些行为体确定自身利益的方式——从彼此孤立的个体到相互存在政策外部性的"关系"团体,从而在世界金融危机冲击下起到了缓冲器的作用。

此外,2008 年金融危机重新掀起了学界关于美国相对衰落的大讨论。在此危机爆发前,学界普遍认为美国的霸权统治还将延续至少数十年时间。但自从 2008 年危机爆发后,学界又掀起了对美国相对衰落的关注。主要研究热点集中在以下两方面。一是世界权力的转移:从西方转移到东方。主要因为西方世界尤其是欧洲在这次危机中受创严重,而东方世界虽然也没能幸免于难,受到的冲击却相对而言没有那么严重,尤其是中国在危机中展现出了强韧的经济恢复力,让人不可小觑。而且亚洲金融危机后短短四五年间,整个亚洲又恢复了经济增长,显示出了该地区的经济活力。二是让世界不再如之前那般踏实跟随美国的领导,开始怀疑美国的经济政策和治国理念对时代的适应性,并在后危机时代的政策制定中开始探索符合自身利益的道路。[1] 所以现有研究中一种常见的观点认为自 2008 年金融危机之后,世界贸易便从此进入了"无极化"时代。

三、单边与多边主义的平衡

美国贸易霸权向来是单边主义与多边主义的混合体。美国的"多边主

---

[1] See Christopher Layne, This Time It's Real: The End of Unipolarity and the "Pax Americana", *International Studies Quarterly*, Vol. 56, No. 1, 2012.

义贸易"往往有两层含义。第一层含义指的是美国与其盟友国家间的多边。在这个小范围的多边贸易圈里,美国通过冷战时期对盟友国家的"先扬后抑"贸易战略管理,大致确定了盟友体系内部的力量分布格局,并进一步巩固了自身的主导地位,完成了成本/利益的分配格局和等级秩序排列。第二层含义指的是美国在其盟友国家集团支持下与其他国家间的多边合作。宏观上,美国倚靠多边贸易制度机制实施对国际贸易体系的有效管理。微观上,美国利用他国没有能力提供自由贸易秩序所需公共产品的弱点,以及承受不起美国放弃多边贸易将带来的后果这一心理,用单边主义贸易政策工具胁迫他国在双边和多边贸易协商中赋予美国更多的主导权和议价权。接下来,主要从以下三点介绍美国贸易霸权对单边主义与多边主义的平衡。

首先,多边主义是处于权力优势鼎盛期时的美国维系贸易霸权地位的政治选择。二战后,美国没有迷失在突如其来的绝对权力优势中,而是清醒地知道统治国际贸易体系需要耗费大量且持续的成本,自己并没有独自统治国际贸易体系的能力,也不愿意以牺牲国内经济发展利益为代价来提供公共产品、维护国际贸易秩序。需知美国每次以牺牲国内经济发展利益为代价,都有明确的政治目标,或借恢复其他发达经济体赔偿战时贷款能力的机会培植盟友,或对多边谈判参与方发出明确政治信号加以威胁。二战结束之时,美国面临着国内发展、国际两极格局的斗争等多重任务,但并不具备同时解决所有问题的能力。与此同时,国内政治的掣肘也不允许决策者调动所有资源。所以美国必须在所有任务中排出先后优先顺序来。因为美国不具备独自重建整个战后世界经济的能力,所以选择了"自助和互助"相结合的原则。① 从此,美国改变了传统的霸权统治方式,转而寻求多边合作,

---

① 参见[美]梅尔文·P.莱弗勒:《权力优势:国家安全、杜鲁门政府与冷战》,孙建中译,商务印书馆,2019 年,第 648 页。

主导设计国际贸易规范和机制机构,让每个参与国际贸易的国家通过有效的自我约束来分担美国贸易霸权的统治成本。从这个角度出发,便不难理解为什么战后自由贸易的对外开放基调不是完全的开放、而是相对的开放——尽可能实现商品跨国界流动的同时,也保有各个国家对国内政策的充分自主与决策权。

需要注意的是,在美国主导下,国际贸易多边平台所强调的"公共利益"并不表示所有参与方一致同意下认可的利益,而仅表示像美国这样居于规则设置主导地位的国家看来对公众有利的选择。[①] 既然如此,为什么其他国家会接受甚至认可一份体现美国意志和判断的国际贸易合作协定呢? 主要原因在于美国贸易霸权生成与运行过程中权力与制度两个变量之间的互动关系。既有研究认为,"霸权削弱会使特惠贸易协定形成和国家加入它们的速度加快"[②]。所以《关税及贸易总协定》之所以能在如此大范围内取得共鸣,是因为以下两方面原因。一方面,吸取经济大萧条的教训:经济大萧条期间由于多边贸易协调机制与平台的缺失,缺乏广受认可的贸易政策契约与原则规范,导致各国在相对收益的竞争中纷纷实行以邻为壑的贸易政策,没能在两次世界大战之间的二十年间尽快恢复经济生产建设,更难以承受第二次世界大战带来的扩大性创伤。另一方面,制定和出台《关税及贸易总协定》的背景是英国作为旧经济霸主的衰落与新经济霸主美国的崛起,而美国在"钟摆效应"的踌躇中选择依靠多边行使经济霸权。

其次,美国贸易霸权一大显著的功能,就是在各个国家间分配它们获取贸易权力资源的能力。美国就是通过与盟友国家间的小范围多边主义贸易

---

① 参见[美]查尔斯·林德布洛姆:《决策过程》,竺乾威、胡君芳译,上海译文出版社,1988年,第27页。

② [美]爱德华·曼斯菲尔德、[美]海伦·米尔纳:《表决、否决与国际贸易协定的政治经济学》,陈兆源译,上海人民出版社,2019年,第100页。

合作实现了贸易权力资源的分配。在贸易全球化与国家政治体制之间关系的相关研究中,有观点认为自由贸易更可能发生于政治军事国家联盟的内部,而非不同联盟之间;而且两极体系比多极体系更容易促成国家间由军事安全联盟向自由贸易秩序下的经济联盟转变。[①] 该观点认为,政体趋同将会使贸易各方产生更多价值观的认同与共鸣,从而消除许多阻碍自由贸易的猜想,以及一些出于对彼此的不信任而设置的充当"防火墙"与"缓冲带"的贸易壁垒。

后冷战时期是美国贸易霸权不断增长且对该力量的使用越来越成熟的阶段。美国在这个阶段充分卷入国际体系事务,实际上既实现了对其他经济体制定贸易政策的充分影响,也凭借较低的对外贸易依赖保持了充分的政策自主,完成了两个方向上贸易依赖的变革。然后于 1948 年以《关税及贸易总协定》的形式将自己超越其他国家的现状及地位以制度的形式固定下来,同时将美国式原则和规则升华为具有国际公信力的国际契约,为美国管理和支配其他国家的贸易行为赋予了国际合法性。从这个角度来说,贸易谈判的结果和贸易协定的签署表面上看是诸方平等协商下的结果。但实际上,如果国家间贸易实力悬殊,而且弱国对强国有明显的脆弱性贸易依赖关系,那么弱国为自己发声的能力有限,协商结果更多体现的是强国的意志和行为习惯。强国之所以与弱国协商确定具体条款,不过是征得弱国对其赋权的过程,由此为其在更大范围内贯彻自身意志提供合法性罢了。正因如此,战后国际贸易体系中一个常见的现象便是"小国抱团"[②]。比如,东盟国家就是一个典型例子。由于单个国家经济体量小,在与美国等经济强国的双边贸易谈判中极易受其钳制,而且自己能力范围内缺少让美国得以退

① See Joanne Gowa and Edward D. Mansfield, Power Politics and International Trade, *American Political Science Review*, Vol. 87, No. 2, 1993.

② Robert O. Keohane, The Big Influence of Small Allies, *Foreign Policy*, No. 2, 1971.

让的威慑工具。于是这些有类似困难的小国便联合起来成为一个一致对外的国家联盟,以提高自己在面临贸易强国时作为谈判方整体中一部分的议价权。

最后,美国的单边主义贸易政策工具是其多边主义贸易管理方式的补充。比如,美国的"301"条款就是单边主义色彩鲜明的政策工具。它已经在实践中证明了其效用:迫使对方单方面对美开放市场。"301"条款的使用与多边贸易协商相比,不用承担对等优惠所带来的责任、成本和风险,就可以达到获取贸易优惠的目的。从完全自利的角度来说,无疑是个诱人的工具。然而美国虽然有漫长的贸易保护历史,也一直都有抗拒外来竞争的意识,但贸易保护的实际水平还是受到关于招致外国报复性反制的担心所限。这种"自觉"的限制主要源于20世纪30年代经济大萧条的教训。① 所以"301"条款确实是美国贸易政策工具栏中的有力武器,但是它的存在本身,以及数次使用均取得预期效果的战绩,都显示出了足够的震慑效果。如果不分具体情况和具体对象地一味滥用,在实际使用中没能顺利达到太理想的效果,反倒会有损之前营造起来的威信。所以单边主义贸易的政策工具仅在多边主义机制失灵时做谨慎应急使用之用途,而非替代工具。

第三节　关于美国贸易霸权的三点思考

美国贸易霸权从酝酿到在资本主义世界的确立、再到在世界范围内的运行,就是美国根据外界形势变化,用贸易政策工具表达自己对经济发展外

---

① See David A. Lake, Beneath the Commerce of Nations: A Theory of International Economic Structures, *International Studies Quarterly*, Vol. 28, 1984.

部环境诉求的过程。

一、美国贸易霸权的周期性规律

就一般的霸权周期性规律而言,莫德尔斯基和沃勒斯坦已经分别提出了各自理解的霸权周期模型。莫德尔斯基认为,每个霸权周期分为 4 个阶段:全球战争、世界霸权、权威消退、四方割据。沃勒斯坦模型也认为每个霸权周期分为 4 个阶段。但与莫德尔斯基所指不同,沃勒斯坦模型中的 4 个阶段分别是上升、胜利、成熟、衰亡。在这两个模型中,全球霸权的周期性特征非常明显。①

美国贸易霸权并没有完全符合上述两种模型的理论架构。结合美国贸易霸权从崛起到运行、再到调适的轨迹,有以下三个临界点需要把握。

首先是美国在行使贸易霸权的过程中,对利益的关注从绝对收益转向相对收益的临界点。当美国贸易实力衰落的速度快于其国际承诺的增长速度时,临界点就出现了。② 只要身为贸易霸主,非霸权国就会始终对霸主有期待和要求。当美国处于全面超越他国的实力全盛时期时,非霸权国期待美国能以开放市场、输出知识技术等方式分享更多经济发展红利;要求美国为维系国际贸易秩序付出与之地位相称份额的代价,即持续供应公平有效的公共产品。此外,经济权力在国际体系内的富集,往往伴随着国际贸易量的下滑。③ 当美国的贸易实力开始衰落,甚至已经难以继续提供公共产品时,国际贸易秩序的混乱会让其他非霸权国家对霸权国提出更高的期待,期

---

① 参见[英]尼尔·弗格森:《金钱关系》,唐颖华译,中信出版社,2012 年,第 359 页。

② See Patrick James and Michael Lusztig, The US Power Cycle, Expected Utility, and the Probable Future of the FTAA, *International Political Science Review*, Vol. 24, No. 1, 2003.

③ See Stephen D. Krasner, State Power and the Structure of International Trade, *World Politics*, Vol. 28, No. 3, 1976.

待其能带头弥补现有秩序的漏洞,而甚少关注相应成本的分担问题。

其次是美国作为贸易霸主,自身贸易权力与贸易地位之间出现不同步的临界点。此处借用权力周期理论(power cycle theory)对贸易权力(权力)与贸易地位(角色)的不同步现象做简要分析。该理论认为,霸权国必然会出现权力与角色之间的滞后现象,即"权力 - 角色滞后"(power - role lag)。[1]一方面,霸权国持续供给公共产品的行为,势必将影响自身贸易实力的积累,造成相对贸易权力衰减的后果。可是这种相对衰落并不一定能够立刻被察觉,而且"轻微的衰落也不会导致当前盟友的背叛"[2]。正如美国从 20世纪 70 年代开始显现的相对衰落迹象那样。美国的相对衰落给世界造成的负面感觉被 20 世纪 80 年代科学技术驱动下显著提升的生产力,以及 20 世纪 90 年代繁荣的经济增长现象冲淡了。[3]另一方面,由于霸权国稳定供应公共产品、维系国际贸易秩序,相应地,霸权国的贸易地位会呈持续上升和膨胀的趋势。于是当霸权国贸易权力衰落的程度大于其贸易地位上升的程度,二者之间的临界点就出现了。

值得注意的是美国在该临界点出现前采取的调整措施。比如,相对贸易权力的衰减将削弱美国对贸易伙伴的支配力,美国处理的方式是由"大多边"的多边贸易制度转向"小多边"的区域或双边贸易互惠协定。在许多情况下,"小多边"会让美国牺牲部分经济利益,却能在美国与其他贸易伙伴间的贸易谈判中、在国际组织平台的贸易谈判中为美国争取到更大议价权。因为其他贸易伙伴希望自己也能享受到美国在"小多边"贸易合作中让渡的经济利益,而国际组织中参与规则制定谈判的各方则更担心美国从此脱离国际多边制度的束缚,自己难以独自应对美国贸易霸权行径。由此,在国际

---

①③　See Patrick James and Michael Lusztig, The US Power Cycle, Expected Utility, and the Probable Future of the FTAA, *International Political Science Review*, Vol. 24, No. 1, 2003.

②　[美]斯蒂芬·沃尔特:《联盟的起源》,周丕启译,上海人民出版社,2018 年,第 284 页。

贸易谈判中拥有了更大议价权的美国,便也有了机会在更大范围内分摊提供公共产品所需成本,并最终保持住美国对贸易伙伴的支配地位。也因为美国在国际贸易制度体系中的适时调整行为,纵然其中有曲折,可是就总体走势而言,美国贸易霸权呈现出稳定增强的迹象,并未因为出现贸易权力与贸易地位的不一致而减弱。

最后是美国设计的多边贸易协商机制从有效到失效的临界点。以《关税及贸易总协定》和世界贸易组织为代表,国际贸易制度体系也有周期性规律。这些多边协商机制生效之后,大多会经历从逐渐变得高效,到后来由于无法解决很多与时俱进的新情况新问题而趋于停滞的过程。多边贸易协商机制从有效到失效的"失灵"现象主要体现在以下两方面。一是贸易争端解决机制的失灵。不论是《关税及贸易总协定》还是世界贸易组织,贸易争端解决机制都被普遍认为是一个重要创新性成果。随着国际贸易各方的贸易实力发展趋势渐呈多极化,需要解决的贸易争端数量越来越多,机制超负荷运转。此外,许多案件并非是单纯的经济贸易纠纷,而是在政治争端中将贸易问题武器化,进行互相攻击。在此情况下,按照贸易的思路和多边程序无法解决问题,只能通过政治协商化解。二是多边贸易平台的决策和执行的失灵。成员国的多样化降低了多边平台的决策效率。多边贸易协商平台的成员国数量越多,成员国之间在国情、经济发展程度以及政治制度等方面差异越大,难以形成一致而有力的声音,导致很多事情难以推进。在执行世界贸易组织的决定或者落实多边倡议的时候,不同情况的国家有不同的贸易诉求,若执行多边平台贸易决策与本国利益相冲突,那么许多国家就将有动机选择性执行,从而削弱多边平台的权威性。因此,当贸易争端或贸易问题无法通过多边平台得到有效解决时,就出现了许多国家纷纷转向"点对点"的双边贸易或"小多边"的区域贸易的现象。它们寻求在小范围集中解决问题,提高效率,也减少承担更多的国际责任。①

二、盟友集团统治模式的双向维系

美国作为贸易霸主,对国际贸易体系的管理方式是盟友集团式的集体统治。具体说来,"美国在全球至高无上的地位,是由一个覆盖全球的同盟和联盟所组成的精细体系支撑的"②。日本与德国都是美国主要的地区盟国。美国在欧洲和亚洲的力量也直接来源于同这两个国家的紧密结盟。③二战结束后,苏联的军事力量主要集中在建设进攻能力方面,强调先发制人。苏联的军事实力特点与其支持世界革命的态度一道,对战后世界上主要发达经济体形成了威胁。④ 这可能间接拉进了美国与欧洲和亚洲两大工业化国家之间的关系,促成了美国、西欧、日本形成的盟友集团大三角。

然而美国基于盟友集团的统治模式要能持续发挥作用,离不开美国与其盟友国家两方面的共同努力。就双方的义务而言,作为霸权国,美国需要让盟友国家感受到,成为美国的盟友得到的好处将远大于保持中立,或者与美国的对峙方苏联结盟;而一个国家一旦应允成为美国实际上的盟友,则一方面需要在必要的时候以妥协和退让自身利益的姿态维护美国的霸主地位,另一方面还需要让美国认为只有一个经济更加繁荣的自己才有能力给予美国更多的国际支持,从而让美国相信帮助盟友国家发展才是于美国最有利的选择。总而言之,美国贸易霸权是一种"经双方同意的霸权"⑤。以下

---

① See C. Fred Bergsten, A Renaissance for U. S. Trade Policy? *Foreign Affairs*, Vol. 81, No. 6, 2002.
② [美]兹比格纽·布热津斯基:《大棋局:美国的首要地位及其地缘战略》,中国国际问题研究所译,上海人民出版社,2007年,第23页。
③ 参见[美]兹比格纽·布热津斯基:《大棋局:美国的首要地位及其地缘战略》,中国国际问题研究所译,上海人民出版社,2007年,第142页。
④ 参见[美]斯蒂芬·沃尔特:《联盟的起源》,周丕启译,上海人民出版社,2018年,第282页。
⑤ [美]斯蒂芬·沃尔特:《联盟的起源》,周丕启译,上海人民出版社,2018年,第23页。

分别从双方视角加以阐释。

就美国而言,它不是单兵作战,而是与盟友一起,共同在全球市场瓜分利益。首先,美国能从其与盟友国家之间的贸易关系中获得政治利益。美国与盟友国家间的贸易关系自二战结束时的建立开始,背后便有极不对称的政治供需逻辑。美国从这样的不对等供需关系中积累和扩张了自身的相对贸易权力优势,获得了设计国际贸易机构和国际贸易行为规范的主导地位。此外,盟友国家还能替美国分摊提供公共产品所需成本的负担,为美国提供安全保障。[1] 其次,美国能从自己与盟友国家之间的权力分配中始终确保优势地位。美国及其盟友间分配贸易权力的过程,其实就是在固化各方攫取贸易利益的渠道,从而确保美国始终能在获益各方中取得最大份额。在经历对美贸易战之后,盟友国家的政策自主意识增强,并对自己在美国领导下频频被迫退让利益的窘境心存反感,转而开始更加关注自己的经济利益。这种在冷战时期一直被克制的倾向,在冷战结束之后得到了放大。[2] 与之相对应的是,自20世纪70年代布雷顿森林体系崩溃以来,美国长期处于力量衰退期。虽然美国开始以调整国内产业结构的方式试图摆脱困境,却由于调整周期等客观原因限制,无法在短期内对逐渐"离心"的盟友国家形成新的更强凝聚力。于是,美国开始在自己势力范围内重新分配权力资源,试图通过从非盟友国家的"边缘地带"攫取权力资源的方式,来增强盟友集体的凝聚力,并巩固自己在由盟友国家组成的"核心地带"中的优势地位。[3] 虽然随着《关税与贸易总协定》的生效,美国在以盟友集体为主要经济体量

---

① See Lars S. Skålnes, Grand Strategy and Foreign Economic Policy: British Grand Strategy in the 1930s, *World Politics*, Vol. 50, No. 4, 1998.

② 参见[美]罗伯特·吉尔平:《全球资本主义的挑战》,杨宇光、杨炯译,上海人民出版社,2001年,第15页。

③ See Paul K. MacDonald and Joseph M. Parent, Graceful Decline? The Surprising Success of Great Power Retrenchment, *International Security*, Vol. 35, No. 4, 2011.

的国家范围内已经完成了从贸易实力到贸易权力、再到贸易霸权的转化，但美国在世界范围内真正确立贸易霸权的标志是世界贸易组织的成立。

就美国选定的盟友国家而言，在二战结束之际，它们面临着至少三种选择：保持中立、向社会主义阵营靠拢、向资本主义阵营靠拢。在众多选择中，为什么大多数工业基础较好的国家没有选择自主，也没有选择依赖苏联，而是选择了依赖美国呢？主要因为这些国家大多受战争摧残最为深重，战后百废待兴的需求最为紧迫。三种选择中，保持中立且自主的成本最高，甚至可能引起国内社会结构甚至政治结构的重组。确实也有重要的贸易国家选择靠拢苏联，不过它们普遍的工业基础都比不上西欧和日本这样的国家。对于西欧、日本这些被美国重点争取并确保靠拢的国家来说，它们的选择首先因为美国提出的内嵌式自由贸易规则为它们保留了一定的政策自主空间，使它们在贸易合作中更有安全感。其次，美国强大的经济实力具备帮助它们尽快实现战后重建的能力。美国是战后为数不多尚有社会购买力的国家，而且自身还有庞大的消费市场，这自然吸引了众多想通过对美出口增加收入的国家。

所以说，美国与盟友国家之间彼此的"信任"，其实基于大环境下对彼此战略利益的预期。冷战时期，对两个超级大国来说，扩大自己的势力范围、阻止对方势力范围的扩大，符合自身战略利益。作为它们各自阵营中的小国，只要受到来自对方或其阵营的攻击，自身阵营的大国便会因为这份战略利益而出面保护。对中立国家来说，它们是两个超级大国争夺的摇摆角色，也能得到确定的相应保护。然而冷战结束之后，世界开始进入美国一家独大状况下的等级制体系。由于失去了安全这个绝对利益，不论对哪一种身份的国家来说，战略利益都变得更加复杂和不清晰了。当一个非贸易霸权国遭到贸易攻击并向美国求助时，美国可能会因为难以判断攻击者的行为产生的效果是否将对自己有利，以及难以判断对方是敌是友等原因，而迟迟对自己是否提供保护犹豫不决。[①]

三、非霸权国的能动空间

贸易依赖关系具有双向属性。霸主利用非霸权国对它的贸易依赖获取权力的同时,自己也对非霸权国产生了需要,这就为非霸权国制造了拒绝顺从霸主意志的能动空间。

赫希曼在名著《国家权力与对外贸易结构》中认为,面对霸权国在经济、安全等方面施加的威胁或惩罚,非霸权国表示出自愿承受的意愿,这是霸权国的贸易权力得以建立与维系的基础。[②] 以往的研究倾向于认为,意愿属于主观层面,不易观察与判断,而霸权国是否具有施加威胁或惩罚的能力却可以从其是否具备相应的物质实力与客观条件来断定,所以研究重点多放在霸权国的物质实力方面。这样的看法有道理,却不意味着非霸权国的意愿不重要。

在美国盟友集团内部,盟友国家的心态变化将影响美国贸易霸权统治的稳定性。整个冷战期间,由于美国及其盟友间的紧密联系以苏联为首的社会主义阵营为主要安全前提,所以在那样一个安全优先的环境中其实并不好考察盟友国家的"非冷战"思维模式。随着冷战的结束,美国当初扶持盟友的最主要动机消减。由此,经济利益开始上升为美国处理与这些盟友间贸易冲突的主要考虑。随着盟友国家自身贸易实力的不断增强,它们不仅在国际贸易竞争中对美国造成了实际上的利益威胁,甚至还已经造成了

---

① See Glenn H. Snyder, Alliances, Balance, and Stability, *International Organization*, Vol. 45, No. 1, 1991.

② See Albert O. Hirschman, *National Power and the Structure of Foreign Trade*, University of California Press, 1980, p. ix.

实际上的利益损失。20 世纪 90 年代开始,西欧和日本优先考虑的重点也发生了改变。它们对美国以保护自身经济利益为先、罔顾西欧和日本经济和政治利益的行为越发不能忍受,已不大情愿继续跟随美国的领导,更强调实现本国的利益和政策目标。总而言之,随着盟友国家的心态变化,盟友国家与美国之间的贸易关系也发生了改变。一方面,盟友国家希望通过表达出它们对美国承诺的可信度持怀疑态度,使美国为它们做得更多。① 另一方面,美国却因为笃信盟友国家无法离开它提供的安全保护与经济支持而不愿为盟友国家做得太多。

值得一提的是,美国当权政府的行为也是影响盟友国家心态变化的重要因素。比如,在特朗普政府时期,美国对外贸易政策在"美国优先"的口号下四处出击,与贸易伙伴开展的贸易谈判和协定签署都有明显的"破旧立新"倾向。这种倾向不仅发生在对中国等新兴市场国家的贸易活动中,哪怕对盟友国家亦如是。仅仅就美国与盟友国家之间重新进行贸易协定谈判的典型案例就有三个。其一,美国认为在对韩贸易中,货物贸易逆差扩大的幅度超过了美国总体货物贸易逆差扩大的幅度,以此为依据,单方面断言韩国 – 美国自由贸易协定(KORUS FTA)"失败"了,罔顾该协定自 2012 年生效以来尚未到期的事实,单方面提出修订要求。其二,用美墨加协定(USMCA)取代了北美自由贸易协定(NAFTA),在众多制度规定上,做了明显仅有利于美国的修改,"体现了特朗普政府推进多边贸易安排洗牌和重塑于己有利的贸易格局的战略考量"②。其三,美国一边退出跨太平洋伙伴关系组织(TPP),另一边则与日本签订新的贸易协定(USJTA)与数字贸易协定(USJDTA)。自美国退出 TPP 后,日本接棒美国成为跨太平洋伙伴关系组织(CPTPP)现行

① 参见[美]斯蒂芬·沃尔特:《联盟的起源》,周丕启译,上海人民出版社,2018 年,第 285 页。
② 刁大明、宋鹏:《从〈美墨加协定〉看美国特朗普政府的考量》,《拉丁美洲研究》,2019 年第 2 期。

主导力量。美国在日本接棒后与其签订上述两项协定,主要为了保证美国的商品既在日本的农产品市场准入方面与 CPTPP 成员国享有同等优惠的条件,又在数字领域使美日贸易合作向美墨加协定看齐。这样一来,美国就可以既不用承担继续留在 TPP 中的国际责任,减轻自己提供国际公共产品的成本,还可以尽可能多地保留与原 TPP 其他成员国同等的贸易优惠条件。

在美国盟友集团之外,广大非霸权国在国际贸易格局中的地位和诉求也正在发生变化。二战结束后,随着工业渐趋资本化,各国国内市场开始变得相对饱和,国家间对边缘市场控制权的争夺加剧。冷战结束后,随着工业技术的扩散传播,新的竞争集团逐渐崛起并也向边缘地区扩张,加入争夺。进入 21 世纪以来,越来越多的国家在全球化贸易秩序下,不断被卷入世界权力体系并扮演着各自不同的角色,承担着各自不同的责任,获取着各自不同的收益;[1]越来越多的国家选择根据实际收益结果决定自身行为,而非仪式声望(ceremonial prestige)等荣誉层面的考虑。

面对美国贸易霸权行径,盟友集团之外的非霸权国家如果没有展现出顺从的意愿,会发生什么样的情况呢? 以下就是美国试图操纵贸易关系,却因非霸权国家的不顺从态度产生了意外结果的例子。工业高度发达的美国是个能源消耗大国。一直以来,美国采用国内自产与国外进口相结合的方式确保能源供应。直到 1956 年,苏伊士运河危机的爆发中断了来自中东的石油进口。于 1959 年起,美国开设了强制性石油进口配额计划(MOIP),将原油和精炼能源产品的进口限制在美国国内总产量的 12% 左右,转而发展国内备用能源的生产能力。[2] 美国声称这一举动仅作为它对苏伊士运河危

---

① 参见[美]哈罗德·D.拉斯韦尔:《世界政治与个体不安全感》,王菲易译,中央编译出版社,2017 年,第 11 页。

② See Douglas R. Bohi and Milton Russell, *Limiting Oil Imports: An Economic History and Analysis*, Johns Hopkins University, Press, 1978, p. 23.

机的回应,目的只是为了保障国家能源安全。然而这个"自卫"的举动却带有明显的贸易歧视:一边给予来自墨西哥和加拿大的进口石油优惠待遇,另一边歧视来自委内瑞拉和中东的进口石油。在这项计划生效的十余年间,受到美国进口配额歧视的国家联合起来,于 1960 年组建了石油输出国组织(OPEC),并迅速控制了"全球市场上 80% 的在售石油,于是该组织开始寻求限制生产,从而提高全球价格"[1],间接促发了 20 世纪 70 年代石油危机。也就是说,美国设置进口配额的贸易行为产生了国家间关系变化的政治后果。虽然这项贸易歧视政策成功实现了降低美国对特定国家和地区贸易依赖的目标,却也在对方"另辟蹊径的集体努力"[2]中为美国埋下了隐患。在这个案例中,美国操纵国家逻辑的行为带来的损失大于收益,遭到了操纵国家逻辑的反噬。同时也可看到,世界经济的日益政治化是国家间关系发生长期变化的重要原因,是国家改变国家间关系、塑造自身政治经济环境的有效工具。[3]

小　结

美国贸易霸权在不同的时期有不同的具体表现,较稳定的特征是它选择了盟友支持下的集体统治。这是一个集体瓜分统治收益的小范围多边主义合作。从贸易权力体系的角度来看,作为占主导地位的霸主,美国只要始

---

[1]　[美]道格拉斯·欧文:《贸易的冲突:美国贸易政策 200 年》,余江、刁琳琳、陆殷莉译,中信出版社,2019 年,第 514 页。

[2]　作者注:上文已阐述过大国与小国在贸易关系中互动的几种情况,当小国受到大国威胁或者惩罚时,若不屈服,则倾向于相互间合作形成可以与大国抗衡的集体力量。

[3]　See C. Fred Bergsten, Robert O. Keohane and Joseph S. Nye, International Economics and International Politics: A Framework for Analysis, *International Organization*, Vol. 29, No. 1, 1975.

终确保自己分到最大份额的统治收益即可。这样的霸权统治方式还为美国减小了压力:将美国需要保持相对贸易权力优势的对象,从全世界第二强大的国家变为自己掌控范围内的亲密盟友。

美国贸易霸权的集体统治方式在不同时期有不同的变体。这是应世界贸易权力格局和美国自身相对贸易权力优势的变化而产生的现象。比如,冷战时期,美国选择了日本和西欧分别作为自己在亚洲和欧洲的战略支点,一方面协调一致与苏联阵营保持对峙,另一方面协同维系国际贸易秩序。冷战结束之后,美国率领着盟友国家集团走向了真正的全世界。仅仅依靠单个战略支点显然已不足以支撑起对如此大范围、多类型国家的贸易统治。于是美国选择了以美洲、亚洲和欧洲三大区域化经济集团为战略支点的"一体两翼"盟友结构。

美国贸易霸权在不同的时期有不同的政策重点。冷战时期,各盟友国家之间由于有安全利益作为凝聚力,在贸易争端等涉及经济利益纠纷的时候各方多倾向于退让。冷战初期,美国的对外贸易政策重点是做大资本主义阵营的经济蛋糕;冷战后期,美国的贸易政策重点开始转向如何从逐渐强大的盟友国家中分得更大份额的经济蛋糕。冷战结束之后,由于再爆发全世界范围内的大规模战争可能性很低,各方开始将自身经济利益置于首位展开竞争。恰在此时,美国与其盟友国家开始经济结构转型,以资本主义发达工业经济体的服务业对新兴市场国家、发展中国家的工业制造业形成"中心-外围"的剥削关系,一起瓜分世界经济大蛋糕。发展中国家和新兴市场国家分蛋糕的诉求随自身经济的不断发展而变得愈发强烈。然而此时,世界上各主要经济体已经基本都完成了工业化,能将蛋糕继续做大的速度已远不如从前了。所以当经济蛋糕增长的速度赶不上分蛋糕各方诉求增长的速度时,国家间贸易竞争中所夹杂的政治成分就越来越多,并逐渐演变为危机成本的转嫁。比如,当世界经济危机来临,哪一方受损越小、抗冲击的能力越强,待危机结束后它在新的国家间贸易力量对比中就越占优势。

　　美国贸易霸权的具体维系形式是"盟友集体 + 多边合作"。美国贸易霸权萌芽于特殊时期美国与其他主要经济体间的非对称贸易依赖关系。随二战后经济重建与冷战格局的形成,这种小范围国家间的贸易关系逐渐发展成了复合利益混合的"盟友集体"。美国主导设计的多边贸易合作机制标志着美国贸易霸权的正式确立。自此,美国赖以积累相对贸易权力优势的非对称性贸易关系脱离了"必须与美国直接建立贸易关系"的限制,开始延伸至近乎每个有意愿加入世界市场的经济体。也是自那时起,美国贸易霸权的相对性特征主要针对"盟友集体"内部的第二大贸易权力体。这种情况直到中国这样的新兴市场国家崛起才发生了改变。

结　语

　　随着经济全球化的演进,国际贸易这个古老的国家间经济行为被时代赋予了更丰富的形式和内涵,成为国家间分享经济全球化福利的协调器。在这经济领域的国际交往中,政治因素的分量也随之日益彰显,国家间贸易依赖关系有了不同以往的新发展。其中一个显著变化,就是各个国家嵌入全球产业链的程度越来越深。美国作为世界上最强大的贸易国家,本就凭其在全球产业链中的上游位置而在国际贸易体系中拥有最高议价权,却依然频频干涉其与其他国家之间的贸易关系。如何理解这样的行为? 本书尝试从解剖美国的贸易表现入手,分别在经济、外交和安全三个维度定位了贸易收益、贸易依赖和贸易权力三个变量,通过探索三者之间的关系试图为理解美国贸易霸权现象提供补充性解释。

一、学理发现

　　本书主要观点如下:

　　第一,美国贸易霸权是美国在贸易领域所特有的权力现象。独特之处主要体现为三个共存:"高市场开放度"与"低贸易依存度"的共存、"高出口购买力"与"低贸易收支"的共存,以及"高贸易权力"与"贸易地位波动"的共存。

第二,美国贸易霸权不仅存在,而且很重要,虽然通常与其他类型的霸权协同起作用,却也有自身特有的规律。一是让贸易伙伴屈从自身意志的能力("对外影响力")。二是不屈从他人意志的自由("抵抗外来影响的政策自主权")。三是美国让体系内所有其他行为体屈从美国意志的能力大于它们不屈从的自由("针对贸易体系内第二大贸易权力体的相对权力优势")。其中,前两个特征是在权力视角下贸易权力的特征(参见图1-1美国贸易霸权力量层面特征),第三个特征是在体系视角下贸易权力成为贸易霸权的特征(参见图1-2美国贸易霸权体系层面特征)。

第三,美国贸易霸权的生成与运行主要基于"贸易收益—贸易依赖—贸易霸权"三个层次和"市场与国家"两条主线搭建起来的因果传导机制。(参见图2-3)本书第三、四、五章对美国贸易霸权从酝酿到在资本主义世界的运行、再到在世界范围内的运行三个不同的历史阶段分别做了回顾,并按照"外界形势变化—美国出台贸易政策应对变化—美国贸易政策产生政策效果局部改变外界形势—美国继续出台贸易政策再应对新变化"的逻辑梳理了近百年间美国贸易霸权的演变史。

二、现实启示

在美国贸易霸权的市场与国家双逻辑架构中,贸易依赖是使贸易收益转化为贸易权力的枢纽。贸易依赖伴随贸易行为产生,而"过度"的贸易依赖则是美国贸易权力升级为贸易霸权的临界点。如何界定贸易依赖的程度是否"过度"这一议题在学界尚有争议。来自霸主的贸易量或贸易额在非霸权国国民经济总量中的比例是学界认可度较高的衡量标准。传统观点认为,当该比例高到足以使非霸权国以牺牲己方利益为代价承受霸主意志时,就意味着这段贸易关系已经"过度",因为非霸权国在实际贸易行为中对霸主实施了赋权。

然而如今的贸易依赖关系已随国际大分工而变得愈加复杂。一方面,随着知识密集型资本的财富创造力日渐上升,核心关键技术(如芯片)和生产要素(如石油)对上下游产业具有独特而影响力巨大的"阀门"功能,从而成为撬动贸易依赖关系的重要支点。另一方面,全球产业链是经济全球化时代国家间新型贸易依赖关系。不同于传统的点对点模式贸易依赖,全球产业链在市场逻辑层面是上下游方向的依赖,在国家逻辑层面则是面向四面八方的网状依赖。只有把握住全球产业链在两个逻辑层面的依赖方式,才能更好地明确其政治功能运作方式,也才能更好地兼顾国家发展对全球产业链运行在"效率"与"安全"两方面的需要。

上述贸易依赖关系的两个显著变化分别反映了国家之间在生产力和生产关系方面的新发展。本书对美国贸易霸权的解构之所以对 21 世纪的美国贸易表现依然具有解释力,正是因为美国对贸易霸权的有意识操纵主要通过管控对象国家在生产力和生产关系两方面的预期来实现。换言之,对象国家预期中的成本 – 收益计算结果决定了其在应对美国要求时的决策倾向。在美国贸易霸权的实际表现中,这种对预期的管控随着经济全球化的深入而愈发明显。因为全球产业链的复杂性和生产要素的杂糅性决定了国家间贸易行为不仅不是一次性行为,也不仅仅是重复博弈,甚至可能是牵一发而动全身的集体重复博弈。这也是为什么当世界遭受经济危机或疫情冲击导致全球关于供应链安全的焦虑感普遍上升的时候,全球贸易格局会呈现出区域化、集团化甚至碎片化趋势的重要原因。

在美国贸易霸权历史演变的回顾部分,具体的时间划分呼应了美国在外交维度的贸易地位变化。美国贸易地位在单边主义与多边主义间左右游移,反映了美国在处理与贸易伙伴国之间关系时所采取的两种主要手段:遏制与整合。遏制指的是将某些国家的发展限制在自己划定的范围,整合意在把某些国家纳入自己设计的区域或国际安排。平衡使用这两种手段的目的是,在国家间建立起共同的目标。[①] 面对不同的对象和不同的时机,美国选择处理方式的依据并非是贸易依存度(贸易往来的密切程度),而是其关于亲疏敌友的身份定位。不同的身份定位意味着对美国的国家利益将发挥完全不同的作用。比如,当一个国家被美国视作盟友时,美国设计的国际秩序需要盟友的支持,盟友的强大显然于已有利,于是美国的处理方式就以整合为主。但是当一个国家被美国视作竞争对手时,美国的处理方式显然必将以遏制为主。比如,二战结束后的英国与苏联曾经是与美国争霸的对手,与美国存在直接竞争关系,美国当时对二者的处理方式就是遏制。只不过在具体操作过程中,由于彼此之间原有关系的不同,遏制的表现或柔或刚、或显著或隐蔽而已。

表结 -1 美国贸易地位调适表

美国与外界相处方式的调适	历史回顾部分的章节安排	方 式	对 象
	第三章:酝酿中的美国贸易霸权(1913—1947 年)	遏 制	英 国
			苏 联
	第四章:资本主义世界的美国贸易霸权(1948—1994 年)	整 合	西 欧
			日 本
	第五章:世界范围内的美国贸易霸权(1995—2020 年)	遏 制	新兴市场国家、发展中国家
		整 合	区域经济集团内的盟友国家

资料来源:作者自制

[①] 参见[美]理查德·哈斯:《外交政策始于国内:办好美国国内的事》,胡利平、王淮海译,上海人民出版社,2015 年,第 86 ~ 87 页。

值得注意的是,美国曾经对同为其竞争对手的社会主义大国苏联采取遏制战略。一方面,遏制战略的实行效果非常理想,基本实现了美国维持其权力优势的战略目标,也没有出现大规模国家倒向社会主义阵营的情况,尤其那些工业基础较好的轴心国基本都到了美国的阵营里。用美国学者加迪斯的评价来说,就是"不管在对称与非对称之间有何波动,也不管误算如何,代价如何,美国及其盟国仍维持了一种战略,那比他们的对手能够操作的任何方略都一贯得多,有效得多,而且在道德上也可辩解得多。确实,相较遏制,难以想到任何其他和平时期的大战略,其最终产生的结果会更为贴近最初规定的目标"①。另一方面,需要引起重视的是遏制战略的可转用性(transferability):在塑造未来大战略时,出自往昔的大战略可以提示模仿什么和规避什么。② 也就是说,正因为遏制战略在战后近半个世纪的时期内较好地实现了美国的战略目标,所以在面对新时期新形势的新挑战时,尤其当美国面对的竞争对手恰好也是个社会主义大国的时候,遏制战略虽然不一定会全套挪用,可是它的政治遗产,包括思维方式、手段措施等,都不可避免地会被考虑到应对新对手的策略中去。

三、研究展望

本书初步回答了美国贸易霸权是什么(what)以及为什么是这个样子(why)的问题,为理解美国在贸易领域的霸权力量提供了一种补充性解释。未来的研究可以基于本书提供的逻辑分析架构,进一步探索影响美国贸易

---

① [美]约翰·刘易斯·加迪斯:《遏制战略:冷战时期美国国家安全政策评析》,时殷弘译,商务印书馆,2019 年,第 377 页。
② 参见[美]约翰·刘易斯·加迪斯:《遏制战略:冷战时期美国国家安全政策评析》,时殷弘译,商务印书馆,2019 年,第 376 页。

霸权实际控制力发挥作用的诸项要素及其相互间作用关系(how)。其中,对要素的分类既需包括经济领域内的货币金融、对外投资,还应包括跨领域的军工复合体、域内法律的域外适用(长臂管辖)等内容。对要素间作用关系的剖析可以通过重复多次的变量控制和对照比较,找出美国贸易霸权实际控制力发生变化时亦随之变化的要素。继而进一步考察各要素与美国贸易霸权实际控制力之间、各要素之间变化幅度、变化时间和变化时长的协同性。

参考文献

一、中文著作

1. 方连庆、王炳元、刘金质主编:《国际关系史》(现代卷),北京大学出版社,2001年。

2. 方连庆、王炳元、刘金质主编:《国际关系史》(战后卷上下册),北京大学出版社,2001年。

3. 郜振廷等:《美国反攻日本——美国反攻日本市场的战略》,中国物资出版社,1997年。

4. 何永江:《美国贸易政策》,南开大学出版社,2008年。

5. 入江昭、孔华润主编:《巨大的转变:美国和东亚(1931—1949)》,复旦大学出版社,1991年。

6. 宋新宁、田野:《国际政治经济学概论》(第三版),中国人民大学出版社,2020年。

7. 王立新:《蹒跚的霸权:美国崛起后的身份困惑与秩序追求(1913—1945)》,中国社会科学出版社,2015年。

8. 王正毅:《国际政治经济学通论》,北京大学出版社,2010 年。

9. 熊良福主编:《当代美国对外贸易研究》,武汉大学出版社,1997 年。

10. 杨国华:《美国贸易法"301 条款"研究》,法律出版社,1998 年。

11. 张丽娟:《美国贸易政策的政治经济学》,经济科学出版社,2017 年。

12. 张清敏:《对外政策分析》,北京大学出版社,2019 年。

13. 张宇燕、高程:《美洲金银和西方世界的兴起》,中信出版社,2016 年。

14. 张振江:《从英镑到美元:国际经济霸权的转移(1933—1945)》,人民出版社,2006 年。

二、中文论文

1. 蔡一鸣:《世界经济霸权国家更迭研究》,《经济评论》,2009 年第5 期。

2. 蔡玉民:《经济因素在美国对日政策中的作用(1937—1941)》,《世界历史》,2001 年第 3 期。

3. 曹建增:《冷战后世界格局的新变化和经济霸权的新构建》,《世界经济》,1998 年第 4 期。

4. 刁大明、宋鹏:《从〈美墨加协定〉看美国特朗普政府的考量》,《拉丁美洲研究》,2019 年第 2 期。

5. 冯维江、余洁雅:《论霸权的权力根源》,《世界经济与政治》,2012 年第 12 期。

6. 冯昭奎:《日本半导体产业发展与日美半导体贸易摩擦》,《日本研究》,2018 年第 3 期。

7. 胡方:《不对称相互依存与国际贸易摩擦》,《WTO 经济导刊》,2013 年Z1 期。

8. 黄苏:《区域经济集团化与相互依赖的新格局》,《世界经济》,1992 年第 5 期。

9. 李明哲:《美国的赤字型国际领导与世贸组织改革》,《国际贸易》,2020 年第 4 期。

10. 李向阳:《国际经济规则的形成机制》,《世界经济与政治》,2006 年第 9 期。

11. 李晓、王静文:《美国经济霸权与全球经济失衡》,《东北亚论坛》,2007 年第 2 期。

12. 刘军:《"美国例外论"和工运史研究》,《世界历史》,1999 年第 5 期。

13. 刘晔:《经济全球化与美国贸易霸权主义,《财金贸易》,2000 年第 1 期。

14. 柳剑平、刘威:《经济制裁与贸易报复——对经济制裁内涵的再界定》,《思想理论教育导刊》,2005 年第 5 期。

15. 卢林:《论国际相互依赖与相互冲突》,《上海社会科学院学术季刊》,1990 年第 3 期。

16. 庞珣、陈冲:《国际金融的"赫希曼效应"》,《世界经济与政治》,2020 年第 6 期。

17. 秦亚青:《霸权体系与国际冲突》,《中国社会科学》,1996 年第 4 期。

18. 任东波、李忠远:《从"广场协议"到"卢浮宫协议":美国敲打日本的历史透视与启示》,《当代经济研究》,2015 年第 6 期。

19. 任琳:《金融与霸权关系的悖论》,《国际政治科学》,2020 年第 1 期。

20. 沈志华:《美国对苏贷款问题历史考察(1943—1946)——关于美苏经济冷战起源的研究(之一)》,《俄罗斯研究》,2019 年第 6 期。

21. 舒建中:《美国与"东京回合":贸易霸权面临新挑战》,《美国研究》,2018 年第 2 期。

22. 王缉思:《美国霸权的逻辑》,《美国研究》,2003 年第 3 期。

23. 王立新:《美国国家身份的重塑与"西方"的形成》,《世界历史》,2019 年第 1 期。

24. 熊炜:《失重的"压舱石"? 经贸合作的"赫希曼效应"分析——以德俄关系与中德关系为比较案例》,《外交评论》,2019 年第 5 期。

25. 姚枝仲:《美国的贸易逆差问题》,《世界经济》,2003 年第 3 期。

26. 于军:《相互依赖与国际冲突》,《国际政治研究》,2003 年第 3 期。

27. 袁鹏:《金融危机与美国经济霸权:历史与政治的解读》,《现代国际关系》,2009 年第 5 期。

28. 张建刚、魏蔚:《贸易条件对经济增长的影响分析——以亚洲发展中国家为例》,《经济问题》,2018 年第 5 期。

29. 张盛发:《苏联对马歇尔计划的判断和对策》,《东欧中亚研究》,1999 年第 1 期。

30. 张亚斌、范子杰:《国际贸易格局分化与国际贸易秩序演变》,《世界经济与政治》,2015 年第 3 期。

31. 赵柯:《试论大国经济外交的战略目标——美国经济外交与大英帝国的崩溃》,《欧洲研究》,2014 年第 4 期。

32. 赵磊、张馨:《美国资信评估霸权背后的场域逻辑》,《当代亚太》,2019 年第 3 期。

33. 赵明昊:《"美国优先"与特朗普政府的亚太政策取向》,《外交评论》,2017 年第 4 期。

34. 周琪:《"美国例外论"与美国外交政策传统》,《中国社会科学》,2000 年第 6 期。

三、外文译著

1. ［美］爱德华·曼斯菲尔德、［美］海伦·米尔纳：《表决、否决与国际贸易协定的政治经济学》，陈兆源译，上海人民出版社，2019 年。

2. ［印度］阿马蒂亚·森：《理性与自由》，李凤华译，中国人民大学出版社，2012 年。

3. ［美］艾儒蔚：《资本规则：国际金融秩序的演变》，杨培鸿等译，中信出版社，2010 年。

4. ［美］亚历山大·温特：《国际政治的社会理论》，秦亚青译，上海人民出版社，2014 年。

5. ［美］保罗·克鲁格曼主编：《战略性贸易与国际经济》，海闻等译，中信出版社，2016 年。

6. ［美］本杰明·J. 科恩：《国际政治经济学：学科思想史》，杨毅、钟飞腾译，上海人民出版社，2010 年。

7. ［美］本杰明·J. 科恩：《货币强权》，张琦译，中信出版社，2017 年。

8. ［美］本·斯泰尔：《布雷顿森林货币战：美元如何统治世界》，符荆捷、陈盈译，机械工业出版社，2014 年。

9. ［美］保罗·萨缪尔森、［美］威廉·诺德豪斯：《萨缪尔森谈金融、贸易与开放经济》，萧琛主译，商务印书馆，2012 年。

10. ［英］保罗·肯尼迪：《大国的兴衰》（上），王保存等译，中信出版社，2013 年。

11. ［英］保罗·肯尼迪：《大国的兴衰》（下），王保存等译，中信出版社，2013 年。

12. ［美］查尔斯·蒂利：《信任与统治》，胡位钧译，上海人民出版社，

2010 年。

13. [美]查尔斯·林德布洛姆:《决策过程》,竺乾威、胡君芳译,上海译文出版社,1988 年。

14. [美]戴维·莱克:《国际关系中的等级制》,高婉妮译,上海人民出版社,2021 年。

15. [美]道格拉斯·欧文:《贸易的冲突:美国贸易政策 200 年》,余江、刁琳琳、陆殷莉译,中信出版社,2019 年。

16. [美]道格拉斯·C. 诺思:《制度、制度变迁与经济绩效》,杭行译,上海人民出版社,2014 年。

17. [土耳其]丹尼·罗德里克:《贸易的真相》,卓贤译,中信出版社,2018 年。

18. [以色列]E. 赫尔普曼:《理解全球贸易》,田丰译,中国人民大学出版社,2012 年。

19. [美]弗朗西斯·加文:《黄金、美元与权力:国际货币关系的政治(1958—1971)》,严荣译,社会科学文献出版社,2016 年。

20. [美]哈罗德·D. 拉斯韦尔、[美]亚伯拉罕·卡普兰:《权力与社会》,王菲易译,上海人民出版社,2012 年。

21. [美]哈罗德·D. 拉斯韦尔:《世界政治与个体不安全感》,王菲易译,中央编译出版社,2017 年。

22. [美]海伦·米尔纳:《利益、制度与信息》,曲博译,上海人民出版社,2015 年。

23. [美]赫尔曼·M. 施瓦茨:《国家与市场:全球经济的兴起》,徐佳译,江苏人民出版社,2008 年。

24. [美]I. M. 戴斯勒:《美国贸易政治》,王恩冕、于少蔚译,中国市场出版社,2006 年。

25.[美]杰弗里·弗里登:《20 世纪全球资本主义的兴衰》,杨宇光等译,上海人民出版社,2017 年。

26.[美]乔纳森·科什纳:《货币与强制:国际货币权力的政治经济学》,李巍译,上海人民出版社,2013 年。

27.[美]乔纳森·科什纳:《金融危机后的美国权力》,江涛、白云真译,上海人民出版社,2016 年。

28.[美]约翰·米尔斯海默:《大幻想:自由主义之梦与国际现实》,李泽译,上海人民出版社,2019 年。

29.[美]约瑟夫·E.斯蒂格利茨:《全球化逆潮》,李杨等译,机械工业出版社,2019 年。

30.[美]约瑟夫·熊彼特:《资本主义、社会主义与民主》,吴良健译,商务印书馆,1979 年。

31.[美]约翰·刘易斯·加迪斯:《遏制战略:冷战时期美国国家安全政策评析》,时殷弘译,商务印书馆,2019 年。

32.[美]约瑟夫·奈:《美国世纪结束了吗?》,邵杜罔译,北京联合出版公司,2016 年。

33.[美]詹姆斯·多尔蒂、[美]小罗伯特·普法尔茨格拉夫:《争论中的国际关系理论》(第五版),阎学通、陈寒溪等译,世界知识出版社,2013 年。

34.[美]杰克·赫舒拉发:《力量的阴暗面》,刘海青译,华夏出版社,2012 年。

35.[美]肯尼思·华尔兹:《国际政治理论》,信强译,上海人民出版社,2017 年。

36.[匈牙利]卡尔·波兰尼:《新西方论》,潘一禾、刘岩译,海天出版社,2017 年。

37.[美]卡尔·多伊奇:《国际关系分析》,周启朋等译,世界知识出版社,1988年。

38.[美]康灿雄:《裙带资本主义:韩国和菲律宾的腐败与发展》,李巍、石岩、王寅译,上海人民出版社,2017年。

39.[美]曼昆:《经济学原理:宏观经济学分册》(第7版),梁小民、梁砾译,北京大学出版社,2015年。

40.[美]梅尔文·P.莱弗勒:《权力优势:国家安全、杜鲁门政府与冷战》,孙建中译,商务印书馆,2019年。

41.[美]玛莎·芬尼莫尔:《干涉的目的:武力使用信念的变化》,袁正清等译,上海人民出版社,2009年。

42.[美]尼古拉斯·斯皮克曼:《世界政治中的美国战略:美国与权力平衡》,王珊、郭鑫雨译,上海人民出版社,2018年。

43.[英]尼尔·弗格森:《金钱关系》,唐颖华译,中信出版社,2012年。

44.[美]彼得·A.霍尔、[美]戴维·索斯凯斯等:《资本主义的多样性:比较优势的制度基础》,王新荣译,中国人民大学出版社,2017年。

45.[美]彼得·卡赞斯坦、[美]罗伯特·基欧汉、[美]斯蒂芬·克拉斯纳编:《世界政治理论的探索与争鸣》,秦亚青、苏长和、门洪华、魏玲译,上海人民出版社,2018年。

46.[阿根廷]皮耶尔保罗·巴维里:《希特勒的影子帝国:纳粹经济学与西班牙内战》,刘波译,中信出版社,2018年。

47.[美]罗伯特·A.达尔:《现代政治分析》,王沪宁等译,上海译文出版社,1987年。

48.[美]罗伯特·吉尔平:《世界政治中的战争与变革》,宋新宁等译,上海人民出版社,2019年。

49.[美]罗伯特·吉尔平:《跨国公司与美国霸权》,钟飞腾译,东方出版社,2011年。

50.[美]罗伯特·吉尔平:《国际关系政治经济学》,杨宇光等译,上海人民出版社,2011 年。

51.[美]罗伯特·吉尔平:《全球资本主义的挑战》,杨宇光、杨炯译,上海人民出版社,2001 年。

52.[美]罗伯特·基欧汉:《霸权之后——世界政治经济中的合作与纷争》,苏长和等译,上海人民出版社,2012 年。

53.[美]罗伯特·基欧汉、约瑟夫·奈:《权力与相互依赖》(第三版),门洪华译,北京大学出版社,2002 年版。

54.[美]罗纳德·罗戈夫斯基:《商业与联盟:贸易如何影响国内政治联盟》,杨毅译,上海人民出版社,2012 年。

55.[美]罗杰·希尔斯曼、[美]劳拉·高克伦、[美]帕特里夏·A. 韦茨曼:《防务与外交决策中的政治——概念模式与官僚政治》,曹大鹏译,商务印书馆,2000 年。

56.[美]理查德·哈斯:《外交政策始于国内:办好美国国内的事》,胡利平、王淮海译,上海人民出版社,2015 年。

57.[埃及]萨米尔·阿明:《全球化时代的资本主义:对当代社会的管理》,丁开杰等译,中国人民大学出版社,2013 年。

58.[美]斯蒂芬·沃尔特:《联盟的起源》,周丕启译,上海人民出版社,2018 年。

59.[英]苏珊·斯特兰奇:《国家与市场》(第二版),杨宇光等译,上海人民出版社,2019 年。

60.[美]西蒙·赖克、[美]理查德·内德·勒博:《告别霸权!——全球体系中的权力与影响力》,陈锴译,上海人民出版社,2016 年。

61.[法]托马斯·皮凯蒂:《21 世纪资本论》,巴曙松等译,中信出版社,2014 年。

62.［美］小约瑟夫·奈、［加拿大］戴维·韦尔奇：《理解全球冲突与合作：理论与历史》，张小明译，上海人民出版社，2012 年版。

63.［美］约瑟夫·E. 斯蒂格利茨、［美］安德鲁·查尔顿：《国际间的权衡交易：贸易如何促进发展》，沈小寅译，中国人民大学出版社，2013 年。

64.［美］约瑟夫·E. 斯蒂格利茨、［美］沙希德·尤素福编：《东亚奇迹的反思》，王玉清、朱文晖等译，中国人民大学出版社，2013 年。

65.［英］伊恩·克肖：《命运攸关的抉择：1940—1941 年间改变世界的十个决策》，顾剑译，浙江人民出版社，2017 年。

66.［美］兹比格纽·布热津斯基：《大棋局：美国的首要地位及其地缘战略》，中国国际问题研究所译，上海人民出版社，2007 年。

四、英文著作

1. Albert O. Hirschman, *National Power and the Structure of Foreign Trade*, University of California Press, 1980.

2. Akira Iriye, *The Origins of the Second World War in Asia and the Pacific*, Routledge Press, 1987.

3. Chalmers Johnson, *MITI and the Japanese Miracle*, Stanford University Press, 1982.

4. Charles P. Kindleberger, *The World in Depression*, University of California Press, 1973.

5. C. F. Doran, *Systems in Crisis: New Imperatives of High Politics at Century's End*, Cambridge University Press, 1991.

6. David A. Lake, *Power, Protection, and Free Trade*, Cornell University Press, 1988.

7. Dani Rodrik, *Has Globalization Gone Too Far*? Institute for International Economics, 1997

8. Dorothy Borg and Shumpel Okamoto eds. , Pearl Harbor as History: Japanese – American Relations, Columbia University Press, 1973.

9. Douglas R. Bohi and Milton Russell, *Limiting Oil Imports: An Economic History and Analysis*, Johns Hopkins University, Press, 1978.

10. Emery Reves, *The Anatomy of Peace*, Harper Press, I946.

11. Gabriel Kolko, *The Politics of War: The World and United States Foreign Policy*, 1943 – 1945, Random House, 1968.

12. Gabriel Kolko, *The Roots of American Foreign Policy: An Analysis of Power and Purpose*, Beacon Press, 1969.

13. Gardner Paterson, *Discrimination in International Trade*, *The Policy Issues*, Princeton University Press, 1966.

14. James William Morley eds. , *The Final Confrontation: Japan's Negotiations with the United States*, 1941, Columbia University Press, 1994.

15. Joyce and Gabriel Kolko, *The Limits of Power: The World and United States Foreign Policy*, 1945 – 54, Random House, 1972.

16. Mark M. Harrison, ed. , *The Economics of World War II: Six Great Powers in International Comparison*, Cambridge, 1998.

17. Mark S. Manger, *Investing in Protection : The Politics of Preferential Trade Agreements Between North and South*, Cambridge University Press, 2009.

18. Michael Mastanduno, *Economic Containment: CoCom and the Politics of East – West Trade.* Cornell University Press, 1992.

19. Naill Ferguson, *Colossus: The Price of American Empire*, New York: Penguin Press, 2004.

20. Simon Kuznets, *Shares of Upper Income Groups in Income and Savings*, National Bureau of Economic Research, 1953.

21. William Shepherd, *The Treatment of Market Power*, Columbia University Press, 1975.

22. Wilfried. Loth, *The Division of the World*, 1941 – 1955, Routledge, 1988.

23. W. W. Rostow, *The World Economy*: *History and Prospect*, University of Texas Press, 1980.

24. Wm. Roger Louis, *Imperialism at Bay*: *The United States and the Decolonization of the British Empire*, 1941 – 1945, Oxford University Press, 1978.

五、英文论文

1. Albert O. Hirschman, Beyond Asymmetry: Critical Notes on Myself as a Young Man and on Some Other Old Friends, *International Organization*, Vol. 32, No. 1, 1978.

2. Andreas Dür, Foreign Discrimination, Protection for Exporters, and U. S. Trade Liberalization, *International Studies Quarterly*, Vol. 51, No. 2, 2007.

3. Arnaud Costinot and Andrés Rodríguez – Clare, The US Gains From Trade: Valuation Using the Demand for Foreign Factor Services, *The Journal of Economic Perspectives*, Vol. 32, No. 2, 2018.

4. C. Fred Bergsten, Robert O. Keohane and Joseph S. Nye, International Economics and International Politics: A Framework for Analysis, *International Organization*, Vol. 29, No. 1, 1975.

5. C. Fred Bergsten, A Renaissance for U. S. Trade Policy? *Foreign Affairs*,

Vol. 81, No. 6, 2002.

6. Charles P. Kindleberger, The Terms of Trade and Economic Development, *The Review of Economics and Statistics*, Vol. 40, No. 1, 1958.

7. Charles S. Maier, The Politics of Productivity: Foundations of American International Economic Policy after World War II, *International Organization*, Vol. 31, No. 4, 1977.

8. Christina L. Davis and Sophie Meunier, Business as Usual? Economic Responses to Political Tensions, *American Journal of Political Science*, Vol. 55, No. 3, 2011.

9. Christopher Layne, This Time It's Real: The End of Unipolarity and the "Pax Americana", *International Studies Quarterly*, Vol. 56, No. 1, 2012.

10. Christopher M. Bruner, Hemispheric Integration and the Politics of Regionalism: The Free Trade Area of the Americas (FTAA), *The University of Miami Inter - American Law Review*, Vol. 33, No. 1, 2002.

11. Costas Arkolakis, Arnaud Costinot and Andrés Rodríguez - clare, New Trade Models, Same Old Gains? *The American Economic Review*, Vol. 102, No. 1, 2012.

12. Dani Rodrik, Growth Strategies, *Handbook of Economic Growth*, P. Aghion and S. Durlauf, eds. , Vol. 1A, Notrth - Holland Press, 2005.

13. Daniel W. Drezner and Kathleen R. McNamara, International Political Economy, Global Financial Orders and the 2008 Financial Crisis, *Perspectives on Politics*, Vol. 11, No. 1, 2013.

14. David A. Baldwin, Interdependence and Power: a Conceptual Analysis, *International Organization*, Vol. 34, No. 4, 1980.

15. David A. Lake, Beneath the Commerce of Nations: A Theory of Interna-

tional Economic Structures, *International Studies Quarterly*, Vol. 28, 1984.

16. David D. Hale, Dodging the Bullet: This Time: The Asian Crisis and U. S. Economic Growth during 1998, *The Brookings Review*, Vol. 16, No. 3, 1998.

17. Dotan A Haim, Alliance networks and trade: The effect of indirect political alliances on bilateral trade flows, *Journal of Peace Research*, Vol. 53, No. 3, Special Issue on Networked International Politics, 2016.

18. Douglas A. Irwin and Randall S. Kroszner, Interests, Institutions, and Ideology in Securing Policy Change: The Republican Conversion to Trade Liberalization after Smoot – Hawley, *Journal of Law & Economics*, Vol. 42, No. 2, 1999.

19. Douglas A. Irwin, Explaining America's Surge in Manufactured Exports, 1880 – 1913, *The Review of Economics and Statistics*, Vol. 85, No. 2, 2003.

20. Douglas A. Irwin, The GATT in Historical Perspective, *The American Economic Review*, Vol. 85, No. 2, Papers and Proceedings of the Hundredth and Seventh Annual Meeting of the American Economic Association Washington, DC, January 6 – 8, 1995.

21. E. S. Krauss and S. Reich, Ideology, Interests, and the American Executive: Towards a Theory of Foreign Competition and Manufacturing Trade Policy, *International Organization*, Vol. 46, 1992.

22. Edward D. Mansfield, The Concentration of Capabilities and International Trade, *International Organization*, Vol. 46, No. 3, 1992.

23. Edward D. Mansfield and Diana C. Mutz, Support for Free Trade: Self – interest, Sociotropic Politics, and Out – Group Anxiety, *International Organization*, Vol. 63, No. 3, 2009.

24. Emily Blanchard, and Xenia Matschke, US Multinationals and Preferen-

tial Market Access, *Review of Economics and Statistics*, Vol. 97, No. 4, 2015.

25. Eugene Beaulieu, Factor or Industry Cleavages in Trade Policy? An Empirical Analysis of the Stolper – Samuelson Theorem, *Economics and Politics*, Vol. 14, No. 2, 2002.

26. Gavin Wright, The Origins of American Industrial Success, 1879 – 1940, *American Economic Review*, Vol. 80, 1990.

27. Geoffrey Roberts, Moscow and the Marshall Plan: Politics, Ideology and the Onset of the Cold War, 1947, *Europe – Asia Studies*, Vol. 46, No. 8, 1994.

28. Gianni Toniolo, Europe's Golden Age, 1950 – 1973: Speculations from a Long – Run Perspective, *The Economic History Review*, Vol. 51, No. 2, 1998.

29. Glenn H. Snyder, Alliances, Balance, and Stability, *International Organization*, Vol. 45, No. 1, 1991.

30. H. Richard Friman, Rocks, Hard Places, and the New Protectionism: Textile Trade Policy Choices in the United States and Japan, *International Organization*, Vol. 42, No. 4, 1988.

31. Helen Milner, The Assumption of Anarchy in International Relations Theory: A Critique, *Review of International Studies*, Vol. 17, No. 1, 1991.

32. Hilde Eliassen Restad, Old Paradigms in History Die Hard in Political Science: US Foreign Policy and American Exceptionalism, *American Political Thought*, Vol. 1, No. 1, 2012.

33. Howard P. Marvel and Edward J. Ray, The Kennedy Round: Evidence on the Regulation of International Trade in the United States, *The American Economic Review*, Vol. 73, No. 1, 1983.

34. Iain Osgood, The Breakdown of Industrial Opposition to Trade: Firms, Product variety and Reciprocal Liberalization, *World Politic*s, Vol. 69, No. 1,

2017.

35. In Song Kim, Political Cleavages within Industry: Firm – level Lobbying for Trade Liberalization, *American Political Science Review*, Vol. 111, No. 1, 2017.

36. J. Bradford Jensen, Dennis P. Quinn and Stephen Weymouth, Winners and Losers in International Trade: The Effects on US Presidential Voting, *International Organization*, Vol. 71, No. 3 2017.

37. J. R. Hicks, An Inaugural Lecture, *Oxford Economic Papers*, 1953.

38. Jens Hainmueller and Michael J. Hiscox, Learning to Love Globalization: Education and Individual Attitudes Toward International Trade, *International Organization*, Vol. 60, No. 2, 2006.

39. Joanne Gowa and Edward D. Mansfield, Alliances, Imperfect Markets, and Major – Power Trade, *International Organization*, Vol. 58, No. 4, 2004.

40. Joanne Gowa and Edward D. Mansfield, Power Politics and International Trade, *American Political Science Review*, Vol. 87, No. 2, 1993.

41. Jock A. Finlayson and Mark W. Zacher, The GATT and the Regulation of Trade Barriers: Regime Dynamics and Functions, in Krasner, ed., *International Regimes*, 1983.

42. John S. Odell, Understanding International Trade Policies: An Emerging Synthesis, *World Politics*, Vol. 43, No. 1, 1990.

43. Joseph S. Nye Jr., The Velvet Hegemon, *Foreign Policy*, No. 136, 2003.

44. Joseph S. Nye, Jr., The Future of American Power: Dominance and Decline in Perspective, *Foreign Affairs*, Vol. 89, No. 6, 2010.

45. Kenneth F. Scheve and Matthew J. Slaughter, What Determines Individu-

al Trade – Policy Preferences? *Journal of International Economics*, Vol. 54, No. 2, 2001b.

46. Kenneth Scheve, and Matthew J. Slaughter, Economic Insecurity and the Globalization of Production, *American Journal of Political Science*, Vol. 48, NO. 4, 2004.

47. Kent E. Calder, Japanese Foreign Economic Policy Formation: Explaining the Reactive State, *World Politics*, Vol. 40, No. 4, 1988.

48. Kerry A. Chase, Economic Interests and Regional Trading Arrangements: The Case of NAFTA, *International Organization*, Vol. 57, No. 1, 2003.

49. Kishore Gawande, Bernard Hoekman and Yue Cui, Global Supply Chains and Trade Policy Responses to the 2008 Crisis, *The World Bank Economic Review*, Vol. 29, No. 1, 2015.

50. Klaus Knorr, International Economic Leverage and Its Uses, in Klaus Knorr and Frank Trager, eds. , *Economic Issues and National Security*, University Press of Kansas, 1977.

51. Krzysztof J. Pelc, Constraining Coercion? Legitimacy and Its Role in U. S. Trade Policy, 1975 – 2000, *International Organization*, Vol. 64, No. 1, 2010.

52. Lars S. Skålnes, Grand Strategy and Foreign Economic Policy: British Grand Strategy in the 1930s, *World Politics*, Vol. 50, No. 4, 1998.

53. Lucia Coppolaro, In Search of Power: The European Commission in the Kennedy Round Negotiations (1963 – 1967), *Contemporary European History*, Vol. 23, No. 1, 2014.

54. M. Mastanduno, Setting Market Access Priorities: The Use of Super 301 in U. S. Trade with Japan, *World Economy*, Vol. 15, 1992.

55. Marianne Baxter, Michael A. Kouparitsas, What can Account for Fluctu-

ations in the Terms of Trade? *International Finance*, Vol. 9, No. 1, 2006.

56. Marie Anchordoguy, Mastering the market: Japanese government targeting of the computer industry, *International Organization*, Vol. 42, No. 3, 1988.

57. Mark S. Copelovitch and Jon C. W. Pevehouse, Ties that Bind? Preferential Trade Agreements and Exchange Rate Policy Choice, *International Studies Quarterly*, Vol. 57, No. 2, 2013.

58. Mayda, Anna – Maria, and Dani Rodrik, Why are Some People (and Countries) More Protectionist than Others? *European Economic Review*, Vol. 49, No. 6, 2005.

59. Michael Lang, Globalization and Its History, *The Journal of Modern History*, Vol. 78, No. 4, 2006.

60. Michael Mastanduno, Do Relative Gains Matter? America's Response to Japanese Industrial Policy, *International Security*, Vol. 16, No. 1, 1991.

61. Michael Mastanduno, Trade as a Strategic Weapon: American and Alliance Export Control Policy in the Early Postwar Period, *International Organization*, Vol. 42, No. 1, 1988.

62. Michael P. Ryan, USTR's Implementation of 301 Policy in the Pacific, *International Studies Quarterly*, Vol. 39, No. 3, 1995.

63. Michael R. King, Who Triggered the Asian Financial Crisis? *Review of International Political Economy*, Vol. 8, No. 3, 2001.

64. Mikhail Balaev, The Effects of International Trade on Democracy: A Panel Study of the Post – Soviet WorldSystem, *Sociological Perspectives*, Vol. 52, No. 3, 2009.

65. Omar M. G. Keshk, Brian M. Pollins and Rafael Reuveny, Trade Still Follows the Flag: The Primacy of Politics in a Simultaneous Model of Interde-

pendence and Armed Conflict, *The Journal of Politics*, Vol. 66, No. 4, 2004.

66. P. Terrence Hopmann, Asymmetrical Bargaining in the Conference on Security and Cooperation in Europe, *International Organization*, Vol. 32, No. 1, 1978.

67. Patricia I. Hansen, Defining Unreasonableness in International Trade: Section 301 of the Trade Act of 1974, *The Yale Law Journal*, Vol. 96, No. 5, 1987.

68. Patrick James and Michael Lusztig, The US Power Cycle, Expected Utility, and the Probable Future of the FTAA, *International Political Science Review*, Vol. 24, No. 1, 2003.

69. Patrick K. O'Brien and Geoffrey Allen Pigman, Free Trade, British Hegemony and the International Economic Order in the Nineteenth Century, *Review of International Studies*, Vol. 18, No. 2, 1992.

70. Paul K. MacDonald and Joseph M. Parent, Graceful Decline? The Surprising Success of Great Power Retrenchment, *International Security*, Vol. 35, No. 4, 2011.

71. Paul Krugman, The Uncomfortable Truth about NAFTA: It's Foreign Policy, Stupid, *Foreign Affairs*, Vol. 72, No. 5, 1993.

72. Paul W. Schroeder, Alliances, 1815 – 1945: Weapons of Power and Tools of Management, in Klaus Knorr, ed. , *Historical Dimensions of National Security Problems*, University Press of Kansas, 1976.

73. Peter Bachrach and Morton S. Baratz, Power and Its Two Faces Revisited: A Reply to Geoffrey Debnam, *The American Political Science Review*, Vol. 69, No. 3, 1975.

74. Peter Egger, Joseph Francois, Miriam Manchin, Douglas Nelson and

Wolf Wagner, Non – tariff Barriers, Integration and the Transatlantic Economy, *Economic Policy*, Vol. 30, No. 83, 2015.

75. Peter J. Katzenstein, Domestic Structures and Strategies of Foreign Economic Policy, *International Organization*, Vol. 31, No. 4, 1977.

76. R. Harrison Wagner, Economic Interdependence, Bargaining Power, and Political Influence, *International Organization*, Vol. 42, No. 3, 1988.

77. Raymond D. Duvall, Dependence and Dependencia Theory: Notes toward Precision of Concept and Argument, *International Organization*, Vol. 32, No. 1, 1978.

78. Robert D. Hormats, The Roots of American Power, *Foreign Affairs*, Vol. 70, No. 3, 1991.

79. Robert E. Baldwin and David A. Kay, International Trade and International Relations, *International Organization*, Vol. 29, No. 1, 1975.

80. Robert O. Keohane, The Big Influence of Small Allies, *Foreign Policy*, No. 2, 1971.

81. Robert O. Keohane, The Theory of Hegemonic Stability and Changes in International Economic Regimes, 1967 – 1977, in Ole Holsti et al. , eds. , *Changes in the International System*, Westview Press, 1980.

82. Roy Kwon, Hegemonic Stability, World Cultural Diffusion, and Trade Globalization, *Sociological Forum*, Vol. 27, No. 2, 2012.

83. Rudiger Dornbusch, Yung Chul Park and Stijn Claessens, Contagion: Understanding How It Spreads, *The World Bank Research Observer*, Vol. 15, No. 2, 2000.

84. Saadia M. Pekkanen, Mireya Solís and Saori N. Katada, Trading Gains for Control: International Trade Forums and Japanese Economic Diplomacy, *Inter-*

national Studies Quarterly, Vol. 51, No. 4, 2007.

85. Sarah Sunn Bush and Lauren Prather, Foreign Meddling and Mass Attitudes toward International Economic Engagement, International Organization, Vol. 74, No. 3, 2020.

86. Sarah von Billerbeck, Mirror, Mirror On the Wall: Self - Legitimation by International Organizations, International Studies Quarterly, Vol. 64, No. 1, 2020.

87. Sidney Weintraub, U. S. - Canada Free Trade: What's in It for the U. S. ? Journal of Interamerican Studies and World Affairs, Vol. 26, No. 2, 1984.

88. Stanley D. Nollen and Dennis P. Quinn, Free Trade, Fair Trade, Strategic Trade, and Protectionism in the U. S. Congress, 1987 - 88, International Organization, Vol. 48, No. 3, 1994.

89. Stefanie Walter, Globalization and the Welfare State: Testing the Microfoundations of the Compensation Hypothesis, International Studies Quarterly, Vol. 54, No. 2, 2010.

90. Stephen Blank, Britain: The Politics of Foreign Economic Policy, the Domestic Economy, and the Problem of Pluralistic Stagnation, International Organization, Vol. 31, No. 4, 1977.

91. Stephen D. Krasner, State Power and the Structure of International Trade, World Politics, Vol. 28, No. 3, 1976.

92. Stephen D. Krasner, Structural Causes and Regime Consequences: Regimes as Intervening Variables, and Regimes and the Limits of Realism: Regimes as Autonomous Variables, in Stephen D. Krasner, ed. , International Regimes, Cornell University Press, 1983.

93. Stephen D. Krasner, The Tokyo Round: Particularistic Interests and

Prospects for Stability in the Global Trading System, *International Studies Quarterly*, *Vol.* 23, No. 4 1979.

94. Stephen D. Krasner, US Commercial and Monetary Policy: Unravelling the Paradox of External Strength and Internal Weakness, *International Organization*, Vol. 31, No. 4, 1977.

95. Stephen P. Magee and Leslie Young, Endogenous Protection in the United States, 1900 – 1984, in Robert M. Stern eds, *U. S. Trade Policies in a Changing World Economy*, MIT Press, 1987.

96. Sungmin Rho and Michael Tomz, Why Don't Trade Preferences Reflect Economic Self – interest? *International Organization*, Vol. 71, No. S1, 2017.

97. Therese Anders, Christopher J. Fariss and Jonathan N. Markowitz, Bread Before Guns or Butter: Introducing Surplus Domestic Product (SDP), *International Studies Quarterly*, Vol. 64, 2020.

98. William C. Cromwell, The Marshall Plan, Britain and the Cold War, *Review of International Studies*, Vol. 8, No. 4, 1982.

99. William M. Liefert, The Soviet Gain from Trade with the West in Fuel, Grain, and Machinery, *Weltwirtschaftliches Archiv*, Bd. 126, H. 1, 1990.

100. Yotam Margalit, Trade – related Layoffs, Government Compensation, and Voting in U. S. Elections, *The American Political Science Review*, Vol. 105, No. 1, 2011.

后　记

　　本书是基于本人博士毕业论文的再创作。谨以此书献给我挚爱的双亲，也献给那个曾经一往无前、徜徉恣肆、酣畅淋漓的自己。创作，是对这个世界的思考，亦是对自我的改造。纵然有诸多不完美，可是这种尝试依然有趣又迷人，让人在无数次想要放弃的辗转反侧中，始终对其欲罢不能。愿我们始终对这个美好的世界满怀好奇、热情与期待。

　　回顾本书的撰写过程，构思、写作和打磨，横跨了我近五年的时光，陪伴着我从大有庄自得园来到了台基厂头条 3 号院，完成了从学生到研究人员的身份转变，见证了我日积月累的点滴成长进步。在这过程中有幸得到诸多领导、老师、朋友和家人的关怀和帮助，是以在此谨向他们致以深深的谢意。

　　首先，感谢我的工作单位中国国际问题研究院。虽然进院时间不长，可是来到院里的每一天，都能在领导的亲切关怀和同事的热心帮助下取得扎扎实实的进步。能和一群志同道合的伙伴一起，以"先天下之忧而忧"的情怀，为党和国家事业的建设做自己力所能及的事，这让我觉得自己的工作非常有价值，让我觉得自己非常有价值，心里非常踏实。尤其感谢徐步院长和于江副院长,特别感谢崔天凯大使和詹永新大使,感谢中国国际问题研究院的前辈和同事们。大家身体力行投入工作的每一天,都让我看到了身为外交人员牢记"国之大者"的义不容辞与责无旁贷。大家不嫌弃稚嫩的我见识浅薄、资质愚钝,百忙之中依然愿意耐心倾听我对工作的思考和对生活的规划,并不吝予以慷慨的指点和暖心的帮助,让我享受到在更宽广的平台探索世界的乐趣,也更坚定了继续投身外交事业的决心。于茫茫人海中,能在台基厂头条 3 号院与大家相遇、相识、相伴,属实是我莫大的福气。

其次,感谢中共中央党校(国家行政学院)、国际关系学院和四川外国语大学对我的教育与引导,感谢云南省人民政府外事办公室对我的指导与关爱。尤其感谢我的博士生导师赵磊老师、我进入国际关系学科的启蒙老师林宏宇老师和一直关心我成长的张世红老师,特别感谢周红主任、李极明主任和王伟副主任。感谢母校和恩师、单位和领导的一路栽培。我自知,不论学术能力还是人生修为,自己还颇为稚嫩,有许多缺点和不足,需要在往后的岁月里继续努力打磨和提升。可是,我也清醒地知道,在自己未来的人生道路上,但凡能有些许进步,皆源于大家曾经对我的不放弃。

最后,感谢我的父亲张义东先生和母亲杨葵花女士。哪怕她对文章主题并不感兴趣,哪怕晦涩的国关理论分析常常让外专业的她读起来很吃力,哪怕她的视力已远不如从前,可是,每次我写完论文,母亲总是我的第一个读者。一篇对我来说可能十分钟就能看完的文章,爸妈往往要花费大半天的时间。但即便如此,爸妈却总是非常耐心仔细地看完每一个字,认真提出意见建议。不知不觉间,每次写作落笔之时,我的表达目标就从单向的"直抒胸臆",变为了让像爸妈这样哪怕完全不懂国关理论的读者也能看懂的小小心愿,并在这个转变的过程中获益良多。此外,爸妈在我选择将省直机关主任科员的公务员生活清零、另择专业从头开始的时候坚定地支持我,在学习与探索写作的过程中鼓励我,生活上用心照顾我,他们希望我健康快乐的朴实心愿,让他们承受了远比我本人更多的压力。这本书是我近年来点滴成长与进步的缩影,女儿希望将它献给双亲,能够成为你们的孩子是我今生最大的荣幸。

感谢本书的编辑佐拉,很高兴此书出版期间恰逢你步入成为一名母亲的人生新阶段,希望未来的我们继续共同成长进步。

由于本人研究能力和水平有限,本书必然存在诸多不足与疏漏,恳请各位读者给予批评指正。

张 馨

于北京台基厂头条 3 号院

2023 年 6 月 25 日